高等学校教材

体育专业导论

主编 魏 中 康 瑶 文 安

编者 魏 中 康 瑶 文 安

　　　孟祥坤 王慧勇 刘荃钦

　　　钱章辉 白 杨

西北工业大学出版社

西 安

【内容简介】 本教材是依据教育部相关文件要求、结合学校与学生实际需求编写的,从学生关心的"体育专业有哪些?上哪些课程?将来做什么?"等问题着手,对新时代大学的教育、新时代我国体育、体育专业、体育专业人才培养、体育专业学生、体育职业道德、体育专业实践教学活动与体育礼仪、体育专业学业规划与就业等内容进行了概述。

本教材可供普通高等学校体育教育、社会体育指导与管理等体育相关专业学生使用,还可为体育爱好者了解高校体育专业相关内容提供参考。

图书在版编目(CIP)数据

体育专业导论 / 魏中,康瑶,文安主编. -- 西安 : 西北工业大学出版社,2025.2. -- ISBN 978 - 7 - 5612 - 9709 - 4

Ⅰ. G807

中国国家版本馆 CIP 数据核字第 2025D3R340 号

TIYU ZHUANYE DAOLUN

体 育 专 业 导 论

魏中 康瑶 文安 主编

责任编辑:李文乾 党 莉　　　　　策划编辑:李阿盟
责任校对:马 丹　　　　　　　　　装帧设计:高永斌 董晓伟
出版发行:西北工业大学出版社
通信地址:西安市友谊西路 127 号　　　邮编:710072
电　　话:(029)88491757,88493844
网　　址:www.nwpup.com
印 刷 者:西安五星印刷有限公司
开　　本:787 mm×1 092 mm　　　　1/16
印　　张:12.5
字　　数:312 千字
版　　次:2025 年 2 月第 1 版　　　　2025 年 2 月第 1 次印刷
书　　号:ISBN 978 - 7 - 5612 - 9709 - 4
定　　价:50.00 元

如有印装问题请与出版社联系调换

前　言

在教育部高等学校体育教学指导委员会颁布的《普通高等学校体育学类本科专业教学质量国家标准》指导下,笔者按照学校专业建设的实际要求,结合体育专业学生特点与实际情况编写了本教材,目的是让大学新生对体育专业有较为客观、全面的了解,便于其较便捷地了解专业、就业与发展方向,制定较合理的个人发展与学习规划,为顺利衔接后继的学习服务。

当前,我国同类教材可选余地较小,且在"加快教材的更新换代①"的要求下,新编《体育专业导论》教材显得迫切和必要。本教材从学生关心的"体育专业是什么? 学什么? 干什么?"三个问题着手,搭建了课程"1341"框架:1 目的——我国体育的目的(第二章),3 问——体育是什么(第一章)、有什么用(第二章)、专业有哪些(第三章),4 答——体育专业课程设置(第四章)、体育专业学生特点(第五章)、体育职业道德(第六章)、体育专业实践与礼仪(第七章),1 走向——学生学业规划与就业(第八章)。

本教材主要有以下 6 个特色:

(1)教材框架较合理,育人手段较为多样。章前有学习目标,章后有思考题。融合案例讨论、延伸阅读材料、附录等形式,便于学习了解。

(2)观点较清晰,概念较简明。对易混淆概念进行区分,如知识与文化的区别与联系、体育科学与体育学科的联系与区别等。

(3)时代性较强。教材融入了近年全国教育大会、健康中国、体育强国、中华体育精神等热点材料及政策文件。

(4)教材内容具有校本教材特征。针对现有教材的不足,增添校本教材内容,如解析了工科院校体育专业课程,通过拼搏、爱国的体育精神案例激发学生的责任感与使命感,以弘扬新时代中国精神。

(5)教材内容针对性强。针对学生关心的内容展开分析,力图体现创新性、挑战度。例如体育专业新生心理特点分析、课程与培养方案解析、就业和考研问题讨论等,便于学生知己知彼。

(6)教材与实践联系较紧密。对教材框架进行优化,设置页下注、知识点背景资料、拓展阅读、二维码等,强化了教材的实用性,形成"纸质+"教材。

作为一门专业启蒙课程,本教材力图对体育专业知识进行凝练,为体育专业导论课程建

---

① 教育部高等学校教学指导委员会.普通高等学校本科专业类教学质量国家标准:上[M].北京:高等教育出版社,2018:83.

设提供一种框架或探索思路,促进知识增量与交流。理论联系实际是学习知识的有效方法,学生的头脑不是一个要填满的容器,而是一支需要被点燃的火把;点火就是要激发学生的潜能,教师要做点燃学生头脑火种的点火者①。

本教材编写分工如下:第一章由魏中(西安工业大学)、文安(西安工业大学)负责撰写,第二章由魏中、王慧勇(昆明理工大学)负责撰写,第三章由康瑶(西安体育学院)、刘荃钦(西安工业大学)负责撰写,第四章由魏中、康瑶负责撰写,第五章由康瑶、孟祥坤(广东科贸职业学院)、钱章辉(丽江文化旅游学院)负责撰写,第六章、第七章由康瑶负责撰写,第八章由康瑶、白杨(上海市安亭师范附属小学)负责撰写。本教材由魏中、康瑶修改并统稿。

本教材受陕西省社会科学基金项目(项目号:2015P012)、西安工业大学教学改革重点攻关项目(项目号:21JGZ006)和西安工业大学教材出版经费支持。

在编写教材的过程中,笔者参考了相关文献、资料,教材中部分案例资料源自西安工业大学 2015 级、2016 级、2023 级体育专业学生,在此一并表示感谢。

由于笔者水平有限,教材中难免有不足之处,恳请广大读者批评指导。

编 者

2024 年 10 月

---

① 刘华蓉. 火把·钢琴·大观园:听中科院院士、英国诺丁汉大学校长杨福家教授谈教育[N]. 中国教育报,2001 - 03 - 13(3).

目　录

第一章　新时代大学的教育

(1)理解大学教育的目的。

(2)了解教育的本质功能——育人功能,明确育人功能是教育的其他功能得以发挥的基础。

(3)掌握个体身心发展的一般规律。

(4)了解"体"字的发展过程。

(5)了解影响人的发展的主要因素。

(6)掌握体育的概念,了解当代体育发展面临的问题与挑战。

教学方法与手段

讲授、讨论、自学、多媒体课件演示。

第一节　大学教育的目的与功能

一、大学教育的目的

教育是培养人的活动,这是教育与其他社会现象的根本区别。《说文解字》将"教""育"分别解释为"教,上所施,下所教也","育,养子使作善也"。《礼记·学记》有"教也者,长善而救其失者也"。英语"education"源自拉丁语,本义为"引出"。教育有广义和狭义之分:广义的教育是指增进人们知识和技能、影响人们的思想品德的活动。狭义的教育是指学校教育,是按照社会的需求,根据学生身心发展的特点,有目的、有组织、有计划地培养其思想品德、知识技能、适应能力等,从而把学生培养成社会需要的人的活动[①]。

我国一直有尊师重教的传统。从"建国君民,教学为先"到"善之本在教,教之本在师";从"爱其子而不教,犹为不爱也;教而不以善于,犹为不教也",年幼习"洒扫、应对、进退"之礼,到长大后学修身齐家之法,研治国之道;从《礼记·大学》提到八目(格物、致知、诚意、正心、修身、齐家、治国、平天下),到"大学之道,在明明德,在亲民,在止于至善。知止而后有

---

① 邵宗杰,裴文敏,卢真金.教育学[M].3 版.上海:华东师范大学出版社,2009,6.

定,定而后能静,静而后能安,安而后能虑,虑而后能得"①,都体现了人们对知识与文化的重视。

知识与文化。知识以物为本,物以类同,知识具有通用性,知识是术;文化以人为本,人以群分,文化有异同,具有民族性,文化是道。文化具有多样性和差异性,不同文化各有千秋,没有高低优劣之分。文化需要用知识来开辟新途,知识的运用需要文化来统领,文化(如惰性、误区)需要随着知识的更新而与时俱进。在知识为人们插上科技翅膀的同时,还需要文化为人们插上思想的翅膀,只有张开双翼,人类才能平稳地自由飞翔②。

我国的知识分子素有位卑未敢忘忧国的传统,追求"为天地立心,为生民立命,为往圣继绝学,为万世开太平"③的理想。知识分子既是中华文明的继承者,也是当代文明的创造者。国家复兴离不开人才,人才的培养离不开教育。教育的目的是使人具备更多价值,包括个人价值与社会价值。关于个人价值,有这样一个例子:某知名大学的教授在课堂上拿出一张百元纸币,要赠送给班上的同学,问谁要,结果同学们纷纷举手想要;接着,教授把这张崭新的纸币揉成一团,问皱皱巴巴的纸币谁要,依旧有人举手;教授索性把纸币丢在地上,再用力踩了两脚,问谁要,依然有同学举手。此事给人的启发是,被揉成一团的纸币依然会被需求,因为事物自身价值没有失去。关于社会价值,1919 年一位青年在《湘江评论》中写道:"天下者,我们的天下;国家者,我们的国家;社会者,我们的社会。我们不说,谁说?我们不干,谁干?"④《人民日报》曾如此总结:山河破碎,学习是为了求索救国良方;百废待兴,学习是为了矢志报国;变革岁月,学习是为了和国家一起奋起直追……今天,读书是为了勇担重任,不负时代,更不负那些"甘将热血沃中华"的先辈!

据教育部数据⑤,2022 年我国共有各级各类学校 51.85 万所,各级各类学历教育在校生 2.93 亿人,专任教师 1 880.36 万人。在高等教育阶段,全国有高等学校 3 013 所,其中,普通本科学校 1 239 所(含独立学院 164 所),各种形式的高等教育在学总规模 4 655 万人。高等教育毛入学率 59.6%,普通本科学校校均规模 16 793 人,本科层次职业学校校均规模 19 487 人。民办高校 764 所,占全国高校总数的比例 25.36%。普通本科招生 467.94 万人,研究生招生 124.25 万人,其中博士生 13.90 万人。毕业研究生 86.22 万人,其中毕业博士生 8.23 万人。大学是我国四等七级教育体系中的重要组成部分,高等教育阶段是四等教

---

① 《大学》原是《礼记》中的一篇。南宋朱熹取《礼记》之大学、中庸篇,与论语、孟子合为"四书"。"四书"渐为官学、科举用书,对后世产生了较大影响。

② 张吉刚.知识与文化的区别:知识以物为本 文化以人为本[EB/OL].(2015-01-19)[2023-06-27].http://culture.people.com.cn/n/2015/0119/c87423-26406841.html.

③ "为天地立心,为生民立命,为往圣继绝学,为万世开太平"是北宋关中思想家张载的名言,被哲学家冯友兰称作"横渠四句"。

④ 康来云.中国共产党人伦理精神百年演进的点、线、面[J].伦理学研究,2023(1):44-49.

⑤ 教育部.2022 年我国教育事业发展统计公报[R/OL].(2023-07-05)[2024-06-27].http://www.moe.gov.cn/jyb_sjzl/sjzl_fztjgb/202307/t20230705_1067278.html.

育体系中的"挂果"阶段,此阶段的学生(18~28岁)处于一生中的黄金时期,体能、学习能力均居人生高峰。

教育把需要继承和发扬的文化作为对人才培养的要求。年轻一代大学生肩负国家民族乃至人类的理想和希望。不论是学前教育、初等教育、中等教育,还是高等教育,都有一个共同指向——教育目的。

二、现阶段我国的教育目的

现阶段我国的教育目的:教育与生产劳动相结合,培养德智体美劳全面发展的社会主义建设者和接班人[1]。我国教育目的由以下几部分组成。

1. 德育

德育是培养人的品德的活动。德育是教育者根据一定社会或阶级的要求和学习者品德形成发展的规律,将社会思想政治准则和道德规范转化为学习者思想、政治、道德品质的活动。德育有利于培养学生正确的人生观、价值观,良好的道德品质和政治观念。思想政治教育工作历来是我党和人民解决问题、战胜困难的重要法宝,教师要用好课堂教学这个主渠道,各类课程都要与思想政治理论课同向同行,形成协同效应。

2. 智育

智育是学生系统地学习科学文化知识、技能,发展自身智力等方面的活动。

3. 体育

体育是以身体运动为基本手段,促进身心发展的文化活动[2]。如果说德育、智育注重的是学生心灵和心智的塑造和锻炼,那么体育是塑造与锻炼目标的物质载体,即身体的锻炼。

4. 美育

美育是培养学生认识美、体验美、感受美、欣赏美和创造美的能力,从而使学生具有美的理想、美的情操、美的品格和美的素养的活动。

5. 劳动教育

劳动教育是使学生树立正确的劳动观点和劳动态度,热爱劳动和劳动人民,养成劳动习惯的教育。其目的是使学生能够理解和形成马克思主义劳动观,牢固树立劳动最光荣的观念,体会劳动创造美好生活,培养勤俭奋斗的劳动精神,养成良好劳动习惯。

上述五育之间相辅相成,既相互独立又相互联系。在体育教育活动中,应坚持体、智、德、美、劳五个方面全面均衡发展,坚持立德树人、全面发展,避免顾此失彼。

2018年全国教育大会就办好人民满意的教育做出部署:以凝聚人心、完善人格、开发人力、培育人才、造福人民为工作目标。加快推进教育现代化、建设教育强国。教育须把培养社会主义建设者和接班人作为根本任务,培养一代又一代拥护中国共产党领导和我国社会

---

[1]　教育部. 中华人民共和国教育法[R/OL]. (2021-04-29)[2023-06-27]. http://www.moe. gov.cn/jyb_sjzl/sjzl_zcfg/zcfg_jyfl/202107/t20210730_547843.html.

[2]　杨文轩,陈琦. 体育概论[M]. 2版. 北京:高等教育出版社,2013,22.

主义制度、立志为中国特色社会主义事业奋斗终身的有用人才。

三、教育教学中的基本规律

规律是事物内在的、本质的联系。教学规律就是教学现象中内在的、本质的联系，是客观存在的。规律是人们理性认识的成果，学习者的学习行为如果契合学习规律，往往会事半功倍。在教育教学中存在如下规律。

(一)学生是教学活动的主体，教师是教学活动的主导

教学是教师"教"和学生"学"组成的双边活动，是教师的主导作用与学生积极主动性的统一。只有教与学相互作用，才能构成一个完整的教学过程。

第一，在教学活动中，教师为主导。一方面，教学活动是在教师引导下进行的，教师是教学过程的组织者、主导者，其原因在于：教师闻道在先，受过专门的职业训练；在于教师肩负着培养下一代的历史重任——传承并发扬先进文化，贯彻、执行教育政策的具体实施；在于教师能把社会、教育对学生提出的要求综合起来发挥作用。另一方面，学生处于成长发育时期，体力、智力、心理尚未成熟，要走一条认识世界和学习改造体育世界的有效路径，尚无丰富实践经验，需要教师的指引。以 800 米的训练为例，由专业教师指导的 800 米训练，学生的运动技术(折叠后蹬、摆臂、呼吸等)、战术、体能恢复、营养、损伤与预防、竞赛规则内化相对就较为系统、科学，外化表现出学生学习效率较高。

第二，在教学活动中，学生为主体。学生是学习实践的实施者，是"体知"的主体，具有主观能动性，他们对教师(外界)传递的信息需要选择、吸收、内化，不同地域、家庭、个体所形成效果必然不同。那种所谓没有好教师就教育不出好学生的观点是片面的，它实质上否认了学生是认识的主体，并把教师的主导作用简单化。冠军的教练并非冠军，比如 800 米的训练虽有专业教师的指导，但如果学生不认真对待，成绩就很难达到预期。教师等外因必须通过内因——学生主体性才能起作用。事实上，教学中学生既不断接受教师的影响，又不断地将输出反馈给教师，表现出互相影响。这种影响推动着教学活动迈步向前。

第三，教学活动以学生(主体)能力提高为导向。学生自身能力的提高需教师的引导，更需要学生思考的积累、探索意识的增强。比如，在 800 米训练中，学生逐渐适应训练刺激，训练量的持续积累产生质变，伴随自信(获得感)的逐渐增强，学生主体性越发明显，训练表现主动，学生的 800 米成绩就会显著提高，进而体现"教，为了不教"。这种主体性往往贯穿人的一生。比如篮球运动员科比在处理时间平衡问题时，主体性非常鲜明：他认为如果从 5 点练到 7 点，就可在 11 点到 14 点、18 点到 20 点各练一次，每天早点开工，就能多一次完整训练，一个夏天累计下来就可多练无数小时。"我不愿意牺牲比赛水平，也不想牺牲家庭时间，所以决定牺牲睡眠时间，仅此而已"[①]，这样的训练安排科比持续了 10 年。

学习者能力的提高需要(系列)内容支撑，而教育内容多以课程作为载体。当前我国大学课程形式多样，按照考试性质可分为考试课、考查课；按照课程可选择性又分必修课、选修课；根据培养方案还可分为公共基础课、专业平台课、专业基础课、专业方向课等；按授课内

---

① 科比·布莱恩特.曼巴精神：科比自传[M].黄祎，译.北京：金城出版社，2018.

容分为技术课、理论课;按授课形式分为线上课、线下课;等等。

(二)学习是以间接经验为主、直接经验为辅

　　教学是以传授理论知识、间接经验为主,是学生认识客观世界的重要途径。学生的学习目标是系统的知识,是从人类知识宝库中挑选、提炼出来的,是学科的基础知识。这些知识是学生后继学习、认识、改造世界的重要工具。学习是在受专业训练的人的引导下,在有限时间内大量接触这些间接经验,加快学生对知识理解、掌握的进程,使其可以在较短时间内掌握较系统的知识。比如,学生在学习网球正手握拍法时,短时间内可以知道哪种握拍方式是常用的,但是如果仅让学生去尝试而不说其中的握拍方法与原因,学生可能需要相当长时间的体验才能确定自己的握拍方法。图1-1所示为常见网球握拍法。

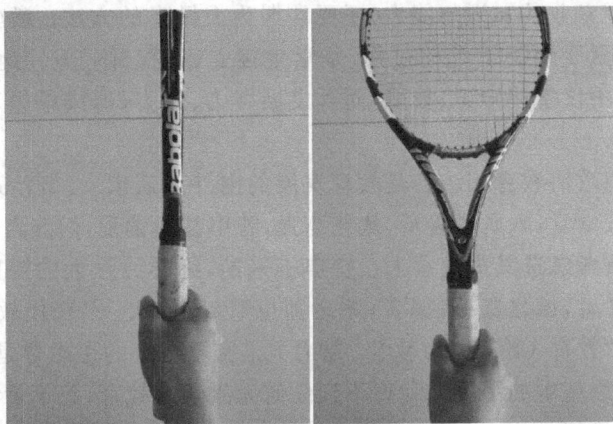

图1-1　常见网球握拍法

　　学生的直接经验主要来自亲身的观察、实验、练习等形式。学生如果仅学习书本知识,缺少必要的直接经验,就容易产生脱离实际的问题。因此,当前诸多教学改革在教学过程中增加学生探究性的活动,培养学生独立思考与实际操作能力。比如,运动中肌肉舒缩有三种形式,学生联系自身经验可较好地理解掌握。表1-1所示为肌肉舒缩的三种形式。

表1-1　肌肉舒缩的三种形式

类别	肌肉长度的变化	作用	举例
向心收缩 (缩短收缩)	张力大于外加阻力,肌长度缩短	发力、加速,是肌肉运动的主要形式	做俯卧撑身体抬起时,肱三头肌逐渐缩短
离心收缩 (拉长收缩)	张力小于外加阻力,肌长度拉长	缓冲、制动、减速	做俯卧撑身体降低时,肱三头肌逐渐拉长
等长收缩	张力等于外加阻力,肌长度不变	支持、固定、维持某种身体姿势	站立、悬垂、支撑

　　再如,当学习人体的肌肉类型知识点时,仅依据直接经验是不行的,这时需以间接经验为主。表1-2所示为肌肉的三种类型。

表 1-2 肌肉的三种类型

名称	特点	常见位置
平滑肌	具有收缩缓慢、持久、不易疲劳等特点。属不随意肌	内脏和血管
心肌	具有自动节律性、缓慢而持久,不易疲劳等特点。不受意识支配。属不随意肌	心脏
骨骼肌	具有收缩迅速、有力、容易疲劳等特点。可随人的意志舒缩,属随意肌。骨骼肌在显微镜观察下呈横纹状,又称横纹肌	头、颈、躯干和四肢,常附于骨骼

(三)智力教育和思想政治教育并重

学生不仅要掌握专业的知识与能力,还要掌握为人做事的方法。教学过程是学生认识的过程,是学生思想素质螺旋上升的过程,是学生接受德、智、体、美、劳全面发展教育的过程。在教学中,学生不仅掌握知识、技能,而且发展智力、体力,形成思想观点和养成良好行为习惯。

智力教育与思想政治教育相结合是教育发展的内外在需求。《资治通鉴》记载,晋国大夫智申次子智瑶仪表堂堂,人聪明善辩,武艺高强,智申甚为偏爱,但族人提议智瑶行事不仁义、为人嚣张,应慎重考虑选其为继承人。智申不采纳,终导致强大的智氏家族遭灭族。于是,司马光写下了"才者,德之资也;德者,才之帅也"以鉴后人。[①] 现代教育学之父、德国教育家赫尔巴特指出:"教育(德育)与教学(智育)是密不可分的。教育是教学的最高目的,教学是教育最主要、最基本的手段。我想不到任何无教学的教育,我不承认有任何无教育的教学,教学如果没有进行教育,只是一种失去目的的手段。[②]"教学中的课程思政需紧密地结合学科知识才能收到良好效果,因此必须重视过程育人。

有学者认为思维方式有成长型思维与固定型思维两种[③]。那些认为智商是天生的,后天努力收效微小的思维称为固定型思维;认为后天努力更主要的思维称为成长型思维。固定型思维的人习惯按部就班,面对新问题时常常缺乏自信、束手无策;成长型思维联系着更多非智力因素,这类人会很自信、主动、有责任感,当遇到困难和挑战时,拥有克服困难的底气。

(四)知识与能力发展并重

知识与能力是密切联系的,掌握知识与发展能力是辩证统一的关系。知识是能力发展的材料和基础,能力(智力)是在掌握知识的过程中形成和发展的。苏联心理学家、教育家列·符·赞科夫认为,学生的观察力、思维能力和实际操作能力是使学生获得比现在更高的智力水平的三个主要因素。

---

① 高雪娥. 愿归来仍是少年:五四青年节之际读《资治通鉴》有感[J]. 江苏政协,2024,(5):55-56.
② 刘在洲. 课堂教学:育人的主渠道[J]. 湖北社会科学,2017(10):167-170.
③ 吴蔚红. 青少年成长型思维模式养成初探[J]. 延边教育学院学报,2019,33(3):22-24

就知识生产而言,学科知识生产是知识生产基本和主要的实践过程。有学者研究提出知识生产分为三种模式①:①传统学科知识生产模式,如 17 世纪英国皇家学会等学科组织和美国的大学在继承与创新的基础上,创建系科制;②跨学科知识生产模式,通过学部制改革、建立跨学科研究中心来探索跨学科知识生产的体制机制;③超学科知识生产模式,解决实践问题,政企校协同创新,知识生产动力、成果、工具与手段、生产场域、主体更加多元。超学科知识生产模式越发重要,高校在人才培育过程中需将掌握知识与发展能力紧密融合。

四、教育的功能

教育学原理指出教育为人类所独有。教育的功能可分为本质功能与非本质功能。教育的本质功能是育人功能,教育的非本质功能有政治、经济功能等。

(一)教育的本质功能:育人功能

1.教育的任务是培育文化传承、促进国家与社会进步的后备人才

教育促进知识的传承、创新,如文艺复兴时期哥白尼发表了标志着近代天文学开端的《天体运行论》,"解剖学之父"维萨留斯撰写了奠定近代解剖学基础的《人体构造》,等等。这些都极大地促进了科学与社会的发展。"面对欧美体育文化,我们不能专看别人家,样样学人家,人家的法规制度不能有利无弊,中国的政治比西方先进步,这是历史事实。"②

教育的根本任务是为国家与社会发展培养各行各业后备人才。专业人才不仅需要扎实的专业知识技能,还需具备通识——为受教育者提供通行于不同人群之间的知识和价值观。在社会学领域中,从不同视角分析社会问题可有功能论、冲突论、互动论视角,这三种典型视角为人们提供了概念吊钩,帮助人们了解问题、理解社会学家的观点,更好地认识、探索世界③。

当前,学校体育作为学校工作的重要组成,是实现立德树人根本任务、提升学生综合素质的基础性工程,是建设教育强国和体育强国的重要抓手。

2.教育促进个体身心发展

个体身心发展指个体在从生命开始到生命结束的过程中,身体、心理两方面不断发生变化的过程。教育对个体的身心发展有着积极的意义,体现在人的身体、心理、意识形态、情感、人际关系等诸多方面,使人

《关于全面加强和改进新时代学校体育工作的意见》

增见识、明道理、辨真伪、有格局。一方面,体育有利于人身心的成长与发育,体育是在实践中让人习得知识、技术、技能,进而获得健康身心的一种活动。在此途中,个体净化成一个克服了局限性、具有普遍性精神的自我④。另一方面,教育有利于智力因素、非智力因素的习得。个体只有理解知识的"静态与动态、现成与生成、主观与客观"特点,才可能利用"知识"

① 张德祥,王晓玲.学科知识生产模式变革与"双一流"建设[J].江苏高教,2019,218(4):7-14.
② 钱穆.中国历代政治得失[M].3 版.北京:生活·读书·新知三联书店,2012:175-181.
③ 乔恩·威特.社会学入门[M].王建民等,译.北京:人民邮电出版社,2016:14-15.
④ 李霞.体知及其教育意蕴[J].高等教育研究,2020(6):57-63.

工具。知识与技能的学习需要身与心的融入,在个体走向情境运用过程中加深认知,完成知识重构,实现知识的操作意义。在这个过程中,智力因素、非智力因素的深化(教育)促进了人的发展。

人的身心发展具有特殊性:首先,人的机体的自然性与动物不同,人的强项是丰富的神经系统、灵活的语言、会劳动的双手,而弱项是人的器官不像一些动物的器官那样高度强化。此外,寿命较长使得人在发展方面具有巨大的潜在可能性。其次,人的发展具有社会性。教育的目的是加快个体社会化。个体价值在社会化中实现的同时,也体现社会价值。最后,人在发展过程中具有能动性,坚持动态思考。比如,有人认为"成为"并不意味着一定要到达某个位置或者达到某一特定目标,相反,"成为"应该是一种前进的状态,一种进化的方式,一种不断朝着更完美的自我奋斗的途径,这条路没有终点①。

一般而言,教育付出与收获是成正比的。因为在习惯于"用双手奔跑"和"用眼睛思考"的视觉文化时代,人们可以通过学习获得更好发展。有研究者对美国不同教育水平人群进行调查,得出关于教育回报的结果,如表1-3所示。

表1-3　教育的回报②

教育水平	高中(未取得学位)	高中毕业	大学(未取得学位)	副学士学位	学士学位	硕士学位	专业学位	博士学位
年收入/美元	20 270	30 888	32 803	37 393	46 415	52 547	63 244	67 640

个体身心发展存在内在的必然性,具有时期性、顺序性、不平衡性、差异性等特点。①时期性(阶段性)。一般按年龄可把人的发展划分为8个时期(见表1-4),前一时期的发展对后一时期有影响,是后一时期的基础,各时期人的发展水平不一样。②顺序性。比如,在体育热身时需按照由大(肌肉群)到小(肌肉群)、由内而外、由上而下的顺序展开。③不平衡性。比如人的成熟包含三个纬度:生理成熟,以性机能成熟为主要标志;心理成熟,独立思考与处事能力,以较稳定的自我意识和个性的言行形成为标志;社会性成熟:以独立承担社会职业和家庭义务为标志。再如,儿童的速度、耐力、力量、柔韧等素质发展不是均衡的,一般在10岁左右发展柔韧素质最佳。个体发展的不平衡性这个特点提醒人们,在教育过程中要抓关键期、最佳期。④差异性。比如中枢免疫器官胸腺,淋巴干细胞在胸腺中成熟为T淋巴细胞(发挥免疫和调节作用),婴儿期胸腺重约为11克,儿童期(12岁前后)胸腺重达到高峰,约为35克,老年期胸腺重约为15克。

表1-4　人的发展的时期

时期	婴儿期	幼儿期	童年期	少年期	青年期	壮年期	中年期	老年期
年龄段	0～3岁	4～6岁	7～12岁	13～15岁	16～24岁	25～39岁	40～59岁	60岁以上

备注:60～69岁为低龄老人,70～79岁为中龄老人,80岁以上为高龄老人。

---

① 米歇尔·奥巴马.成为[M].胡晓凯,闫洁,译.成都:天地出版社,2019:477.
② 乔恩·威特.社会学入门[M].王建民等,译.北京:人民邮电出版社,2016:152.

人的发展规律有着内在的联系,既揭示了必然性的一面,也体现了人发展的可能性和多样性。

(二)教育的非本质功能

1. 教育的政治功能

"政治"最初的含义是城堡,"政"是政权主体,"治"是维护政权的方法和手段,是围绕着政进行的。"政"是硬件,"治"是软件。随着社会的发展,"政治"已被用来指各种事务的处理,即所谓管理众人之事。

教育的政治功能主要表现在:①教育可以培育人的政治意识形态;②通过培养未来政治管理人才,促进政治体制的变革与完善;③通过提高国民文化素质,推动社会、政治建设的内容与进程等。"国泰民安"始终是中华民族的追求。世界的发展面对各种问题与挑战,"构建人类命运共同体"的中国蓝图,可以为世界提供更好选择。

2. 教育的经济功能

英文中"economy"源自古希腊语"家政术","经济"含义是指治理家庭财物的方法。在中国,"经济"有"经国济民、经世济民"之说。恩格斯认为政治、法律、艺术等的发展是以经济作为基础的。世界经济正朝向自动化、企业化、科学化与国家化的方向发展。教育的经济功能主要体现在以下几方面。

第一,教育是提升劳动力能力的重要方法。生产力的要素有人的要素——劳动力,物的要素——劳动对象与劳动资料。人成为劳动力,过程是需要催化的——只有具备了一定的生产知识和能力时,才是劳动力。马克思认为,要改变一般人的本性,使其获得一定劳动部门的技能和技巧,成为发达的和专门的劳动力,就要有一定的教育和训练。社会依靠教育和训练不断地进行初级、中级到高级劳动力的转化,使新的质量高的劳动力源源不断进入生产领域。社会生产、劳动生产率的提高依靠劳动者的素质,国际与科技竞争说到底就是人才的竞争。

第二,教育是提升科技的重要手段。科技是第一生产力,科学知识是以储存在人们头脑中的形式存在的,要把这种潜在的生产力转化为现实的生产力,必须依靠教育。科学知识不仅需要传播,而且需要发展。当前,我国高校担负着教学与科研的双重任务,国家重视开发人才,大力投资教育,积极发展教育事业。

3. 教育的其他功能

教育还具文化功能、宣传功能等。文化是人类活动的全部成果,具有分享性、象征性、整体性等特性。伴随文化融合与发展,文化的内涵也在不断发展,作为子集的体育文化也随之变化发展,如奥林匹克口号在 2020 年奥运会上改为"更快、更高、更强、更团结"。

五、高等教育面临的问题与挑战

利用人类理性的力量,人类状况会稳步改善。作为理性力量发源地的高等教育(院校),有文化选择、传递、传播、保存、批判、创造等功能。高等教育与高深文化有着密不可分的联系;对文化的选择,高等教育比其他教育的作用更为深远;对文化的批判与创造,则是高等教育区别于其他教育的主要方面。

1. 国外高等教育发展面临的问题与挑战

近现代高等教育源于中世纪，"universitas"早期意为一群人，用于表示一些合作性的团体或行会，后逐渐演变为"university"，意为大学。中世纪大学的课程主要是三科（文法、修辞学、辩证法）、四学（算术、几何、天文、音乐）及神学等。其中神学的地位最高，这反映了当时西方社会水平与文化价值取向。由于缺乏新文化的创造，此时期的欧洲大学里，"旧有的知识并没有增加，而只是被一再重复，变得越来越泛，越来越滥。人们总想永远在同一块土地上收获庄稼，可是既不耕地又不施肥"。在社会踏步迈进的时候，大学却原地踏步落伍了。

进入19世纪，自德国提出"教学与科研统一"起，欧洲的大学才逐步在创造新文化、发展科学技术方面显示出正能量，大学成为文化创造的中心。然而到20世纪中期以后，大学中的人文文化与科技文化的分离现象严重，人文与科技的统一成为当代世界高等教育的改革趋势。英国颁布《高等教育与科研法》，力图"构建以学生为中心的高等教育监管机构"。有人认为此举将学生视为顾客，将大学视为提供课程的商业机构，过分强调了高等教育的商业化，忽视了大学本身对改进教育质量起的作用[①]。美国哈佛大学前校长博克认为在人生的关键时期，大学应该帮助年轻人成长与发展，学生要学会表达、学会思考、培养品德，进而为个人职业生涯及进入全球化社会做准备。美国公立高等教育发展面临路径选择：一条是指向公立高等教育的私有化道路，公立高等教育的私有化倾向将把公立高等教育引向精英主义和经济贫富分化加剧的结果；另一条则是公立高等教育的传统发展之道。这两条截然不同的道路将产生两种完全不同的美国社会[②]。同时，多年来各州对高等教育的投资缩减，学费和学生贷款水平已达到新的顶峰，校园安全问题屡见报端[③]。加拿大的高等教育机构可分为大学与学位授予机构、学院、举办成人教育或中学后教育项目的学校、政府创办的特种学院和私立职业学院五类。加拿大高等教育面临的问题与挑战：随着政府资助的减少，高等教育公益性与私益性的矛盾日益凸显；科研日趋中心化，教学与科研的矛盾日益突出；随着大学的市场化，大学的功利性、适应性日益强化，大学的超然性、批判性日益弱化，大学的适应性与大学的批判性不断失衡[④]。

2. 我国高等教育面临的问题与挑战

改革开放以来我国高等教育在学规模世界第一，高等教育质量不断增强，高等教育体制改革卓有成效，高等教育国际化水平持续提升，但是仍然面临着质量、公平、科研、文化传承、全球治理等方面的问题与挑战[⑤]。只有正视问题才能解决问题。在实践中，一些高等学校盲目搞创收而影响教学工作，部分学生不良观念显现，存在重术轻学等现象，加快高等教育改革的进程，及早克服上述偏向，已成当务之急[⑥]。还有学者认为部分高等学校存在"五重

① 崔军,蒋迪尼,顾露雯.英国高等教育改革新动向:市场竞争、学生选择和机构优化[J].外国教育研究,2018,45(01):20-32.

② 杨晓波.美国公立高等教育面临的问题与挑战[J].江苏高教,2003(3):110-113.

③ 吴芳,郝理想.当前美国高等教育面临的几大政策问题[J].郑州师范教育,2017,6(1):38-42.

④ 周光礼.加拿大的高等教育政策:历史与现状[J].世界教育信息,2008,251(7):13-17.

⑤ 刘宝存,肖军.改革开放40年高等教育的成就与展望[J].河北师范大学学报(教育科学版),2018,20(05):5-12.

⑥ 潘懋元,朱国仁.高等教育的基本功能:文化选择与创造[J].高等教育研究,1995(01):1-9.

五轻"问题：重治学，轻育人；重科研，轻教学；重研究生教育，轻本科生教育[①]；重教师学术的博大精深，轻教师的品德优秀对学生的影响；重市场对高等学校的功利需要，轻学校对学生人格尊严的培养。这些重视近期的有形、有用，轻视长期的无形、无用现象，需引起人们重视。

"努力办好人民满意的教育"需要推动高等教育内涵式发展，而人才培养模式改革是高等学校内涵建设的核心[②]。高等学校要不断深化人才培养模式改革，稳步提高人才培养质量，体现以学生的发展为中心，契合新时代我国社会与经济发展的需求。

第二节　何　为　"体"

汉字字形的演变经历了甲骨文、金文、大篆、小篆、隶书、草书、楷书与行书等，楷书和行书至今仍在广泛应用，影响也越来越大[③]。

一、"体"字之解

简体汉字"体"由"亻"和"本"构成，于是，有人认为"体"是会意字，为人之本，本义是人的身体，这种观点对吗？

形为文字所独有，音、义为语言与文字共有[④]，下面从语言和文字学角度对"体"字进行形、音、义三方面初步探考。

(一)字形

"体"字的常见字形有 3 种，即"躰、體、体"，"体"为简化字。图 1-2 所示为"体"字的形体演变。

金文	小篆	楷书	简化字
軆	體	體	体

图 1-2　"体"字的形体演变[⑤]

通常人们分析汉字时易犯两种错误：一类是形声字按会意字理解，如人们常误以为"矮"与"射"两字本义颠倒，其实不然[⑥]；另一类是以现代简体字来解释汉字(有学者认为应以小篆及以前的字来分析)，如"武"字由戈(指兵器)与止(本义指脚印)组成，本义是带着武器留

---

①　曾五一.统计学类专业教学质量国家标准解读[J].中国大学教学,2019(11):6-9.

②　钟秉林.人才培养模式改革是高等学校内涵建设的核心[J].高等教育研究,2013,34(11):71-76.

③　李兆宏,刘东方.说文解字全鉴[M].北京:中国纺织出版社,2012,5:前言.

④　齐佩瑢,训诂学概论[M].北京:商务印书馆,2015,38.

⑤　程国煜.汉字字理例说[M].北京:知识产权出版社,2019:224.

⑥　陈双新."射"与"矮"、"厉"与"历"的形义颠倒了吗？语文建设[J],2012(1):53-54.

下脚印(去征伐),而当前人们所说的"止戈为武"则是在本义上的引申与演绎。

东汉许慎《说文解字》将"體"解释为总十二属也,从骨,豊声(即形声字)。十二属许慎未详言,清代的段玉裁将其解释为:顶、面、颐(首部),肩、脊、臀(身部),肱、臂、手(手部,即上肢),股、胫、足(足部,即下肢)。当代学者认为"体(體)"为形声字[①],金文从身,豊声。左为"身"表示与身体有关,表义,右为"豊",表音。方述鑫在《甲骨金文字典》中表述"体,金文从身,与骨同意",楷书承续小篆字形,笔画化。"体"出现过"骵""躰"会意俗体字[②]。《汉字规范字典》表述更简要:"體"简作"体"[③],新造表意字,从人从身,表示身体为人之本。"体"字的发展符合汉字由繁趋简的基本发展趋势。

所以,"體"是形声字,"体"是"體"的简化字,是根据形声字本义设计出的形简会意字[④]。有学者认为"體"与"体"在读音不同时存在差异:"体"读"bèn"为"笨"的异体字时,此时就与"體"(身体)不同[⑤][⑥]。不分繁简与读音,简单地将"体"理解为会意字是片面的。

(二)字音

"体"字有3种发音,分别为"tǐ""bèn""tī"。

《辞海》(第七版)中"体"发"tǐ"音的释义[⑦]有15种:身体、部分(体,分于兼也)、文体、与"用"相对(体用)等。

"体"发"bèn"[⑧]音的释义在《汉语大词典》里是以词来解释的,"体夫"意为壮汉,指从事笨重体力劳动的人。一说为"笨"[⑨]的异体字,表笨重。

"体"发"tī"音[⑩],如体己钱(私房钱)、体己话(知心话),释义为亲近的(如可付体己人)、个人的(如"押马人员,于中夹带体己马匹")、私下。

(三)字词义

"体"字有释义近40种。有本义、延伸义之分。

《汉语大词典》对"体"的释义达39种[⑪],以名词义项为主(占66.7%),其他义项为辅:有身体、肢体、体例、区分、体会等。《辞海》(第七版)中,"体"发"tǐ"音的释义有15种:身体、部分(体,分于兼也)等。《古代汉语字典》"体"[⑫]字区分较简要:会意字,表身体,由"亻"和"本"两部分组成,繁体写作體,是形声字,骨为形,豊为声,体的本义指身体各部位。《现代汉语规

① 程国煜.汉字字理例说[M].北京:知识产权出版社,2019.224.
② 李学勤.字源[M].天津:天津古籍出版社,2013,352.
③ 魏励.汉字规范字典.[M].北京:北京商务印书馆,2016,417.
④ 张书岩.现代汉语规范字典[M].上海:上海辞书出版社.2015:866.
⑤ 程国煜.汉字字理例说[M].北京:知识产权出版社,2019:224.
⑥ 李学勤.字源[M].天津:天津古籍出版社.2013:352.
⑦ 陈至立.辞海[M].7版.上海:上海辞书出版社.2020:4301.
⑧ 汉语大词典编撰处.汉语大词典(缩印本)[M].上海:上海辞书出版社,2007:519.
⑨ 程国煜.汉字字理例说[M].北京:知识产权出版社.2019:224.
⑩ 陈至立.辞海[M].7版.上海:上海辞书出版社.2020:4294.
⑪ 汉语大词典编撰处.汉语大词典[M].缩印本.上海:上海辞书出版社,2007:7290.
⑫ 《古代汉语字典》编写组.古代汉语字典[M].彩色版.北京:商务印书馆,2005:781.

范词典》不仅将"体"(tǐ)①义项分为名词、副词两类,还将义项按释义发展顺序进行排序。该词典中的名词释义有:身体的一部分,事物的一部分,其中事物的一部分又分事物的形态(引申出一种语法范畴)、事物的规格或规矩(引申出文字的书写形式或诗文的表现形式),等等。《汉英词典》(第三版)中,"体"发"tǐ"音时有 7 种义项②,分别为肢体(body or part of the body)、政体(system)等③。当前,我国字词典对"体"的本义解释分两种观点:①将"身体"义项排在前[《汉语大词典》、《辞海》(第七版)、《汉字源流字典》]。②将"身体的一部分(四肢、肢体)"义项排在前[《古代汉语词典》(第二版)、《古代汉语字典》、《现代汉语规范词典》]。两项义项究竟孰先孰后?当代科学认为人的发育亦是按头、躯干、四肢的顺序进行的,"人"的主体是躯干,那么"体"本义指躯干吗?

　　"体"的本义是四肢。将字放在词等语境中考察,可以更好地帮助人们理解。"身体"当前的释义较为统一,指人或动物的整体,表述略有不同。汇总文献发现:"身"指躯干部分,"体"指四肢,"身体"是躯干与四肢④⑤的合成。字词典依据有:《古代汉语词典》(四色插图本)中"体"义项的首项即"身体的一部分",次项为"身体"⑥。《古代汉语词典》(四色插图本)将"身"解释为人或动物的躯干、身子,"身"是不包括四肢的人体胴体,"体"是身子的形态,可指四肢⑦。按义项发展顺序排列的《古代汉语词典》(第 2 版)表述得更为具体:身指人的躯体,可分为颈部以下大腿以上部分、头以外部分、整个身体⑧。按义项发展顺序排列的《现代汉语规范字典》中,"身"义项的第一义项为人或动物的躯干部分,第二义项为人或动物的整个躯体,第三义项为物体的主干部分⑨。

(四)小结

　　①"体"的本义指"四肢,身体的一部分"。②"身"本义是躯干。虽然当前身与体区别较少,但在径赛中仍可见:终点"身体"撞线,即以身(躯干)而非四肢(体)到达终点线后缘垂直面为判断标准。③"身、体"本义各有所指,合而为词后随社会变迁,界分淡化,释义也趋于融合,如今"身体"指人或动物的整体。因此,"体"是会意字,为人之本,本义是人的身体,这种观点是片面的。

二、人的身体概述

　　组成人体的物质可分为无机物和有机物两大类:无机物包括水、无机盐,有机物包括糖、脂类、蛋白质、核酸和维生素等。人体内各种化学物质的含量是不同的,如人在幼年时的含

---

① 李行健. 现代汉语规范词典[M]. 2 版. 北京:外语教学与研究出版社,2010:1290 - 1291.
② 姚小平. 汉英词典[M]. 3 版. 北京:外语教学与研究出版社,2010:1365.
③ 姚小平. 汉英词典[M]. 3 版. 北京:外语教学与研究出版社,2010:1361.
④ 李佳丽,王书才. "体"字释义. 文学教育[J],2018.11:9 - 11.
⑤ 《古代汉语词典》编写组. 古代汉语词典[M]. 四色插图本. 北京:商务印书馆,2012:1363.
⑥ 《古代汉语词典》编写组. 古代汉语词典[M]. 四色插图本. 北京:商务印书馆,2012:1494.
⑦ 《古代汉语词典》编写组. 古代汉语词典[M]. 四色插图本. 北京:商务印书馆,2012,7:1363.
⑧ 商务印书馆辞书研究中心. 古代汉语词典[M]. 2 版. 北京:商务印书馆,2014:1304.
⑨ 张书岩. 现代汉语规范字典[M]. 上海:上海辞书出版社,2015:548.

水量要高于老年时期。通常情况下,水占人体干重的 60%~70%,包括细胞外液和细胞内液;糖占人体干重的 2%;脂类占人体干重的 30%~40%,男子的脂肪含量低于女子,运动员的脂肪含量低于普通人;蛋白质占人体干重的 54%;无机盐占人体干重的 4%~5%[①]。

从解剖学角度看,身体由细胞、组织、器官和系统等组成[②]。人体内有 40 万亿~60 万亿个细胞,由许多形态、功能相似的细胞组成组织。人体的基本组织有上皮组织、结缔组织、肌肉组织、神经组织,若干组织组成特定功能的器官,如心、肺、肾等器官,若干器官组成系统。人体有九大系统,分别是消化系统、呼吸系统、神经系统、泌尿系统、运动系统、内分泌系统、生殖系统、感觉器官系统、脉管系统。下面就细胞、骨骼、肌肉、神经等内容进行简要介绍。

(一)细胞

人体的基本结构和功能单位是细胞。在人体细胞中,卵细胞最大,直径约为 0.1 毫米。细胞按构成分为有核细胞和无核细胞,按形态有扁平、柱状、星形细胞之分。人体中的细胞因种类不同其更新(生命)周期也存在不同,如中性白细胞寿命一般为数小时,血小板的寿命为 9~10 天[③],红细胞的寿命为几个月,许多淋巴细胞可以生存几年时间[④]。

正常成年人的血量占体重的 7%~8%。人体血液中约 55% 是血浆(水、蛋白质等),45% 是血细胞。血细胞来源于骨髓的造血多能干细胞,一般是指白细胞、红细胞、血小板,其主要功能是维持人体正常的运转与动态平衡。红细胞的主要功能是携带氧气和二氧化碳,维持人体正常的新陈代谢。红细胞含有血红蛋白,它们可以与氧气结合形成氧合血红蛋白,被运送到各种组织和器官,供身体使用。红细胞在人体的正常生理功能中起着十分重要的作用,在体育竞赛中,就曾有违规使用红细胞的案例。白细胞的功能主要是抵御细菌、病毒等,是身体防御的卫士;血小板具有止血的功能。表 1-5 所示为红细胞、血小板、白细胞比较。

表 1-5 红细胞、血小板、白细胞比较[⑤]

名称	数量对比	描述	主要功能	正常值	寿命
红细胞	多	两面凹圆呈饼状,无细胞核	运输氧气,免疫,缓冲血液酸碱度	男 500 万/毫米³,女 420 万/毫米³	约 120 天
血小板	居中	无细胞核,体积小	止血,加速凝血	10 万~30 万/毫米³	7~14 天
白细胞	少	包括淋巴细胞、嗜碱性粒细胞、中性粒细胞、单核细胞和嗜酸性粒细胞	吞噬侵入体内的病菌	0.4 万~1 万/毫米³	7~14 天

① 张蕴琨,丁树哲.运动生物化学[M].北京:高等教育出版社,2014:11.
② 徐国栋,袁琼嘉.运动解剖学[M].北京:人民体育出版社,2012:4.
③ 金宏,刘丽,王先远,等.大豆异黄酮抗辐射作用的实验研究[J].氨基酸和生物资源,2004,(3):23-26.
④ 张进,徐志伟,史亚飞,等.基于干细胞的"脏腑之精"理论内涵研究[J].中医杂志,2012,53(5):364-367.
⑤ 徐国栋,袁琼嘉.运动解剖学[M].北京:人民体育出版社,2012:71-79.

(二)骨骼

骨由骨质、骨膜和骨髓组成。成人有206块骨,分为中轴骨80块、四肢骨126块。其中,中轴骨又可分为颅骨29块、躯干骨51块。未成年人因颅骨等没有完全骨化,所以骨骼比较多,约210块。人体最小的骨头是镫骨,最大的骨是股骨。表1-6所示为正常成年人骨骼的数量。

表1-6　正常成年人骨骼的数量[①]

名称	分类	数量/块	备注
中轴骨 (80块)	颅骨	29	颅骨含6块听小骨:锤骨、砧骨、镫骨左右各1块
	躯干骨	51	
四肢骨 (126块)	上肢骨	64,每侧32	
	下肢骨	62,每侧31	

(三)肌肉

肌细胞是构成肌肉的基本单位。骨骼肌的大体结构包括肌腹和肌腱。肌腹主要由肌细胞构成,具有舒张和收缩功能,肌腱本身不具收缩功能,但能抵抗较大的张力,肌腱本身抗张强度约为肌肉的170倍[②]。

根据结构、功能等不同,肌肉可分为平滑肌、心肌、骨骼肌三类,其中心肌与骨骼肌属横纹肌。骨骼肌受躯体神经控制,受人意志控制,故又可称为随意肌,其他两种则属于不随意肌。骨骼肌大体结构包括肌腹与肌腱,伴有血管和神经分布。成年人约有骨骼肌639块,约由60亿条肌纤维组成,其中最长的肌纤维达60厘米,最短的肌纤维仅有1毫米左右。骨骼肌多在体内呈对称分布,成人的骨骼肌重量约占体重的40%[③]。

(四)神经

神经细胞(神经元)是神经系统基本单位,神经细胞有细胞体和突起,其中突起又分树突和轴突。神经组织是由神经细胞和神经胶质细胞组成的,神经细胞数量庞大,它们具有接受刺激、传导冲动和联络整合的能力。神经组织组成神经系统。神经系统具有调节生理功能活动的作用,其分为中枢神经系统和周围神经系统两大部分。中枢神经系统是神经系统的主要部分。表1-7所示为人的神经系统概况。

表1-7　人的神经系统概况

中枢 神经系统	脑	端脑、间脑(大脑)、小脑
		脑干,包括中脑、脑桥、延髓
	脊髓	灰质、白质

---

① 徐国栋,袁琼嘉.运动解剖学[M].北京:人民体育出版社,2012:8.
② 徐国栋,袁琼嘉.运动解剖学[M].北京:人民体育出版社,2012:81-83.
③ 同②.

续 表

中枢 神经系统	脑	端脑、间脑(大脑)、小脑
		脑干,包括中脑、脑桥、延髓
	脊髓	灰质、白质
周围 神经系统	躯体神经	脊神经
		脑神经	感觉性、运动性混合型脑神经
	内脏神经	内脏感觉神经	内脏感觉纤维较少、传入分散
		内脏运动神经	交感神经、副交感神经

注:部分资料引自徐国栋、袁琼嘉主编的《运动解剖学》(2012)。

成年人脑的平均重量约 1 400 克,在 20~25 岁时达到重量顶峰。人脑是人类高级神经活动的物质基础。人脑包括端脑、间脑(大脑)、小脑、脑干(中脑、脑桥、延髓)。端脑又称大脑,有左右大脑之分,大脑皮质是大脑表面的灰质,重约 600 克,有约 26 亿个神经细胞[①]。小脑位于大脑枕叶下方,其主要功能有协调身体运动、维持人体平衡等。

人脑内发挥重要作用的物质主要有多巴胺、去甲肾上腺素、肾上腺素、血清素、褪黑激素、乙酰胆碱、内啡肽等。这些物质在体内的动态平衡对人们的健康有着重要意义。

组织是介于细胞及器官之间的机体架构,由许多形态相似的细胞及细胞间质所组成。多细胞生物的细胞分化产生了不同的细胞群,每个细胞群都是由许多形态相似,结构、功能相同的细胞和细胞间质联合在一起的,进而构成组织。人体的组织可分为上皮组织、结缔组织、神经组织和肌肉组织。组织排列组合,组成具有一定形态并完成一定生理功能的结构,称为器官,如胃、肠等。上皮组织常分布于体表、消化道和呼吸道内表面、各种器官的外表面,具有保护、分泌功能;结缔组织常分布于血液、肌腱、骨骼,具有支持、连接、保护、营养、收缩、舒张等功能;神经组织常分布于大脑和脊髓,其功能是能够接受刺激并产生和传导兴奋。肌肉组织常分布于骨骼、心脏、消化道、胃部,具有收缩、舒张功能。

细胞、组织、器官和系统有机结合构成了生机勃勃的人体。图 1-3 所示为罗丹(法国)的雕塑作品《思想者》,人们曾将其作为改造世界力量的象征符号之一。

三、身体与营养

从美学角度看,除了罗丹的《思想者》外,达·芬奇创作的素描作品《维特鲁威人》(见图1-4)绘出了比例较完美的人体,备受人们推崇:人展开四肢与立正构成圆形和正方形,展开四肢的中心位于肚脐,双腿与脚的连线构成等边三角形。

均衡膳食是维持人体健康的前提,而食物多样是均衡饮食的基本原则。食物中经过消化、吸收和代谢能够维持生命活动的物质称为营养素。目前已知人体必需的营养素有 42

---

① 徐国栋,袁琼嘉.运动解剖学[M].北京:人民体育出版社,2012:270.

种,可分为 6 类:蛋白质、脂肪、糖类、维生素、水和矿物质[①]。膳食指南建议每天食用的食物需要含营养素达到 12 种以上,一周 25 种以上,如谷薯类、杂豆类、果蔬类、菌藻类、鱼、禽、蛋、畜类、大豆、奶、坚果等。情绪与食物也存在关联,表 1-8 所示为食物与情绪的关系。

图 1-3　罗丹的雕塑作品《思想者》　　图 1-4　达·芬奇的素描作品《维特鲁威人》

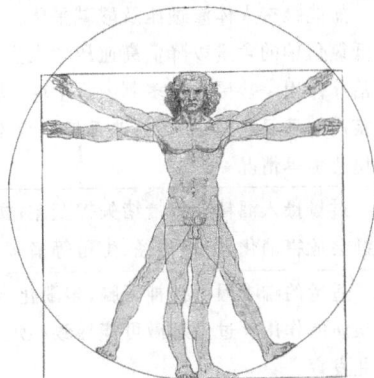

表 1-8　食物与情绪的关系[②]

食物中的物质	身体、情绪的反应
糖类	适量的碳水化合物能快速增加精力和灵敏性,补充人体所需的能量,暂缓、减轻疲劳,高糖膳食能带来愉悦感和满足感。过量易瞌睡、疲劳、腐蚀牙齿、增加胃酸分泌量、肥胖、增加糖尿病发生概率
蛋白质	色氨酸使人镇静和产生睡意,利于大脑血清素分泌(血清素是人体内产生的一种神经传递物质,可影响人的胃口、内驱力以及情绪),多巴胺的释放可以帮助缓解压力和焦虑。蛋白质摄入过多易造成脂肪堆积、加重消化系统负担等
脂肪	有研究表明,内脏脂肪与抑郁障碍呈正相关,肥胖者患抑郁症的可能性比非肥胖受试者高出约 20%。脂肪摄入过多会增加胃肠负担、出现高血脂、肥胖等情况,影响正常的身体健康。饱和脂肪酸摄入过量不仅会造成心血管疾病,还有可能增加人的攻击性。脂肪摄入过少会导致皮肤受损、营养不良、代谢能力降低、缺乏维生素等
维生素	维生素 A 能够很好地促进视力的提高;B 族维生素的缺乏会导致脑部机能障碍;维生素 C 有着很强的抗氧化、清除自由基、抗衰老的功效,能够抑制炎症,促进免疫系统恢复,增强人们的记忆力与注意力;维生素 D 有着明显的促进钙质吸收和利用的功效;维生素 E 能够促进很多抗氧化物质的清除,血液中维生素 E 的含量较低易引起抑郁,草莓、甘蓝与菠菜等食物富含抗氧化剂维生素 E,有助于人们保持清晰思维与专注。 维生素摄入过多会引起胃肠道疾病,加重肾脏负担,产生缺乏食欲、精神状况差、消极情绪频发等状况。水果、蔬菜、全谷物、豆类等的平衡饮食对抑郁情绪的预防和改善是有益的

---

① 张钧,张蕴琨.运动营养学[M].北京:高等教育出版社,2010:2.
② 周昀,王里.食物与情绪相关性研究综述[J].福建工程学院学报,2013,11(2):200-204.

续表

食物中的物质	身体、情绪的反应
无机盐	盐能维持人体渗透压及酸碱平衡。食盐通过添加碘来预防碘缺乏病;食盐加入氯化钾来降低氯化钠的含量以降低高血压的发生率;锂盐具有营养神经、抗炎以及对甲状腺功能亢进的治疗作用。盐摄入过多刺激肾上腺,提高应激和唤醒的程度,是高血压、心脏病、肾病、卒中等疾病的重要成因之一;钙缺乏易引起焦虑、抑郁和认知功能障碍;铬、镁、锌等矿物质能缓解心境恶劣等情况
酒精	过量摄入酒精会致情绪失控变差,协调性、判断力和脑功能下降,易损害肝脏;长期大量饮酒会危害消化、中枢神经、生殖等诸多系统,以及可能由此产生一系列安全问题
咖啡因	适量的咖啡因可提神醒脑,多酚化合物利于心脏血管健康,促进血液循环,达到预防心血管疾病的作用。过量刺激可能导致心烦意乱,造成睡眠障碍、刺激肠胃、胃酸增多、影响孕妇胎儿发育

从食物摄入角度看,中国居民平衡膳食宝塔(2022)建议人们每天摄入水 1 500～1 700 毫升、谷类 200～300 克(其中全谷物和杂豆 50～150 克)、薯类 50～100 克、水果类 200～350 克、蔬菜类 300～500 克、奶类及奶制品 300～500 克、动物性食品 120～200 克(每周至少吃 2 次水产品,每天 1 个鸡蛋)、油 25～30 克、盐不超过 5 克①。

据此可计算人体每天的食物消耗总量。将人体每天消耗的食物取中值:1 623 克食物＋1 600 毫升水,即每日摄入 3 223 克(水的密度按 1 000 kg/m³ 计)食物。若以人均寿命 80 岁计,每个人一生的食物总消耗量为 77.6 吨,消耗食物年均约为 0.97 吨/人(其中 0～15 岁、60～80 岁按成年人日消耗量的 60%计)。表 1－9 所示为人体食物消耗重量。当然在具体分析时,人体食物的消耗量还受研究对象环境、职业、年龄、性别、生活方式、饮食习惯等影响。

表 1－9　人体食物消耗重量

时长	水/克	盐/克	油/克	奶、奶制品/克	大豆、坚果类/克	动物性食物/克	蔬菜类/克	水果类/克	谷、薯类/克	小计/千克
1 天	1600	5	28	400	30	160	400	275	325	3.223
1 年	584	1.8	10.2	146	10.9	58.4	146	100.4	118.6	1 176
80 年	38 544	120	675	9 636	723	3 854	9 636	6 625	7 829	77 642

说明:表中部分数据四舍五入保留整数,人一生以 80 年计(其中 0～15 岁、60～80 岁按成年人日消耗量的 60%计)。

生物的寿命与其代谢活性密切相关,代谢越旺盛的生物寿命越短,代谢越缓慢的生物寿命越长。心率与寿命成反比关系,心率越快,其寿命越短,这一规律符合哺乳动物界。人的寿命显著长于动物,这归功于当代医药学技术与社会的进步②。然而物极必反,过度营养对

---

① 中国营养学会.中国居民平衡膳食宝塔(2022)修订和解析_中国居民膳食指南[EB/OL].(2022－04－28)[2024－06－27].http://dg.cnsoc.org/article/04/RMAbPdrjQ6CGWTwmo62hQg.html.

② 林治湖,杨延宗.心率与寿命[J].医师进修杂志,2005(1):1-2.

寿命也有不良影响。有学者认为,已经有越来越多的研究结果证明:营养限制会延长寿命,过度营养不仅会造成多种疾病,还会缩短人的寿命[①]。

衰老是人发展过程中的自然现象。衰老是应激和劳损,损伤和感染,免疫反应衰退,营养代谢障碍、疏忽和滥用的积累。在人们步入老年之前,大部分器官早已开始衰老。比如肾过滤可将血流中的废物强过滤掉,但伴随人体衰老,肾过滤量会逐渐减少。人体75岁时的肾过滤量约为30岁时的一半。此时,人对膀胱的控制力降低,憋尿功能亦降低,会引起上厕所次数的增加。有学者对人体部分器官的衰老时间进行研究,并得出了人体部分器官衰老时间表。

四、影响人的发展的因素

1.教育因素

学校教育由学生与教师共同参与,是一种以影响个体身心发展为直接目的的特殊活动。学校教育既有即时价值,也有延时价值,同时具有加速个体发展的独特功能。

2.遗传素质

遗传素质是个体从上一代继承的、保持连续性的素质。在人的发展中起潜在的作用,为人的发展提供可能性。人们普遍认为遗传素质作用为人的发展提供必要的生物前提,遗传素质在适当的条件内可以改变,具有相对可塑性,不能无限地夸大遗传素质在人发展过程中的作用。

3.环境因素

环境泛指个体生活于其中,影响个人身心发展的一切外部要素,按性质可分为自然环境和社会环境。自然环境包括自然条件和地理位置,而社会环境包括经济、政治、文化以及与个体密切相关的各种社会关系。对于个体而言,宏观环境(自然和社会环境)基本类似,微观环境(与个体直接发生联系的自然环境与社会环境)千差万别,对个体身心发展起影响作用的主要是微观环境。

4.个体因素

个人的认知活动是个体对外部世界的反映,是个体与外界进行信息交换、自我调控的过程。个人生活方式健康与否直接影响其发展。例如,使用手机时离眼睛距离较近,使用时间过长,眨眼次数少,泪液大量蒸发,容易导致干眼症;久坐少动可能导致动脉硬化、冠心病等。

第三节　体　育　概　述

一、体育起源与发展

(一)"体育"一词的起源

"sports、gym、physical culture、physical education、physical training、PE"都有体育之

---

① 庞广昌,陈庆森,胡志和,等.过度营养与人体代谢和疾病关系的研究进展[J].食品科学,2013,34(15):373-396.

称,体育虽然有悠久的历史,但是"体育"一词却出现得较晚。

在古希腊,游戏、角力、体操等曾被列为体育内容。1762 年,法国教育家、文学家卢梭在他的著作《爱弥儿》中首次提出"身体的教育"。17~18 世纪,西方的体育中增加了打猎、游泳、爬山、赛跑、跳跃等项活动,只是尚无统一的名称。18 世纪末,德国的古茨穆茨把这些分类活动统称为"体操"。

19 世纪中叶,德国和瑞典的体操传入我国,随后清政府在兴办的新式学堂中设置了"体操"科。随着西方文化不断涌入我国,学校体育的内容也从单一的体操向多元化发展,课堂上出现了篮球、田径、足球等,许多有识之士提出不能把学校体育课统称为体操课。1923 年北洋政府公布的《中小学课程纲要》(草案)中,正式把"体操课"改为"体育课",至此,"体育"成了身体教育的专有名词。

(二)体育的发展

体育伴随社会的文明进步呈螺旋上升式发展。

1.原始社会

该时期语言非常简单,没有文字,人类的认识水平也非常低下,有非生产性身体活动存在,此类活动具有自发性、随意性特征。

2.奴隶社会与封建社会

该时期出现私有制,产生阶级,人们的认识水平逐渐提高,语言发展,对非生产性身体活动的表述方式日渐增多。体育由最初的自发、无意识转变为一种有目的、有意识、有组织的活动,逐渐形成强身、健体、娱乐的特征。

3.近现代社会

近现代体育概念由身体锻炼向身心全面发展、娱乐等方面转化。体育运动不仅是强身健体、休闲娱乐的手段,而且成为学校教育的重要组成部分。人们对复杂体育现象的认识也日益走向统一,并分别从不同方面揭示了非生产性身体运动的本质。用于强身健体、培养学生时称作(学校)体育;用于显示个体能力、集体存在或国家荣誉时称作竞技体育;用于休闲度暇、娱乐放松时称作社会(休闲)体育。上述概念相互联系,相互渗透,形成了一个有机整体——体育概念体系。

4.现代与当代社会

体育由原来的单一教育学领域拓展到心理学、解剖学、生物力学、生理学、文化人类学、历史学、管理学、经济学、信息技术、组织行为学诸多学科。近年来,欧美发达国家体育学科的名称已由"physical education"改为"kinesiology",意为人体运动学、运动机能学、肌肉测试系统,其词根 kinesis 意为活动或细胞分裂[1]。比如美国体育科学院对应的翻译是 National Academy of Kinesiology。无独有偶,在德国,体育学升格与经济学、社会学、教育学为同一层级,用"Sportwissenschaft(体育科学)"表示[2]。

面对体育的复杂化和多样化,体育学"physical education"一词在争论中发展,尤其是

---

[1] 宫齐编译.ENCARTA 英汉双解大词典[M].广州:世界图书出版广东有限公司,2010:1055.

[2] 文安,魏中.双一流场域下体育专业本科与研究生实践教学的思考[J].内江科技,2022,43(8):83-84,75.

"education"已难以涵盖体育领域所有内容。随着知识的细化升级,体育教育(physical education)的学术性、理论性突显,kinesiology 是对各现有体育科学知识的综合表达,是体育学知识纵向升级和横向拓展的多元呈现,是学科发展到一定阶段在内容(专业)、研究对象(成熟)、研究工具或者方法(客观)等方面的必然反映[①]。如今,kinesiology 已逐步成为北美地区体育学科的通用名称[②]。随着健康生活方式日益深入人心,人们对健康越发重视:"防重于治""治未病""运动促进健康"等理念成为流行。"体育凝聚力量,运动放飞梦想",体育已然成为社会文化活动符号的重要组成。

二、体育产生的学说

了解体育产生的学说,对于人们理解体育的来龙去脉有着较为积极的促进意义。体育产生的原因众说纷纭,其中较有代表性的游戏论、劳动论等学说与代表人物如表 1-10 所示。

表 1-10　体育产生的学说、主要观点与代表人物[③]

	代表人物	主要观点
余力论	(德)席勒、(英)斯宾塞	在工作时是迫于实际生活的需要,在游戏时是余力流露(是洋溢的生命在驱动身体活动)
巫术论	(英)爱德华·泰勒、(英)费雷泽	泰勒等认为巫术是早期人类试图控制自然力的一种行为方式和行为指导。巫术活动中的游戏、舞蹈等以身体运动为主要形式的活动是今日体育活动的原型
劳动论	(英)恩格斯、(苏)普列汉洛夫	恩格斯提出"劳动创造了人"。普列汉洛夫认为游戏是教育的组成部分,游戏是劳动的产物,体育也是劳动的产物。体育源于原始的生产劳动
游戏论	(德)康德、席勒、(英)斯宾塞	过剩的精力自由时间催生了游戏与体育活动。斯宾塞认为游戏有助于游戏者的身体康健,具有生物学意义,有益于提高人类生存能力
模仿论	(希腊)亚里士多德、(法)狄德罗、(俄)车尔尼雪夫斯基	体育产生于人们对自然的模仿,模仿是人类固有的天性和本能
需要论	(德)恩格斯、(苏)普列汉洛夫、(中)董守恒	体育产生于人类有意识地把一些身体活动方式组合以满足生理、心理和社会的需求。需要论是劳动论的重要补充

三、体育的概念

随着我国社会的进步和体育事业的不断发展,体育目的和内容都大大超出了原来范畴,体育的概念也出现了广义与狭义解释。广义的体育一般是指体育运动,其中包括学校体育、

① 周建东,于涛."体育学"概念研究之研究[J].体育学刊,2017,24(1):1-6.
② 王志强,胡曦.从 Physical Education 到 Kinesiology:美国体育学科的变革与重塑[J].体育成人教育学刊,2013,29(5):1-6.
③ 体育概论编写组.体育概论[M].北京:北京体育大学出版社,2013:25-34.

竞技体育和社会体育三个方面；狭义的体育一般指学校体育。

体育的本质是人一种有意识的身体活动,代表性的概念有:"体育是以锻炼身体、丰富社会文化生活为目的的一种有组织的社会活动"①,"体育是以身体运动为基本手段,促进身心发展的文化活动"②。本书采用的概念是,体育是以身体运动为基本手段,促进身心发展的文化活动。

四、体育的分类

《中华人民共和国体育法》(1995年版)将体育划分为三类:社会体育、学校体育、竞技体育。这三者是区别联系的。社会体育的特点是,参与人员构成的复杂性、目的动机的多样性、内容形式的灵活性、组织管理的松散性等。从事社会体育的多是体育爱好者、普通大众。学校体育作为学校教育的组成部分,其标准、内容等都有严格的规定,学生必须经过考核完成课程要求,主要是由体育教师承担教学训练任务。竞技体育的主要目标是运动员创造优异的比赛成绩,其内容、方法、手段与管理都以创造优异的比赛成绩为导向,主要由教练员承担训练任务。

跨学科的交融渗透、重组整合推动着体育分支学科、交叉学科、综合学科不断涌现。体育学科的多样化发展是客观认识对象的多样性与认识主体需求的外显。科学合理的学科分类有利于人们认清学科的地位和作用,有利于体育科学的学科规划布局、学科专业设置、科学资源配置、学科评估评价、科研项目设置评审、学术交流合作③,可以更好地为体育实践服务。

五、当代体育发展面临的问题与挑战

1.利益干扰问题

全球体育发展仍然面临政治干预、商业侵袭等问题,影响了体育的平等与公平。在这种情况下,一方面,体育管理部门需加强体育治理,确保体育组织的独立性和透明度,同时加强对体育赛事的监管;另一方面,社会各方应共同努力,提高公众对体育本质的认识,倡导体育精神和公平竞争,从而推动体育事业的健康发展,使体育事业与体育产业良性互动。

体育事业与体育产业的区别:①主体性质不同,前者为公益性体育部门,后者则是经营性的体育企业法人;②职能不同,前者提供公共体育产品及服务,后者则实现体育的经济价值和市场功能;③资金来源不同,前者由国家投资或社会资助,后者则靠市场配置资源;④调控方式不同,前者由政府行政直接调控,后者则依靠政策法规,运用法律、行政、经济等手段间接调控。④

2.体育领域科技价值与人文发展的不均衡问题

随着体育产业化进程加快,体育事业带来的经济、社会效益日益显著,但科技的快速发展

---

① 邵宗杰,卢真金.教育学[M].5版.上海:华东师范大学出版社,2010:101.
② 杨文轩,陈琦.体育概论[M].2版.北京:高等教育出版社,2013:22.
③ 席玉宝.试论体育学科的分类[J].西安体育学院学报,2020,37(1):59-65.
④ 周正刚.文化事业与文化产业关系辨正[J].东岳论丛,2010,31(11):140-144.

也给体育带来了一些负面影响：导航设备可能削弱运动员的路线规划能力；科技的过度介入可能会模糊运动员和机器之间的界限，影响运动员的自我效能和体育精神；等等。各层面应提升自身认识，推动科技与人文需求协调发展。体育的科技与人文发展应该是相互促进的，只有实现了科技与人文需求的均衡发展，体育才能真正成为促进人类全面发展的重要力量。

3.环境污染问题

环境的有形污染：大多数体育运动项目是绿色健康的，但有些运动项目值得思考，比如高尔夫运动。高尔夫运动场地占用了较多绿地，会消耗大量的水，场地维护使用的化肥、难降解农药等也会造成长期的环境污染。环境的无形污染：赛车噪声、排气排放物等。

4.多元文化共存与挑战问题

现代体育源于西方，多体现为西方文化强势主导。然而世界文化是多元的，在体育发展的过程中，伴随着文化的冲突与融合，体育的多极化、体育内容的多元化逐渐凸显。中国传统优秀体育文化的倔强生命力得益于其深厚的文化底蕴、独特的魅力以及对人类全面发展的积极促进作用，如导引术、太极拳等。这些体育运动强调与自然和谐共处，追求身心和谐，对于提高身心健康、缓解压力具有较好的效果。再如，武术不仅是一种体育运动，还是一种符号，它强调身心合一、内外兼修，通过套路、散打等形式，将力量、速度、技巧与美学完美结合，吸引了众多国内外爱好者。

六、当代体育发展的趋势[①]

1.当代体育发展的科学化

科学化主要体现在体育竞赛的科学化、体育管理科学化、体育组织科学化、体育科研科学化等方面。在科学化进程中，科学研究取得了一系列的、丰硕的研究成果，诸如项群训练理论、我国优秀运动员竞技能力状态的诊断和检测、中国国民体质检测系统研究等。我国的体育得到长足发展，国民体质与学校体育成绩提升显著，竞技体育多次进入奥运会奖牌榜前三。例如，2008年北京奥运会比赛项目是大项28项，302个小项，最终产生金牌302枚，银牌303枚，铜353枚。图1-5所示为2008年北京奥运会奖牌榜统计[②]，该奖牌榜也反映出我国体育事业阶段工作的成果。

排名	国家/地区	金牌	银牌	铜牌	总数
1	中国	51	21	28	100
2	美国	36	38	36	110
3	俄罗斯	23	21	29	73
4	英国	19	13	15	47
5	德国	16	10	15	41
……					
总计		302	303	353	958

图1-5　2008年北京奥运会奖牌榜统计

① 体育概论编写组.体育概论[M].北京:北京体育大学出版社,2013:202-206.
② 新浪网.奥运金牌榜.http://match.sports.sina.com.cn/bj2008/all_medal.php.

为什么奥运会金、银、铜牌三者总数不同？原因有：并列和部分项目第三、第四名不比赛，如 2008 年奥运会女子 100 米是并列银牌，故银牌多 1 枚；拳击、柔道、跆拳道、摔跤四个大项的第三、第四名不比赛，并列铜牌。

2022 年北京冬奥会共有 7 个大项、15 个分项和 109 个小项，共有 327 枚奖牌，包括 109 枚金牌、109 枚银牌和 109 枚铜牌。中国代表团在 2022 年北京冬奥会获得 9 金 4 银 2 铜，金牌数和奖牌数均创历史新高。图 1-6 所示为 2022 年北京冬季奥运会奖牌榜统计。

排名	国家/地区	金牌	银牌	铜牌	总数
1	挪威	16	8	13	37
2	德国	12	10	5	27
3	中国	9	4	2	15
4	美国	8	10	7	25
5	瑞典	8	5	5	18
			......		
总计		109	109	109	327

图 1-6 2022 年北京冬季奥运会奖牌榜统计

2. 当代体育发展的多样化

体育运动的途径与样式日益丰富。中国传统体育文化是世界体育文化宝库不可或缺的重要组成部分，是东方文化中张弛有道、静动结合的运动观，天人合一的生态观的价值凸显。除了游泳、骑车、羽毛球、乒乓球等常见健身项目外，广场舞、太极拳、八段锦、太极剑等也是人们喜闻乐见的运动健身项目。美国总统体适能和竞技委员会组织专家对常见运动项目进行定量评价研究，得出定量评价得分表，表 1-11 所示为常见健身项目评价表。总分越高，健身效果越好，便于人们选择适合自己的项目。

表 1-11 常见健身项目评价表[①]

运动项目	心血管	耐力	力量	柔韧	平衡	减肥	健美	消化	睡眠	总分
慢跑	21	20	17	9	17	21	14	13	16	148
骑车	19	18	16	9	18	20	15	12	15	142
游泳	21	20	14	15	12	15	14	13	16	140
轮滑	18	17	15	13	20	17	14	11	15	140
篮球	19	17	15	13	16	19	13	10	12	134
网球	16	16	14	14	16	16	13	12	11	128
健美操	10	13	16	19	15	12	18	11	12	126
步行	13	14	11	7	8	13	11	11	14	102

3. 当代体育发展的融合化

伴随体育全球进程的加快，体育资源国际化、一体化明显。不同学科、专业背景的人才

---

① 王健，马军，王翔. 健康教育学[M]. 2 版. 北京：高等教育出版社，2012：96.

汇集,以获得竞技体育最优化效果。比如,欧洲足球五大联赛(西班牙足球甲级联赛、英格兰足球超级联赛、意大利足球甲级联赛、德国足球甲级联赛和法国足球甲级联赛)不但聚集了全球顶级的足球运动员、教练员,还聚集了体能训练、损伤与康复、体育商业运作等方面的精英。前国际奥委会主席萨马兰奇认为竞技体育学院化发展是竞技体育发展的主要途径……[①]新的体育研究方法或研究领域、研究团队(人员构成与管理)等方面也显示出我中有你、你中有我的一体化、全球化趋势。

中国体育学学科形态在体操科、体育科、二级学科、一级学科的演变历程中,体现出多元交叉和中国化融合的特性。有学者对中国体育学学术谱系进行了探索总结,如图 1-7所示。

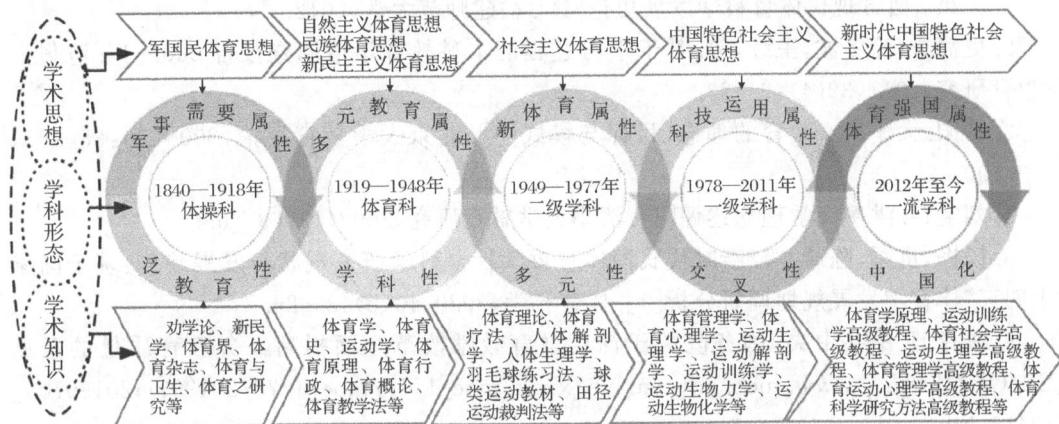

图 1-7　中国体育学学术谱系[②]

4.当代体育发展的人本化

人类通过体育获得健康来表现对自身前途和命运的终极关怀,要求人们学会关心,实施关怀。体育回归人本关怀意味着在追求竞技成绩和科技进步的同时,不忘体育的本质,即促进人的全面发展,强调运动员的精神、道德和情感共同进步。一方面需要保护运动员权益,关注运动员退役后的生活,培养全面发展的运动员,强化体育教育功能,提倡公平竞赛和道德观念。另一方面,体育组织和运动员应积极参与社会公益活动,利用其影响力推动社会进步和改变。

在体育中张扬人文精神,体育活动表现人类对自身生物性衰退的抗争,反映人们崇尚自然健美的身体,抗击高度发达的工业社会给人类造成的身心异化,减少复杂的经济关系和信息网络给人类的社会适应、身体、心理造成的负面影响,使体育成为维护人类身心健康的最有益的方式[③]。

---

① 邹月辉,马颖竹.美国大学运动队的发展阶段及基本特征[J].北京体育大学学报,2011,34(10):99-103.

② 齐大路,黄汉升.学科形态演变视角下中国体育学发展的历程、谱系及启示[J].北京体育大学学报,2023,46(1):79-92.

③ 胡小明.人文体育观的渐入与生物体育观的淡出[J].中国学校体育,1999(2):65.

思考题

1. 大学教育的目的是什么？
2. 试论述教育的本质功能与非本质功能。
3. 结合实际，分析影响个体发展的主要因素有哪些？
4. 试论述当代体育发展面临的问题与挑战。
5. 当代体育呈现出哪些发展趋势？

延伸阅读材料

1. 王琪. 西方现代体育科学发展史论[D]. 福建师范大学, 2012.

2. 史静寰, 涂冬波, 王纾, 等. 基于学习过程的本科教育学情调查报告 2009[J]. 清华大学教育研究, 2011, 32(4): 9 - 23.

3. 甘阳. 大学人文教育的理念、目标与模式[J]. 北京大学教育评论, 2006(3): 38 - 65, 189 - 190.

4. 刘宝存. 洪堡大学理念述评[J]. 清华大学教育研究, 2002(1): 63 - 69.

5. 杨桦, 仇军, 陈琦, 等. 新时代我国体育哲学社会科学研究现状与发展趋势: 基于国家"十四五"体育学发展规划调研分析[J]. 体育科学, 2020, 40(8): 3 - 26.

6. 教育部. 中共中央 国务院关于深化教育教学改革全面提高义务教育质量的意见[EB/OL]. http://www.moe.gov.cn/jyb_xxgk/moe_1777/moe_1778/201907/t20190708_389416.html.

7. 教育部. 2022 年全国教育事业发展统计公报[EB/OL]. http://www.moe.gov.cn/jyb_sjzl/sjzl_fztjgb/202307/t20230705_1067278.html.

第二章　新时代我国体育概述

学习目标

(1)掌握我国体育的目的和实现途径。
(2)理解体育在社会生活中的地位和作用。
(3)理解体育精神、奥林匹克精神、中华体育精神的内涵。

教学方法与手段

讲授、提问、讨论、自学、多媒体课件演示。

第一节　我国体育的目的

一、新时代我国体育的目的概述

2021年《中共中央关于党的百年奋斗重大成就和历史经验的决议》指出必须抓好后继有人这个根本大计。要坚持用习近平新时代中国特色社会主义思想教育人,用党的理想信念凝聚人,用社会主义核心价值观培育人,用中华民族伟大复兴历史使命激励人,培养造就大批堪当时代重任的接班人[①]。

1.新时代我国体育的目的

关于我国体育的目的表述较多,如"为了人民的健康、新民主主义建设和人民的国防而发展体育"。体育要提高人民的健康水平,服务于国家建设,包括三层要义:体育要为人民服务、体育要增强人民体质、体育要为国家发展需要服务[②]。《中华人民共和国体育法》提出"为了促进体育事业,弘扬中华体育精神,培育中华体育文化,发展体育运动,增强人民体质,根据宪法,制定本法""增强人民体质,提高运动技术水平,丰富社会文化生活,为社会物质文明建设和精神文明建设服务"[③]等。

此处所采用的是,**我国体育的目的是增强人民体质,提高运动技术水平,丰富社会文化**

---

① 新华社.中共中央关于党的百年奋斗重大成就和历史经验的决议(全文)[R/OL].(2021-11-16)[2023-06-27].https://www.gov.cn/zhengce/2021-11/16/content_5651269.htm.

② 体育概论编写组.体育概论[M].北京:北京体育大学出版社,2017:154-156.

③ 韩鹏伟,杨建设.新编体育概论[M].西安:陕西人民出版社,2009:124.

生活,为社会物质文明建设和精神文明建设服务。

2.体育目的概述

体育目的有广义和狭义之分。广义体育目的因主体、需求、实践与背景的不同而具有宽泛性,狭义体育目的多由政府部门提出,具有指导和规范体育活动开展的作用,具有稳定性、规范性。

《奥林匹克宪章》指出:“奥林匹克主义是增强人的意志和精神并使之全面均衡发展的一种人生哲学。”体育内隐着立德树人的文化内涵。1908年天津某杂志提出了著名的“奥运三问”[①]:

——“中国人什么时候能派运动员去参加奥运会?”

——“中国运动员什么时候能够得到一块奥运会奖牌?”

——“中国什么时候能举办奥运会?”

1932年,刘长春首次参加奥运会,回答了第一个问题。1984年许海峰实现我国奥运史上金牌“零”的突破,用行动回答第二个问题。北京陆续承办了两届奥运会,回答了第三个问题:2008年承办第29届夏季奥运会,2022年承办第24届冬季奥运会。改革开放后,我国体育事业快速发展。我国陆续制定并完成系列“五年计划”,在当前“十四五”体育发展规划中,体育强国建设有条不紊进行,体育各领域发展取得实质性进展,体育治理体系和治理能力现代化深入推进[②]。

有学者认为我国体育的目的是:尽快建成世界体育强国,逐步提高全民健康水平。为此应完成三大任务:大力发展竞技体育,着力抓好学校体育,尽力倡导全民健身体育[③]。当前,体育目的按领域、时间可细分为诸多体育目标。

目的和目标。目的是某种行为活动的整体性、终极性的宗旨或设想,特点是抽象性和普遍性。目标是某种行为个别化的、阶段性的追求或结果,特点是具象性和可量化性。目标是在特定的时间内所追求的最终成果,目的是实现这些成果的动机。

例如,《“十四五”体育发展规划》(简称《规划》)提出:①构建更高水平的全民健身公共服务体系;②建立科学有效训练体系,构建中国特色竞赛体系,振兴“三大球”项目;③推动体教融合建设以及竞技体育后备人才培养;④坚持供需两端发力,推动体育产业高质量发展。其中体育产业增加值占国内生产总值比重达到2%,居民体育消费总规模超过2.8万亿元。对体育文化建设、体育对外交往、体育科教工作、体育法治建设,《规划》也提出了指向明确的发展目标。

再如,《体育强国建设纲要》的战略目标是到2020年,建立与全面建成小康社会相适应的体育发展新机制。到2035年,形成政府主导有力、社会规范有序、市场充满活力、人民积

---

① 佚名.中国运动大会之先声[N].申报,1910.

② 体育总局关于印发《“十四五”体育发展规划》的通知[R/OL].(2021-10-08)[2023-06-27]. https://www.gov.cn/zhengce/zhengceku/2021-10/26/content_5644891.htm.

③ 张洪潭.体育概念及目的任务新探[J].体育科学,1990(01):7-12,91.

极参与、社会组织健康发展、公共服务完善、与基本实现现代化相适应的体育发展新格局,体育治理体系和治理能力实现现代化。到 2050 年,全面建成社会主义现代化体育强国。人民身体素养和健康水平、体育综合实力和国际影响力居于世界前列,体育成为中华民族伟大复兴的标志性事业。

二、实现我国体育目的的具体途径

1.社会体育

社会体育是社会公民自愿参加的,以增进身心健康为主要目的的内容丰富、形式多样的群众性体育活动。它的特点是简单、便捷、受众面广,主要任务是增进社会公民健康,娱乐身心,丰富文化生活。

2.学校体育

学校体育是指学生在教师的指导下进行的以锻炼身体、增进身心健康为主的,有目的、有计划、有组织的活动。它的特点是基础普及、系统性明显,主要任务是增强学生体质,立德树人、提升学生综合素质。

3.竞技体育

竞技体育是指运动员在教练员的指导下进行的以提高体育竞技能力、夺取比赛优胜为主的,有目的、有计划、有组织的活动。竞技体育具有运动专门化的特点,运动训练的内容、手段、方法、选材等都要根据专项运动的需要和特点来确定。其主要任务是获得优异的比赛成绩。

4.体育产业

体育产业是指为满足人们健身健美、娱乐休闲和精神需要,从事体育劳务产品的生产和经营服务的行业。体育产业的主要任务是推动体育产业健康发展,满足人民群众日益增长的多元化体育需求。体育产业按照两部门分类法分类可分为:体育的核心产业(无形产品)与体育的相关产业(有形产品),后者多与其他行业交叉融合,如体育器材、运动服装、运动饮料和体育小镇等。

5.其他

实现我国体育目的的具体途径还有体育政策供给、体育科研水平与成果转化、体育学术期刊、体育场馆建造运营与维护等。

第二节　体育在社会生活中的地位与作用

我国发展体育运动既是新时代发展的要求,也是体育学科自身发展的需求。只有全民有健壮的体魄,才能实现壮美的中国梦。

一、体育是国家和政府工作的重要组成

党的二十大报告指出,到 2035 年,我国发展的总体目标之一是:建成教育强国、科技强国、人才强国、文化强国、体育强国、健康中国,国家文化软实力显著增强。在此背景下,经过了早年的竞技体育一家独大的阶段,我国体育步入了新的阶段——竞技体育、社会体育、学校体育并驾齐驱。

1.行政体系中设有体育管理机构

当今世界无论是发达国家还是发展中国家,大多数国家都设有体育主管部门或机构。以我国为例,在部级政府中设立有主管体育的国家体育总局(原国家体委)、教育部体卫艺司、负责职工体育的工会,以及各级各类对应的分支机构(省市县区体育局等)。

2.国家政策体系中有体育政策

从1995年我国颁布实施《中华人民共和国体育法》开始,体育越发得到人们的重视。近年政府出台多部体育相关文件:国务院办公厅《关于印发体育强国建设纲要的通知》(国办发〔2019〕40号)、国务院办公厅《关于促进全民健身和体育消费推动体育产业高质量发展的意见》(国办发〔2019〕43号);体育总局、教育部《关于印发深化体教融合 促进青少年健康发展意见的通知》(体发〔2020〕1号),2020年中共中央办公厅、国务院办公厅印发的《关于全面加强和改进新时代学校体育工作的意见》;2021年体育总局发布的《"十四五"体育发展规划》《课外体育培训行为规范》;等等。截至2023年6月,现行有效的体育法律、法规、规章、规范性文件和制度性文件目录详见本章延伸阅读材料。

美国、日本、罗马尼亚、古巴、法国等国家都专门制定了体育法[1],用法律的形式为体育的健康发展保驾护航。

3.教育体系中设有体育课程

把体育纳入学校教育教学课程中古已有之,周朝在其贵族教育体系中倡导"六艺",即礼、乐、射、御、书、数。其中与体育相关的有射(射骑技术)、御(驾驭马车的技术)、乐(舞蹈)、礼(队列队形)等,即通过"六艺"培养维护王朝统治所需的人才。"骑士七技"是欧洲中世纪骑士教育重点内容,包括骑马、游泳、投枪、击剑、打猎、弈棋和吟诗,其中与体育相关的占比达85.7%。表2-1所示为六艺、骑士七技中与体育的相关比较。

表2-1 六艺、骑士七技中与体育的相关比较

六艺	礼	乐	射	御	书	数
是否与体育相关	√	√	√	√		
骑士七技	骑马	游泳	投枪	击剑	打猎	弈棋	吟诗
是否与体育相关	√	√	√	√	√	√	

注:表中"√"表示强相关,"√"表示弱相关。

在古代体育的发展过程中,人们已经从历史、教育、军事和医学的角度初步认识到体育对健身、医疗、娱乐和教育的作用,并提出一些有价值的运动方式[2]。古希腊的斯巴达教育、我国古代的"六艺"教育、欧洲封建领主时期的"骑士七技"教育都是将体育作为主要教育内容的,当时的教育目的在于培养一些专门的技能,如打猎、战斗、逃生等,与现代学校体育不可同日而语[3]。现代学校体育越发注重体育育人的整体性与系统性,当前,绝大部分国家都

① 刘汉生.体育在当代社会生活中的地位[J].科技资讯,2007(8):127.
② 田友龄.世界体育简史纲要(古代部分)[J].山东体育学院学报,1990(1):65-70,73.
③ 魏争光.体育课结构演变史探讨[J].体育学刊,1995(3):46-48.

把体育纳入教育体系中,将体育课列为学校的必修课。

动商影响着一个人的精气神,关乎人发展的后劲,动商的培养离不开学校体育。依据教育部《义务教育课程设置实验方案》(2001 年)要求,体育课时每周要达到 3 节。2014 年教育部印发了《高等学校体育工作基本标准》,要求本科一、二年级学生体育必修课不能少于 144 学时,每周体育课不少于 2 学时,切实保证学生每天 1 小时体育活动时间。

二、体育逐渐成为人们生活方式的重要组成

随着人们生活水平的提升,体育也越发普及,经常参加体育活动的人数越来越多。据统计[①],2020 年我国 7 岁及以上居民中经常参加体育锻炼的人数比例为 37.2%,比 2014 年增加 3.3 个百分点。乡村经常参加体育锻炼人数比例的增长幅度超过城镇,中部和西部的增长幅度超过东部地区,城乡和地区差异呈现缩小趋势。一方面,"体育凝聚力量,运动放飞梦想",以村超为代表的社区(村)比赛如火如荼地进行;另一方面,拼搏进取的"体育风"催人奋进,NBA、世界杯、ATP 系列赛、奥运会等高水平竞技赛日益为人们关注。

三、体育是衡量国家发展的重要标志

1. 国民体质健康水平

体质监测是对国民体质进行有计划的、连续的、系统的测定和观察。据文献记载,我国最早进行体质测试的学校是 1912 年的清华学堂,其建立了对学生体格检查的制度,包括体力测验、体型检查、医学检查等内容[②]。国民体质监测是国家为了系统掌握国民体质状况,以抽样调查的方式,按照国家颁布的国民体质监测指标,在全国范围内定期对监测对象统一进行测试和对监测数据进行分析、研究的活动[③]。自 2000 年以来,每五年 1 次,我国已经完成 5 次国民体质监测工作,掌握了我国国民体质基本情况和变化规律,为国家科学制定发展群众体育事业、增强国民体质的相关政策提供了重要依据。

2. 群众体育发展程度

当前我国公民休闲时间已经达到 112 天(含每周两天休息日),较多的余暇时间为人们运动休闲提供了必要条件。2020 年全国达到《国民体质测定标准》"合格"等级以上的人数比例(简称"合格率")为 90.4%,与 2014 年监测相比,提高了 0.8 个百分点。其中,3～6 岁幼儿合格率为 94.4%,20～39 岁成年人合格率为 87.2%,40～59 岁成年人合格率为 90.6%,60～69 岁老年人合格率为 91.4%;男性合格率为 88.8%,女性合格率为 92.0%;城镇居民合格率为 91.1%,乡村居民合格率为 89.3%[④]。2020 年第五次国民体质监测的主要

①　国家体育总局《2020 年全民健身活动状况调查公报》[R/OL]. (2021-12-30)[2023-06-27]. https://www.sport.gov.cn/n20001280/n20001265/n20067533/c23881540/content.html.

②　叶宏开.体魄与人格并重:清华大学百年体育纪略[M].北京:清华大学出版社,2011.

③　国家体育总局.国民体质监测工作规定[EB/OL]. (2003-12-08)[2023-06-27]. http://www.sport.gov.cn/n16/n41308/n41323/n41345/n41426/n42527/n42587/171387.html. 2003 年 12 月 08 日.

④　国家体育总局.国家国民体质监测中心发布《第五次国民体质监测公报》[R/OL]. (2022-06-07)[2023-06-27]. https://www.sport.gov.cn/n315/n329/c24335066/content.html.

趋势与特点有[①]:运动增强体质作用明显,如母亲每周参加 2 次及以上体育锻炼的幼儿的各项身体素质均好于母亲不参加体育锻炼的幼儿;成年人和老年人的超重肥胖率持续增长;成年人力量素质仍然呈下降趋势;等等。

3. 体育运动技术水平和最好成绩

这主要是指竞技体育参与的项目数量、获奖多少等情况,我国在奥运会展现了令人瞩目的成就,竞技体育居世界前列,但是由于我国人口基数大,在体育大国向体育强国迈进途中,依然有一段路要考验我们的眼界、能力与智慧。

4. 体育政策与制度的制定、执行情况

现行体育法律、规章、规范性文件和制度性文件日益健全、丰富,贯彻执行效果较为显著。

5. 体育场地、设施建设与使用状况

这包括公益性、商业性、事业性体育场地与设施的建设与使用。据 2020 年全国体育场地统计调查数据,全国体育场地有 422.68 万个,体育场地面积 37.02 亿平方米。人均体育场地面积 2.62 平方米[②]。

6. 体育产业占国民经济的比重

经核算,2018 年,全国体育产业总规模(总产出)为 26 579 亿元,增加值为 10 078 亿元,体育产业增加值占国内生产总值的比重达到 1.1%[③]。从体育产业内部结构看,体育服务业保持良好发展势头,增加值为 6 530 亿元,在体育产业中所占比重达到 64.8%。

此外,还有体育教育水平、体育人才的培养制度和质量,体育的宣传、教育出版事业的发展状况,体育的国际交往情况,体育科研的成就和水平、体育科研成果转化,等等。通常上述方面也是评判一个国家是否成为体育强国的指标。

体育强盛是国家综合实力强大的标志,全民有健壮的体魄,才能推动壮美中国梦的实现。新时代,体育为中华民族伟大复兴提供了凝心聚魂的强大力量。

四、体育在社会生活中的作用

教育部发布的《普通高等学校本科专业类教学质量国家标准》[④]指出:体育在增进人们健康水平、丰富社会文化生活、提高人们的生活质量、促进人的全面发展、建设人力资源强国、推动经济社会发展等方面具有重要作用。人们的幸福只有在身体健康和精神安宁的基础上才能建立起来。体育的作用是指体育对于人类自身和人类社会发展的功用或影响,可分为本质作用和扩展作用(非本质功能)。体育的本质作用有健身(健心)、教育作用,非本质

① 国家体育总局.国家国民体质监测中心发布《第五次国民体质监测公报》[R/OL].(2022-06-07)[2023-06-27].https://www.sport.gov.cn/n315/n329/c24335066/content.html.
② 体育经济司.2022 年全国体育场地统计调查数据[R/OL].(2023-03-23)[2023-06-27].https://www.sport.gov.cn/n315/n329/c25365348/content.html.
③ 体育经济司.2018 年全国体育产业总规模和增加值数据公告[R/OL].(2020-01-20)[2023-06-27].https://www.sport.gov.cn/n315/n329/c941611/content.html.
④ 教育部高等教学指导委员会.普通高等学校本科专业类教学质量国家标准[M].北京:高等教育出版社,2018:76.

作用有娱乐作用、政治作用、经济作用等。

(一)健身(健心)作用

体育的健身(健心)作用是指体育对于增强体质、增进健康的作用,主要表现在以下几个方面。

1. 促进生长发育,提高各器官系统机能

生长是生物体在一定的生活条件下体积和重量逐渐增加、由小到大、由少到多的过程;发育则是指有机体各器官系统结构的完善和机能的提高。处在生长发育阶段的儿童少年,新陈代谢旺盛,合成过程占优势,该阶段通过科学合理的体育锻炼,给自然生长发育以适当刺激,可以加速代谢过程,各器官系统机能也可以在这个过程中得到提高。

(1)改善人体形态,促进体格健壮、健美。人体的运动系统由骨骼、关节和肌肉构成。骨骼是人体的支架,承担人体重量,保护大脑、骨髓以及内脏器官。运动可加强人体新陈代谢,骨骼的血液供应得到改善,骨质增厚,骨小梁的排列更加整齐而有规律,骨更加粗壮坚固,抗折、抗弯的能力得到提高。儿童少年骨骼尚未完全骨化,运动可以刺激骨的骨骺与软骨生长,促进骨长度增长,身高增加。运动可使关节稳定,身体挺拔,这是由于体育锻炼增强了关节周围的肌肉力量,同时关节囊和韧带增厚,核心力量增强,使身体看起来更加硬朗有形。坚持运动可使肌肉组织发生变化,肌纤维增粗,肌力增加,人体显得更加健壮、结实、匀称,形态会得到改善,形成一种自然的健康美。此外,体育还可以促进关节活动的范围和幅度增加,灵活性提高。

(2)长期的体育锻炼,使得内脏器官发生相应的适应性变化,器官功能得到提高。心血管系统:长期体育锻炼可使心肌纤维变粗,心肌肥厚,心脏大小和重量增加,心脏运动性增大,搏动有力,恢复快。新生儿的心律可达 120 次/分钟及以上,随着年龄的增长,心率会逐渐下降趋于稳定。普通大学生心率为 70～90 次/分钟,体育大学生心率达 60～80 次/分钟[①]。呼吸系统:可使呼吸肌发达,强壮有力,呼吸功能提高,肺活量增大,气体交换加快,安静时呼吸深而慢。人的呼吸即一次吸气和一次呼气,正常成年人每分钟呼吸频率为 16～20次。呼吸与脉搏的比约为 1∶4。小儿的呼吸比成人快,每分钟可达 20～30 次。

(3)体育运动可以促进神经系统发育。人类的一切行为都是在大脑的支配下,各器官系统协同完成的。运动中大脑既要发出神经冲动,又要对各种感官获得的信息进行处理,再发出神经冲动,这种过程循环往复,使神经系统机能得到提高。从事体育活动还可提高神经系统的灵活性。运动中神经系统既要感知来自自身的信息,又要感知来自外部的信息。运动场上信息的多样性、随机性和不确定性对神经系统提出了更高的要求。长期从事体育活动,可以提高神经系统的感知能力和大脑的分析判断能力。

(4)体育运动可以缓解不良情绪,利于心理健康。人在运动时可以从烦恼中解脱出来,可以感受到精神上的愉悦。体育运动影响情绪的机制:第一,转移机制(中枢、周围神经系统的兴奋与抑制)——体育运动能改善情绪。心情郁闷时去运动一下能有效宣泄(代谢)坏心情,尤其遭受挫折后产生的冲动能被升华或转移。第二,适应机制(量变导致质变)——体育

---

①　王军建,王朝群,吴霞,等.高校舞龙队员身体机能特征[J].中国体育科技,2006(2):57-60.

运动能培养人的意志。参加体育运动有助于培养人勇敢顽强、坚持不懈、团结友爱、机智灵活、沉着果断的品质,使人保持积极向上的心态。第三,场域机制(适应场域)——合作与竞争是现代社会对人才的要求。一方面,由于体育运动的集体性和公开性,体育运动空间的人际互动有利于形成团结协作关系,能促进良好人际关系的发展。另一方面,体育运动是在规则的要求下,双方在对等的条件下进行体能和心理等方面的较量。第四,体知机制(切身体会)——体育运动使人正确认识自我。人在运动中对自己身体的满意可以增强自信,提高自尊。第五,调节机制——人在运动中可分泌内啡肽(内啡肽,又称安多芬或脑内啡),它能与吗啡受体结合,具有调节体温、心血管、呼吸功能,使运动更轻松愉悦。

综上,正如《体育之研究》所说:"体育之效,至于强筋骨,因而增知识,因而调感情,因而强意志。筋骨者,吾人之身;知识、感情、意志者,吾人之心。身心皆适,是谓俱泰。[①]"

2.促进体能发展

《体育辞典》(1984年版)中体能的概念为:是人体各器官系统的机能在体育运动中表现出来的能力。它由力量、速度、灵敏、耐力和柔韧等基本身体素质与人体的基本活动能力(如走、跑、跳、投掷、攀登、爬越和支撑等)两部分构成。运动员体能是指运动员机体的基本运动能力,是运动员竞技能力的重要组成部分,包括身体形态(身高、体重、部位围度等)、身体机能(肺活量、心率等)、身体素质(力量、速度、耐力、灵敏、柔韧),图2-1所示为竞技能力中体能的组成[②]。事物的概念不是一成不变的。随着人们对体能认识的不断深入,体能的概念也必将不断地得到拓展并被赋予新的内涵[③]。体能是各器官系统活动的外在表现,是人类行为的基础,是衡量体质强弱的标志之一。对于广大群众,有学者提出日常多做推、拉、扭、蹲、携、摆等活动可以较好地保持体能。

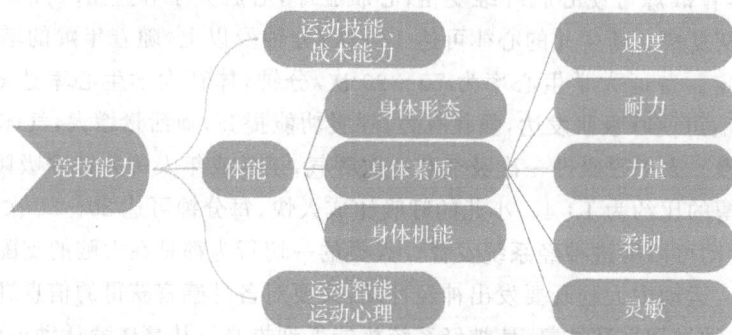

图2-1 竞技能力中体能的组成

3.促进健康

研究表明,人在25岁以后体能普遍下降[④],体育虽不能逆转这种现象,但可以延缓身体

① 刘庆昌.人格塑造和思维开发是学校教育的首要任务[J].教学与管理,2024,(25):1-6.
② 全国体育学院教材委员会.运动训练学[M].北京:人民体育出版社,2000:184.
③ 刘庆山.体能训练基本理论与我国高水平篮球运动员体能训练研究[D].北京体育大学,2005.
④ 杨勇.警察基础体能训练考核标准探析:以"20米折返升级加速跑"为例[J].广州市公安管理干部学院学报,2019,29(2):60-64.

衰老的速度。"用进废退"法则告诉人们,已经获得的机能如长期不用必然消退,这时的体育锻炼就显得特别重要,长期坚持科学锻炼,不仅可以提高抵抗力,保持健康,而且可以治疗某些慢性疾病。

(二)教育作用

人在社会中需要遵守一定的社会规范。这种规范需要通过各种方式的教育来培养。教育是有目的、有计划地通过各种方式使自然的人变为社会的人,在此过程中,体育是最为有效的手段之一。

体育的教育作用主要表现在以下几个方面。

1.提高认识能力,促进心理发展与个性的形成

体育可以提高学生的认知能力、心理承受能力,提高学生心理应激水平。人的认知能力包括人的观察力、想象力、思维力、记忆力等。人体运动中器官、感官(视觉、听觉、触觉、本体感觉等)都要积极参与活动。通过各种感官不断感知来自自身和外部客观环境的刺激,通过大脑分析综合判断反馈。长期优化神经传导,会使感官感知信息的量、准确性和速度得到提高,人的观察力、想象力、记忆力等随之得到提高。

根据多元智力理论学者华德加德纳的理论,在7种智力中与体育教学相关的智力有:身体—动觉智力、视觉—空间智力、自治—自省能力、交往—交往智力[1]。比如在球类运动中,学生可以选择自己的方式,结合自己的才能,通过(身体)动作外化展现自己的想法。结合规则性、团队性等体育外部场域,利于参与者勇敢顽强品质的形成,利于参与者集体协作(交往)的精神培育,塑造良好个性。

2.培育社会所需要的人才

体育运动对培养人良好的行为规范有着重要的作用。人类社会在发展过程中,形成了一套共同的行为准则和道德规范。人必须在这种行为准则和道德规范制约的基础上发挥自己的个性和主观能动性。在体育活动中,个体必须遵守比赛规则、体育道德,约束自己的行为,否则,就会被处罚甚至淘汰。比如全能运动员比赛时须参加所有项目的比赛,以累加总分计算名次,如某个项目弃权,就不能参加后续项目的比赛,且不计算总分。表2-2所示为田径运动中的全能运动。体育运动中的这种规训机制,对于体育参与者培养群体意识,遵守社会规范,养成文明礼貌的行为习惯具有重要意义。

表 2-2　田径运动中的全能运动[2]

名称	性别	第一天	第二天	备注
七项全能	女	100米栏、跳高、铅球、200米跑	跳远、标枪、800米跑	1981年女子五项全能改为七项全能运动
十项全能	男	100米跑、跳远、铅球、跳高、400米跑	110米栏、铁饼、撑竿跳高、标枪、1500米跑	1924年取消五项全能,保留男子十项全能运动

① 杨文轩,杨霆.体育概论[M].北京:高等教育出版社,2005:95.

② 何文涛,李理.基于项群理论视角剖析杭州亚运会男子十项全能运动员成绩特征[J].体育科技文献通报,2023,31(12):29-32,79.

(三)娱乐、审美作用

现代社会在客观上为人们休闲娱乐,从事体育运动提供了必要的物质基础。当前,人们已经意识到健康对生命的意义与价值,把提高生活的质量,过健康、幸福、快乐的生活作为一生追求的目标。体育的娱乐、审美作用主要表现在以下几个方面。

1.体育运动是生命的本质,身心健康是休闲娱乐的载体和基础

影响健康的因素所占比重为:遗传因素占 15%,社会环境占 10%,气候因素占 7%,人的行为和生活方式占 60%,而医疗服务仅占 8%[①]。人们的行为与生活方式在健康中的重要作用显而易见。现代社会中,越来越多的人处于"亚健康"状态,表现为头昏眼花、胸闷气短、四肢乏力等。人们日常生活中的体力活动减少,体内能量积攒和释放出现了不平衡,这种不平衡是现代"文明病"的根源,同时也给人类带来了情绪上的困扰,而通过运动可以消除这种不平衡,并从中获得一种压力释放的感觉。运动出汗后人们大都会感到轻松、愉悦。

2.体育运动可以使人获得美的享受

美使人兴奋,使人安宁。体育可以使人感受到人体美、节奏美、艺术美,并从美的感受中体验到快乐。首先,参加体育运动可以使身体健壮、健美,朝气蓬勃,这种健美的身体不仅可以增强自信心,而且可以收获他人的赞慕,感受到身体美的快乐。其次,体育活动多是在空气新鲜、阳光充足、风景优美的户外进行,人在这种环境中可忘却烦恼、愉快放松,心旷神怡。再次,比赛中运动员健美的身体和动作巧妙地结合在一起,优美的姿势与富有节奏的动作,可以让人体会到美的冲击。最后,场上激烈精彩的比赛也常让观众激动、兴奋,这种酣畅淋漓的体验是其他活动少有的。

3.体育运动可以展示、激发人体潜力,帮助参与者感受到运动的快乐

人具有成长、发展、利用潜能的需要,马斯洛称之为自我实现。这种高级需要的满足,可以引起人强烈的幸福感和精神充实感。体育运动既可以显示人的潜力,又可以提高发展人的能力。人在体育活动中通过自我实现获得的快乐可以保持较长时间。在挑战过程中获胜是参与者能力的体现,征服挑战的困难越大,获得的快乐就越持久、强烈。

(四)政治作用

1.体育是宣传国家形象的重要途径

随着人类文明的进步,体育已逐步成为国家综合国力较量的赛道之一。在国际舞台上,很多国家都力图通过各种方式(包括文化、教育、经济、军事、科技、航天等)展示本国的实力和优越。当前竞技运动水平的高低、比赛的胜负,关系着国家、民族的荣誉与形象。竞技运动赛场成了国家竞争的舞台,这也是许多国家重视竞技体育、给予体育支持的重要原因。

2.体育可以振奋民族精神,培养爱国主义热情

每一个人都应该热爱自己的国家,并有责任为自己国家的强大而努力。国家富强,个体

---

① 唐钧,李军.健康社会学视角下的整体健康观和健康管理[J].中国社会科学,2019(8):130-148,207.

也会有尊严。在竞技运动中,拼搏的体育精神可以起到振奋民族精神、培养爱国主义热情的作用。竞技比赛的胜利可以使社会公民切实感到国家与民族的强大,可以增强凝聚力,弘扬爱国主义精神,激发国家荣誉感和自豪感。

3.体育是外交的手段

体育和政治的关系是紧密联系的。现代社会国家民族之间的交往日益频繁,体育以其人类共同的无声语言的特性,在国际交往、外交活动中发挥着日益巨大的作用。由于各国家地域不同、气候不同、语言不同,客观上给人类的交往带来了不便,而体育则可以打破这些界限,为人类交往提供机会。在国际体育比赛中,不同国家、语言的运动员聚集在一起,同场竞技,互相学习,加强了各国各民族间的友谊,促进世界和平。

(五)经济作用

很多国家都比较重视发挥体育的经济作用,追求体育的经济与社会效益,世界大型比赛举办权的争夺日益激烈。

1.体育可以提高劳动者素质

社会经济发展的水平是由生产力水平决定的,在生产力诸要素中最活跃的因素是人。体能与健康是人发展的物质基础,体育是德育、智育等发展的物质基础。一方面,体育活动可以使人得到积极性休息,消除工作中的疲劳,提高工作效率,从而在有限的时间内创造更大的效益;另一方面,体育可以增强人的体质,保证出勤率,为社会创造更多的财富。

2.体育可以直接产生经济价值

体育核心产业包括以竞赛表演为主要特征的体育服务业,体育的相关产业亦称体育外围产业,包括体育用品、体育器材、体育服装、体育建筑、体育广告和体育保险等。例如通过举办大型比赛获得经济效益;通过电视转播授权、出售门票、发行纪念币、收取广告费等途径来获得经济效益;提高体育设施的利用率;体育设施向全社会开放,对利用者收取一定的费用。当前,世界上经济发达国家大都建有很多面向社会的营利性或公益性的体育场馆等,以满足社会成员日益增长的体育活动需要,同时取得可观的经济或社会效益。

(六)其他作用

体育具有军事作用。在人类社会发展的早期,体育运动与军事技术往往是合而为一的。古希腊的斯巴达人认为"人民的身体,青年的胸膛,就是我们的国防",男孩7岁就进入少年团队接受极为严酷的集体军事训练,学习生存、格斗等技能。欧洲中世纪,骑马、游泳(1896年游泳被列为第一届奥运会比赛项目,不区分泳姿,只设100米、500米、1200米三个项目)、投枪、刺剑、打猎、弈棋和吟诗是当时教育的重要组成部分。我国西周时期要求贵族子弟练习"六艺",包括礼、乐、射、御、书、数,其中射、御就直接与军事相关;唐代开设武举制,有骑射、马枪、步射等,加速了军事与体育的融合。体育的军事作用主要表现在:①体力方面,增强体力,提高战斗技能;②精神与意志方面,培养坚强勇敢的意志品质;生活方面,调剂军营生活。

此外,体育还有文化、外交等作用。

第三节 体育精神

一、体育精神的概念

体育精神是指人们在体育实践活动中形成的,以健康快乐、挑战征服、公平竞争、团结协作为主要价值标准的意识、思维活动和一般心理状态。有学者认为体育精神的内涵主要包括人本精神、英雄主义精神、公平竞争精神、团队精神[①]。体育精神是源于体育而不限于体育的一种意识状态,体育精神彰显人的精神担当,是一种正向的思维方式,显示人的信念和追求。

看到下面的三组数字你会想到什么?在生活或学习中是否有同感?

$$1.00^{365}=1$$
$$1.01^{365}\approx37.78$$
$$0.99^{365}\approx0.026$$

历史是勇敢者创造的,时代是奋斗者书写的。在体育训练中累积沉淀出的体育精神关键词有努力、谦逊、自觉、坚韧等。体育实践活动体现体育精神,体育精神对体育实践活动起着导向作用。体育精神不仅具有能动的作用,还具有模范的力量。新时代体育提供了拼搏和锻炼勇气的舞台,不论是酣畅淋漓的胜利,还是屡败屡战的顽强,这些精神力量都是每个人面对日常生活中的挫折和挑战时所需要的,体育能帮人们点燃这些隐于内心的能量。

二、体育精神与奥林匹克精神

"现代奥林匹克之父"顾拜旦认为,"参与比取胜更重要,生活中重要的不是凯旋而是奋斗,其精髓不是为了获胜而是使人类变得更勇敢、更健壮、更谨慎和更落落大方。"奥林匹克精神蕴含了公正、平等、正义的内容,承认一切符合公正原则的优胜,唾弃不符合道德规范的行为。奥林匹克运动借助体育,把世界上不同国度、种族、语言与宗教信仰的人聚在一起,促进彼此交往,增进了解、信任和友谊,进而达到世界团结、和平、进步的目的。从1948年起,国际奥委会将每年的6月23日设为奥林匹克日。奥林匹克精神往往体现人们坚忍不拔的进取精神和克服一切困难的英雄气概。奥林匹克格言是"更快、更强、更高",随着时代的发展,2021年奥林匹克格言变为"更快、更高、更强、更团结",以体现人文关怀,彰显文明、团结、进步。

1984年,前民主德国标枪运动员乌威霍恩把标枪掷出了104.8米,创造了新的世界纪录。如果按照这个成绩发展下去,人们担心标枪扎到看台出现事故。于是,1984年国际田

---

① 黄莉.体育精神的文化内涵与价值建构[J].体育科学,2007(6):88-96.

联做出了一项改革,将男子标枪的重心配置向前移动了 4 厘米,限制标枪飞行的距离[①]。1986 年,国际田联将女子标枪的重心前移 3 厘米。目前世界男子标枪的最好成绩已经非常接近 100 米。因此有人称乌威霍恩 104.8 米的成绩为"永久世界纪录"。

体育精神与奥林匹克精神既有区别,也有联系,二者在本质上有相通之处,如"参与、拼搏、坚强、超越"等。前者覆盖范围更大,语境囊括生活、学习、工作等各方面,内隐于人们活动的过程中;后者范围较清晰,更具针对性,着眼于竞技体育,在竞技体育比赛中体现最为集中、明显。

三、中华体育精神

中华体育精神是体育精神在我国的融合与发展,是中华民族在复兴进程中所形成的道德规范、思想品质和精神动力。中华体育精神可总结为:为国争光、无私奉献、科学求实、遵纪守法、团结协作、顽强拼搏[②]。图 2-2 所示为体育精神与中华体育精神的关系示意图,中华体育精神就是普遍性的体育精神在我国的具体实现和独特表现[③]。

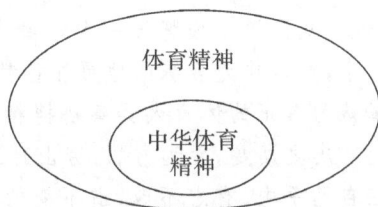

图 2-2　体育精神与中华体育精神的关系示意图

中华体育精神内核与社会主义核心价值观高度契合(见表 2-3),深刻影响着青年一代世界观、人生观、价值观的塑造。伟大的精神能够催人奋进,能够历经时代潮流的冲击,在新时代绽放出绚丽的光彩。

表 2-3　社会主义核心价值观

分类	主要内容
国家层面的价值目标	富强、民主、文明、和谐
社会层面的价值取向	自由、平等、公正、法治
个人层面的价值准则	爱国、敬业、诚信、友善

---

① 标枪:田径比赛专用器材[EB/OL].(2022-03-01)[2023-06-27].https://www.athletics.org.cn/ztbd/kepu/qicai/2022/0301/402068.html.

② 葛会忠.中华体育精神凝聚奋进力量[EB/OL].(2021-07-01)[2023-06-27].https://www.sport.gov.cn/n20001280/n20745751/n20767277/c23398987/content.html.

③ 黄莉.中华体育精神的文化内涵与思想来源[J].中国体育科技,2007(5):3-17.

现代体育源于西方国家。数千年传承下来的宽博厚重的东方原生文明哺育着一代又一代的中华儿女,文化的根与魂是不变的,变化的是末①,近现代中国不断吸收国外先进文化,在"变"与"不变"的过程中,我国体育蓬勃发展。

1941年,毛泽东为《解放日报》体育专刊题词②:发展体育运动,提高人民体质。有学者认为这纠正了大众对体育"不过是打打球"的偏见③,说明了体育工作同人民体质之间的密切联系,说明了人民群众才是体育的主人④,是体育工作的目标。我国体育健儿在奥运会的精彩表现生动诠释了自强不息、战胜自我、超越自我,体现了奥林匹克精神和中华体育精神,激发了全国人民的爱国热情和全世界中华儿女的民族自豪感,增强了中华民族的凝聚力、向心力、自信心,是中国精神的一个重要体现。比如改革开放初期,中国女排靠顽强拼搏、为国争光的精神获得世界冠军。新时代中国女排继承和发扬了这种精神,这种精神深深影响和感染了一代代人。

案例与讨论

案例1:顽强拼搏的体育精神

乒乓球选手马龙在《同上一堂奥运思政大课》中讲道,一个人的技术可以影响一部分人,一个人的精神可以感染更多的人。我国奥运金牌第一人许海峰认为,选手一生中从事体育是短暂的,因为竞赛冠军只有一个,所以作为教练的他更注重教运动员如何做人。竞技体育可能以失败而告终,但是许海峰认为真正的体育人具备拼搏精神,是能够承受压力,在诸多失败中查找问题并坚持到底的。"志之所趋,无远勿届,穷山距海,不能限也",一个人如果有坚定的追求,就要把命运掌握在自己手中,有志不改,道不变的坚定。中国女排精神是中国精神的杰出代表,是坚韧不拔、努力奋斗、勇攀高峰精神的象征。女排精神不是赢得冠军,而是有时候明知不会赢也要竭尽全力。中国女排运动员的赛场表现每每触及人们的内心,那种关键时刻的永不放弃、拼尽全力,时刻提醒着人们从来没有什么不可能,坚持成就希望!这是一种把中华民族坚强团结在一起的力量,是鞭策我们在改革开放中与时俱进的精神力量。

案例2:为国争光、无私奉献的体育精神

王文教,国家羽毛球队原总教练,2019年"人民楷模"国家荣誉称号获得者⑤,原籍福建,荣获国际羽联"终身成就奖"。1953年,印度尼西亚华侨王文教随印度尼西亚体育观摩团参加了在天津举办的全国四项球类运动会,正是这次比赛让他意识到了中国羽毛球与世界顶尖羽毛球水平的巨大差距。1954年,王文教毅然放弃印度尼西亚当地优渥的生活,与搭档陈福寿等爱国华侨青年一起踏上了归国的旅程。后来王文教受命组建国家队,为我国培养

---

① 钱逊. 传统文化发展中的变与不变[J]. 中国领导科学,2018,50(5):106-108.
② 史进,刘晓莉. 中国红色体育1921—1949[M]. 北京:人民日报出版社,2015:114.
③ 肖尔盾. 普通高中体育与健康课程构建思考[J]. 体育文化导刊,2011(3):103-105.
④ 池建. 历史交汇期的体育强国梦:基于党的十九大精神发展中国特色社会主义体育强国之路[J]. 北京体育大学学报,2018,41(1):1-8.
⑤ 黄登峰,陈文汉. 课程思政视域下高校羽毛球教学设计研究[J]. 当代体育科技,2024,14(22):154-157.

了一大批毛羽球人才①：杨阳、赵剑华、田秉毅……可谓桃李满天下。王文教任国家羽毛球队总教练期间，我国羽毛球队前后取得 56 个单打世界冠军、9 个团体世界冠军等。我国羽毛球事业正是在王文教等一批爱国人士的奉献和努力下，才取得了一项又一项硕果。

讨论

(1)你了解哪些运动员或比赛事件展示了顽强拼搏的体育精神？顽强拼搏的体育精神对于个人成长和社会发展有哪些影响？

(2)为国争光、无私奉献的精神体现在个人为了团队、国家荣誉而付出一切，不计个人得失，全身心投入比赛。你认为我国体育事业能够取得硕果的缘由是什么？培养无私奉献的体育精神可以从哪些方面入手？

总之，从国家富强、人民幸福的视角认识新时代体育的重要作用，以人民为中心、彰显体育多重价值的体育观逐渐成为共识。体育强盛既是人的全面发展、建成社会主义现代化强国的重要内涵，也是国家综合实力强大的标志。

❋ **思考题**

1. 试结合我国体育的目的分析"竞技场上的金牌是唯一标准"？
2. 中华体育精神包括哪些内容？
3. 结合实际，谈一谈体育在社会生活中的作用。
4. 试述奥林匹克精神与体育精神的区别和联系。

❋ **延伸阅读材料**

1. 杨文轩，冯霞.体育文化在社会主义精神文明建设中的地位和作用[J].体育学刊，2006(1)：4－7.

2. 国家体育总局.国家体育总局政策法规司负责人解读《"十四五"体育发展规划》[EB/OL].https://www.sports.cn/qwfb/zcjd/2021/1025/393185.html.

3. 中国政府网.新时代体育事业发展的法治保障：国家体育总局政策法规司负责人解读新修订的体育法［EB/OL］.http://www.gov.cn/zhengce/2022－06/25/content_5697762.htm.

4. 国民体质监测公报[EB/OL].https://www.gov.cn/guoqing/2023－03/12/content_5745851.htm.

5. 中国政府网.国务院办公厅关于印发体育强国建设纲要的通知[EB/OL].https://www.gov.cn/zhengce/zhengceku/2019－09/02/content_5426485.htm.

6. 现行有效的体育法律、法规、规章、规范性文件和制度性文件[EB/OL].https://www.sport.org.cn/search/system/contents/2018/1204/194849.html.

7. 普通高等学校本科专业类教学质量国家标准（上）[EB/OL].https://gsxy.czu.cn/2023/0518/c5327a125450/page.htm.

---

① 让国羽冲上世界舞台[J].工会博览,2019,(27):17.

第三章 体育专业概述

*** 学习目标

(1)了解常见的体育专业有哪些。
(2)掌握自己所学专业的基本情况：数量、培养目标、主要课程、毕业去向等。
(3)掌握相关专业的情况。
(4)掌握体育专业人才培养的几种类型。
(5)了解我国专业体育院校。

*** 教学方法与手段

讲授、提问、讨论、自学、多媒体课件演示。

第一节 专 业 概 述

一、专业

1.专业的概念

专业是高等学校和中等专业学校根据国家需要和科学发展状况而设置的学业门类①。《教育管理辞典》将"专业"表述为：专业是高等学校或中等专业学校根据社会分工需要而划分的学业门类，各专业都有独立的教学计划，以体现本专业的培养目标和要求。

专业可以从广义、狭义和特指三方面理解②；广义的专业即某种职业不同于其他职业的、伴随着社会分工的出现而产生的一些特定的劳动特点；狭义的专业主要是指某些特定的社会职业，多体现为专门化程度较高的脑力劳动；特指的专业则是指高等学校中的专业。有学者认为专业即不同课程的组合，英文中的"major"指一系列、有一定逻辑关系的课程的组织，相当于一个培训计划或课程体系③。西方国家的专业设置根据社会的需要与开设课程条件有较大的灵活性，专业之间的界限比较模糊；苏联的专业设置规范着高等学校人才培养的口径和领域，专业界限较分明。在西方高等教育中，大学专业一词是指范围大小不同的专

① 商务印书馆辞书研究中心.新华词典[M].北京：商务印书馆,2001:1299.
② 周川."专业"散论[J].高等教育研究,1992(1):83－87.
③ 冯向东.学科、专业建设与人才培养[J].高等教育研究,2002(3):67－71.

门"领域",相当于《国际教育标准分类法》中的课程计划和主修课程。

2.我国高校的专业发展历程

对高校学生来说,选择专业往往意味着今后将从事的工作种类,即毕业后将走向的工作领域。从社会的角度看,专业是高等学校根据社会分工需要而划分的学业门类;从学校内部角度看,专业是大学课程的一种组织形式。大学专业设置和调整既是高等教育适应经济社会发展需要的一项基础性工作,也是一国经济体制和教育管理模式变换的直接体现,反映了政府、高校、市场三者关系的变化[①]。

我国近代意义上的高等教育是从19世纪末开始的,其标志是大学的形式从传统的书院转向大学堂,从以文为主转向"分科立学",吸收了近代西方自然科学和工程技术的内容。政治的导向性与区域经济基础、学科发展条件与学校定位、社会产业结构与岗位需求、传统观念与舆论导向等是影响专业开设的因素。改革开放至今,我国进行过数次大规模的专业设置调整:1987年修订后的专业种数由1 300多种减到671种,专业名称和专业内涵得到整理和规范;1993年进行第2次调整,重点解决专业归并和总体优化的问题;第3次调整本科专业目录的学科门类达到11个;2011年第4次调整,增设了艺术学门类,学科门类增加到12个,专业类由原来的73个调整为91个,专业调整为443种[②]。2012年教育部印发的《普通高等学校本科专业设置管理规定》(教育〔2012〕9号)提出,高校设置和调整专业,应主动适应国家和区域经济社会发展需要,应遵循高等教育规律和人才成长规律。教育部提出建立学科专业动态调整机制,开始鼓励高校自主调整和撤销"过剩低质错位"专业。2023年教育部等五部门发布的《普通高等教育学科专业设置调整优化改革方案》(教高〔2023〕1号)提出,加强学科专业存量调整,完善退出机制。对高校连续五年未招生的专业予以撤销处理。

截至2023年,我国本科专业目录中有93个专业类,792种专业。

二、体育专业

1.全国高校数量与体育专业数量

据教育部统计数据[③],2023年,全国高等教育学校3074所,其中普通本科学校1242所,各种形式的高等教育在学总规模4763.19万人,普通本科在校生19 656 436人。全国34个省份中,教育资源分布并不均衡,沿海地区教育资源较发达,长三角、珠三角、京津唐等区域教育资源相对丰富。例如江苏省高校数为167所,陕西省高校数为98所(2022年)。2015年全国有446所高校开设了体育专业,体育专业数量为852个,年毕业生7万余人。

2.体育专业概况

(1)体育本科培养目标。2018年,教育部颁布的《普通高等学校本科专业类教学质量国家标准》指出,体育本科培养目标是培养德智体美劳全面发展,具有高度的社会责任感、较好

①　汪晓村,鲍健强,池仁勇等.我国大学本科专业设置与调整的历史演变和现实思考[J].高等教育研究,2006(11):32-37.

②　艾小平,肖海.大学专业设置预测要素探析[J].天津市教科院学报,2017,(5):21-24.

③　教育部发展规划司.2023年全国教育事业发展基本情况[R/OL].(2024-03-01)[2024-06-27].http://www.moe.gov.cn/fbh/live/2024/55831/sfcl/202403/t20240301_1117517.html.

的科学和文化素养,具备现代教育、健康理念,系统掌握体育学基本理论、基本技能和基本方法,富有创新精神,具备一定的体育科学研究能力,具有创业意识,具备一定的创业素质和创业能力,能够从事群众体育事业、竞技体育事业、体育产业相关工作的应用型人才。

科学与文化。文化,人文教化,狭义上主要指文学艺术精神生活层面的内容。广义的文化指一切人类创造物(精神与物质文化)。文化具有社会价值感性、人文性。"科学"是直到近几百年才出现的文化现象,科学具有工具理性,人文主义思潮孕育了近代自然科学。科学产生于文化,而后又逐步从文化中独立出来[1]。科学的工具理性与文化价值(人的价值)理性共同构成广义的文化。

(2)体育专业数量与分布。2021年我国设哲学、经济学、法学、教育学、文学、历史学、理学、工学、农学、医学、军事学、管理学、艺术学、交叉学科共14项学科门类中,体育学隶属教育学门类。体育学为一级学科,下设五个二级学科:体育教育、运动训练、社会体育指导与管理、武术与民族传统体育、运动人体科学,另外有两个特设学科[2]。2012年新颁布的《普通高等学校本科专业目录》中,体育学类本科专业设置了体育教育、运动训练、社会体育指导与管理、武术与民族传统体育、运动人体科学5个专业和运动康复、休闲体育2个特设专业。截至2015年年底,我国共有446所高校(港澳台数据暂缺)设置了852个体育专业点[3],表3-1所示为我国体育本科各专业数量。其中社会体育指导与管理专业和体育教育专业数量约占70%。

表3-1 我国体育本科各专业数量

序号	专业名称	数量(个)	百分比
1	体育教育	317	37.2
2	社会体育指导与管理	273	32.0
3	运动训练	91	10.7
4	武术与民族传统体育	51	6.0
5	运动人体科学	30	3.5
6	休闲体育	48	5.7
7	运动康复	42	4.9
	小计	852	100

[1] 石英.文化与科学:中医的知识社会学解读[EB/OL].(2020-05-08)[2023-06-27].http://theory.people.com.cn/n1/2020/0508/c40531-31700559.html.

[2] 教育部.教育部关于印发《普通高等学校本科专业目录(2012年)》《普通高等学校本科专业设置管理规定》等文件的通知[EB/OL].(2012-09-18)[2023-06-27].http://old.moe.gov.cn//publicfiles/business/htmlfiles/moe/s3882/201210/143152.html.

[3] 黄汉升,陈作松,王家宏,等.我国体育学类本科专业人才培养研究:《高等学校体育学类本科专业教学质量国家标准》研制与解读[J].体育科学,2016,(8):3-33.

从体育学类本科专业点区域分布来看,全国的区域分布不均衡,华东地区布点最多,西北地区布点最少。表3-2所示为体育专业点区域分布(港澳台数据暂缺)。

表3-2 体育专业点区域分布[①]

序号	地区	布点数量(个)	百分比
1	华东	220	25.82
2	华中	147	17.25
3	西南	129	15.14
4	华北	126	14.79
5	东北	89	10.46
6	华南	78	9.15
7	西北	63	7.39
	小计	852	100

体育专业数与专业人才培养规模的适时扩大,较好地满足了社会发展对体育专业人才的需求。

三、专业人才培养类型

通常体育培养的专业人才类型有三种,分别是应用型人才、研究型人才、复合型人才。人才培养类型与学校的办学定位或层次紧密相关,如应用型人才是教学型大学(院系)和高职院校人才培养的主要目标,研究型人才是研究型大学人才培养的主要目标,复合型人才是教学研究型或研究教学型大学人才培养的主要目标。

体育专业本科阶段的培养目标是培养应用型人才。制定《普通高等学校本科专业类教学质量国家标准》时遵循原则有三:一是突出学生中心;二是突出产出导向,以学生的学习效果和结果为中心;三是突出持续改进,即人才培养不仅要培养所谓的结果,还要建立一种不断改进的机制[②]。即使是同一所学校,不同专业的人才培养类型也是不一样的。例如,学校定位于为中小体育企业和基层单位培养人才,就应将应用性作为培养方向,强化学生的操作技能训练,注重其综合素质的提高,培养其吃苦耐劳、乐于奉献和勇于创造的思想品质[③]。

[①] 黄汉升,陈作松,王家宏,等.我国体育学类本科专业人才培养研究:《高等学校体育学类本科专业教学质量国家标准》研制与解读[J].体育科学,2016,36(8):3-33.

[②] 教育部.介绍《普通高等学校本科专业类教学质量国家标准》有关情况[EB/OL].(2018-01-30)[2023-06-27].http://www.moe.gov.cn/jyb_xwfb/xw_fbh/moe_2069/xwfbh_2018n/xwfb_20180130/201801/t20180130_325928.html.

[③] 石岩,舒宗礼.适应社会需求的社会体育专业人才培养模式[J].体育学刊,2008(07):38-41.

第二节 社会体育指导与管理专业

一、专业简介

为适应我国经济社会发展和全民健身活动蓬勃兴起对高等体育专业人才的需求,1993年天津体育学院开设了社会体育专业(专科),并于1994年开设了社会体育本科专业。2012年社会体育专业更名为社会体育指导与管理专业。截至2015年,全国开设社会体育指导与管理专业院校273所(港澳台数据暂缺)。

社会体育指导与管理专业培养目标是培养德智体美劳全面发展,具有高度的社会责任感、较好的科学和文化素养,具备现代教育、健康理念,系统掌握社会体育的基本理论、基本技术、基本方法,富有创新精神和创业意识,具备一定的科学研究和创业能力,具有较强的科学健身指导、全民健身活动策划组织、健身产业经营与管理能力,能够胜任社会体育方面相关工作的应用型人才。

专业课程:社会体育导论、健身理论与指导、体育营销学、专项教学训练理论与实践、体育概论、体育社会学、体育心理学、运动解剖学、运动生理学、健康教育学、体育科学研究方法等。目前,陕西省开设社会体育指导与管理专业的有西安体育学院、西安建筑科技大学、西安石油大学、西安工业大学等8所院校。

二、基本概念

社会体育:社会公民自愿参加的,以增进身心健康为主要目的的内容丰富、形式多样的群众性体育活动。

终身体育:一个人终身进行身体锻炼,接受体育教育及参加其他体育活动的过程。应当更好地使体育和整个终身教育结合起来,把它从单纯的肌肉作用、与文化隔离的状态中解放出来,把它与智力的、道德的、艺术的、社交的和公民的生活等更紧密地结合起来。

社会体育学是研究社会体育问题和现象,揭示社会体育活动规律的学科(科学与学科的区别:学科即分科之学,研究某一门科学的基础知识体系;科学指某一门类系统的知识),社会体育与社会体育学之间的关系是实践和理论的关系。

社会体育按地域分为城市体育、城镇体育、农村体育;按年龄分为婴幼儿体育、少儿体育、中老年体育。

社会体育领域的部分名词解释[①]如下:

(1)全民健身路径工程:各级体育行政部门利用体育彩票公益金,在社区、村、公园、绿地等地建设的由室外健身器材组成,占地不多,经济实用,可免费使用的体育健身设施的工程。

(2)雪炭工程:国家体育总局利用本级体育彩票公益金,在老、少、边、穷等地区实施援建经济实用的公共体育场地设施的工程。

---

① 国家体育总局政策法规司.名词解释[EB/OL].(2011-04-01)[2023-06-27].https://www.sport.gov.cn/zfs/n4977/c660453/content.html.

（3）全民健身活动中心：国家体育总局利用本级体育彩票公益金引导建设，以服务大众体育健身为主要任务，综合性、多功能、室内室外体育设施相结合（以室内体育设施为主）的公共体育设施。

（4）体育产业基地：由国家体育总局命名，在体育产业发展方面具备相当基础、规模和特色的地区，或者在体育产业领域具有重要影响力和较强竞争力的机构。国家体育产业基地包括两种类型：一是以地区（县、市、区）为单位，命名为"（地区名称）国家体育产业基地"；二是以体育产业某领域中知名企业或机构为单位，命名为"国家体育产业示范基地"。

（5）体育服务质量认证制度：由认证机构证明体育场所、体育活动的组织与推广等服务符合相关标准和技术规范要求的评定活动。体育服务质量认证包括服务流程管理文件、行为规范、设施和设备、健康和卫生、安全保障和环境保护、服务承诺等内容的现场审查，以及获证后的监督审查。

（6）体育行业特有工种职业技能鉴定：根据国家法律、法规，按照国家职业标准，通过政府授权的考核鉴定机构，对从业者的专业知识和技能水平进行客观公正、科学规范的评价与认证活动。

三、就业方向

社会体育指导与管理专业学生毕业后，可在政府或社会组织（体育管理部门、全民健身中心等）、体育企业（体育俱乐部、健身培训机构、拓展培训公司、体育赛事公司、体育旅游公司等）、各级工会、社区、公益组织等单位从事经营、管理、教育培训和运动项目指导服务等工作。

第三节　体育教育专业

一、专业简介

体育教育专业培养目标是培养具备系统地掌握体育教育的基本理论、基本知识和基本技能，掌握学校体育教育工作规律，具有较强的实践能力，在全面发展的基础上有所专长，能在中等学校等从事体育教学、课外体育活动、课余体育训练和竞赛工作，并能从事学校体育科学研究、学校体育管理、体育指导等工作的高级专门人才。

专业课程：教育学、人体科学、学校体育学、体育课程与教学论、专项教学训练理论与实践、体育概论、体育社会学、体育心理学、运动解剖学、运动生理学、健康教育学、体育科学研究方法等。

有学者通过对近几届的体育教育专业学生基本功大赛进行分析，认为大赛既重视体育理论，又重视技术技能，二者比例为 50：50，比赛内容的设置充分体现了体育教育专业核心课程[1]。

---

[1] 黄永飞,吴玉华,钟艳汕,等.七届全国高校体育教育专业学生基本功大赛特点与问题[J].南京体育学院学报(社会科学版),2015,29(6):101-106.

二、就业方向

体育教育专业学生毕业后可从事体育教学、课外体育指导、运动队训练、竞赛组织、科学研究等相关工作。该专业学生主要就业领域是中、小学体育教师，企事业文体部门（工会）等。

第四节　体育其他专业及体育专业院校

在《普通高等学校本科专业目录》中，体育专业还包括运动训练、运动人体科学、武术与民族传统体育等 5 个基本专业，以及运动康复、休闲体育 2 个特设专业。下面以某体育大学为例，对各专业进行介绍。

一、体育其他专业简介

(一)运动训练专业

(1)培养目标：学生需具备运动训练的基础理论知识、掌握常见体育项目的基本技能和教法，具有较强的运动训练指导、体能训练指导和学校体育教学能力；掌握一般运动训练和专项运动训练的分析方法和技术；具有从事专项运动训练与教学、竞赛组织与裁判等工作的基本能力；熟悉我国体育工作运动训练、运动竞赛等方面的方针、政策和法规；了解一般运动训练和专项运动训练的发展动态；等等。

(2)专业课程：运动训练学、体育竞赛学、运动技能学习与控制、体育概论、体育社会学、体育心理学、运动解剖学、运动生理学、健康教育学、体育科学研究方法等。

(3)就业方向：学生毕业后能够在专业运动队、各类体育院校、普通高等院校运动队、体育传统项目学校、各级体育俱乐部、业余体育学校等单位从事运动训练、教学、科研和管理等工作。

(二)运动人体科学专业

(1)培养目标：德智体美劳全面发展，掌握运动人体科学及相关生物学、医学和体育学的基本理论、基本知识和基本技能；具有从事运动人体科学教学、研究和实验操作的基本能力；能在体育科研机构、运动训练基地、社会健身俱乐部、学校、体质监测中心、健康咨询公司等部门，具备从事运动伤害防护、运动健康管理、竞技运动训练科技服务、运动健身科学指导等工作的基本素质，达到培养应用性较强的复合型高级专门人才的目标。

(2)专业课程：运动解剖学、运动生理学、运动生物化学、运动生物力学、运动营养学、体适能评定理论与方法、运动急救学。

(3)就业方向：体育科研机构、教学单位、运动训练基地、医院、福利院、疗养院、健康俱乐部及社区服务机构等部门。

毕业生可从事教学、科研、健身技能指导与科学健身咨询、体质测评及社区体育的组织管理工作。

(三)武术与民族传统体育专业

(1)培养目标:本专业以传承和发展民族传统体育、弘扬民族文化为己任,培养德智体美劳全面发展,具备体育基本理论、基本知识和基本技能,有着较强的武术与民族传统体育专业理论与技能及专业教育实践能力与创新精神,尚武崇德,主要从事以武术为主干的民族传统体育教学、训练、健身指导等方面工作,以及服务社会的应用性较强的专门人才。

(2)专业课程:民族传统体育概论、中国武术导论、中国武术史、专项教学训练理论与实践(武术套路、武术技击、武术养生、武术表演)。

(3)就业方向:各级武术院(馆)运动队、各级体育机构、武术研究机构、业余体校、大中小学校、社区服务中心、体育健身俱乐部、国家公务员、部队。

(四)运动康复专业

(1)培养目标:本专业培养德智体美劳全面发展,具备扎实的康复医学和运动科学的基本理论和基础知识,系统掌握现代康复评定和康复治疗技能,以运动疗法为特色的,具备能在各级医院、康复机构、体育科研机构、运动训练基地、疗养院、社区,从事神经系统疾病、骨骼肌肉系统疾病、心肺疾病的康复治疗素质的应用型高级专门人才。

(2)专业课程:人体解剖学、运动解剖学、人体生理学、运动生理学、运动生物化学、运动康复生物力学、康复评定学、运动疗法学、骨骼肌肉康复学、神经康复学。

(3)就业方向:各级医疗部门、体育科研机构、运动训练基地、疗养院和社区卫生服务中心等部门。

(五)休闲体育专业

(1)培养目标:本专业旨在培养德智体美劳全面发展,系统掌握休闲体育基本理论,具备休闲体育项目指导、策划与组织能力,并能够在休闲体育俱乐部、体育旅游等行业企业从事经营管理、市场推广工作的高素质人才。

(2)专业课程:休闲体育概论、体育旅游概论、健身俱乐部经营管理、体育活动策划与组织、休闲环境与健康、专项教学训练理论与实践。

(3)就业方向:本专业毕业生可在休闲体育工商企业(如休闲度假村、高尔夫会所、健身休闲俱乐部、户外与拓展训练机构、体育旅游、体育咨询公司等)、政府或公益机构(城市公共游憩空间、主题公园、全民健身中心、公共体育活动与竞赛场所等)、休闲体育事业机构(高等院校、研究所)等单位就业。

二、体育专业院校简介[①]

1. 北京体育大学

北京体育大学成立于1953年,原名中央体育学院,1956年更名为北京体育学院,1993年更名为北京体育大学,是全国重点院校、国家"211工程"重点建设大学、国家首批"双一流"建设高校,隶属国家体育总局。学校现设有体育与健康学部、人文社科学部、奥林匹克运

---

① 本节资料与数据来自各校官方网站,选编时略有删减。

动学部、体育工程学部 4 个学部。体育与健康学部下设教育学院(体育师范学院)、心理学院等 7 个学院;人文社科学部下设马克思主义学院、管理学院等 8 个学院;奥林匹克运动学部下设中国足球运动学院(中国足球教练员学院)、中国篮球运动学院等 9 个学院(校);体育工程学部下设体育工程学院。中共国家体育总局党校、国家体育总局干部培训中心、国家体育总局教练员学院设在学校。

现有体育教育、运动训练等 39 个本科专业,学科布局涉及教育学、法学、经济学、文学、理学、工学、医学、管理学、艺术学 9 个学科门类。学校拥有体育学一级学科博士学位授权点及体育学、马克思主义理论、教育学、心理学、临床医学、公共管理、新闻学 7 个一级学科硕士学位授予点;设有体育、新闻与传播、国际中文教育、工商管理、电子信息、应用心理 6 个硕士专业学位授权点,以及全国首个体育学博士后科研流动站。学校现有教育部运动与体质健康重点实验室和国家体育总局体能训练与身体机能恢复重点实验室等 8 个省部级重点实验室。

2.上海体育大学

上海体育大学创建于 1952 年,原名华东体育学院,1956 年更名为上海体育学院,学校原为国家体育总局直属高校,2001 年起,由国家体育总局和上海市人民政府共建。2023 年6 月更名为上海体育大学。学校现有杨浦、徐汇、松江 3 个校区,以及江湾、黄浦教学点。学校现有本科专业 24 个。现有体育学、心理学、医学技术、新闻传播学、马克思主义理论、公共卫生和预防医学等 5 个一级学科学术硕士学位授权点,有体育、旅游管理、新闻与传播、应用心理学、工商管理等 6 个专业硕士学位授权点。拥有体育学一级学科博士学位授权点及其所属体育人文社会学、运动人体科学、民族传统体育学、体育教育训练学等所有二级学科博士学位授权点,并自设体育管理、体育工程学、运动康复学、反兴奋剂学、体育传播学等 5 个二级学科博士点。

3.武汉体育学院

武汉体育学院原名中南体育学院,是新中国成立后首批独立设置的全日制普通高等体育院校之一,1953 年成立于江西省南昌市,1955 年迁至湖北省武汉市,1956 年更名为武汉体育学院,为国家体育总局直属院校,2001 年调整为国家体育总局与湖北省人民政府共建。学校现有东湖(卓刀泉)校区、藏龙岛校区、东湖高新区(豹澥)和武当山校区。举办一所全日制本科独立学院——武汉体育学院体育科技学院。拥有一所三甲直属附属医院、一所三甲附属医院。现有 27 个本科专业面向全国招生,涵盖教育学、文学、管理学、理学、工学、艺术学、医学等 7 个学科门类。现有体育学一级学科博士学位授权点 1 个,体育学、心理学、新闻传播学、音乐与舞蹈学、特种医学和工商管理等一级学科硕士学位授权点 6个,体育硕士、应用心理硕士、新闻与传播硕士、舞蹈硕士、戏剧与影视硕士等专业硕士学位授权点 4 个。

4.成都体育学院

成都体育学院原为国家体育总局直属的六所体育院校之一,现为四川省人民政府与国家体育总局共建院校。学校为博士学位授权单位,附属体育医院为四川省博士后创新实践基地和全国博士后科研工作站。学校共有 21 个教学科研单位,现有 22 个本科专业,跨教育学、医学、文学、管理学、经济学、艺术学、历史学等 7 大学科门类。学校具有体育学博士学位授权一级学科和体育学、临床医学、中西医结合、新闻传播学等 4 个硕士学位授权一级学科，有 14 个硕士学位授权二级学科，同时还拥有体育、中医、新闻与传播、艺术等 4 个硕士专业学位授权点。

5.沈阳体育学院

沈阳体育学院原名东北体育学院，创立于 1954 年，隶属国家体育总局，2001 年，由国家体育总局与辽宁省人民政府共建。学校占地面积 1688 亩，建筑面积 30.66 万平方米。学校是国家首批体育学一级学科硕士学位和体育硕士专业学位授权单位，体育学一级学科下设体育人文社会学、运动人体科学、体育教育训练学、民族传统体育学、体育管理学、运动康复学 6 个二级学科。学校同时拥有全日制（非全日制）体育硕士专业学位授予权、新闻与传播硕士专业学位授予权。学校现有 13 个本科专业。

6.西安体育学院

西安体育学院创办于 1954 年，原名西北体育学院，是新中国最早建立的六所体育高等院校之一。原直属国家体育总局，2001 年起实行中央与地方共建，为国家体育总局和陕西省人民政府共建院校。西安体育学院是陕西省"国内一流学科"建设高校，陕西省拟新增博士学位授权单位立项建设单位。学校现有含光、鄠邑两个校区，占地面积 1200 余亩。学校设有 9 个学院：体育教育学院、运动训练学院、运动休闲学院、武术学院、运动与健康科学学院、体育经济与管理学院、艺术学院、体育新闻与传媒学院、足球学院；另设有马克思主义学院、研究生部、继续教育学院、附属竞技体育学校。此外，学校还设有 2 个共建学院（学校）：中国竞走学校（与国家体育总局田径运动管理中心共建）、中国掷球学院（与国家体育总局小球运动管理中心共建）。学校与上海体育学院合作培养博士研究生。现有 21 个本科专业，涵盖了文、理、经、管、教、医、艺 7 个学科门类。

我国体育专业院校还有首都体育学院、天津体育学院、南京体育学院、山东体育学院、广州体育学院、吉林体育学院、哈尔滨体育学院、河北体育学院、河南体育学院等。

❋ 思考题 ❮❮❮

1.体育专业二级学科有哪些？

2.根据体育发展的大背景，论述本专业的优缺点与发展趋势。

3.简述体育专业人才培养的几种类型。

4.结合实际，说一说你所学专业的院校数量、培养目标、毕业去向等情况。

5.试述体育专业人才培养的类型。

❋ 延伸阅读材料 ❮❮❮

1.朱光潜.给青年的十二封信[M].北京：人民文学出版社，2018，8.

2.易剑东，熊学敏.当前我国体育学科发展的问题[J].体育学刊，2014，21(1)：1-10.

3.黄汉升，陈作松，王家宏，等.我国体育学类本科专业人才培养研究：《高等学校体育学类本科专业教学质量国家标准》研制与解读[J].体育科学，2016，36(8)：3-33.

4.文辅相.我国大学的专业教育模式及其改革[J].高等教育研究，2000(2)：5-11.

5.刘纯献,刘盼盼.体育课程思政的内容、特点、难点与价值引领[J].体育学刊,2021,28(1):1-6.

6.侯海波,李桂华,宋守训,等.国外竞技体育强国后备人才培养体制及启示[J].上海体育学院学报,2005(4):1-5,15.

第四章　体育专业人才培养概述

(1)理解人才培养在高校建设中的地位。

(2)了解人才培养方案制定的流程。

(3)了解专业人才培养方案的主要内容,包括培养目标、专业课程、性质、开设学期、学时、学分等。

(4)熟悉体育专业开设的主要课程的相关情况。

讲授、提问、讨论、自学、多媒体课件演示。

第一节　人才培养方案概述

一、人才培养方案的概念

伴随我国经济的快速发展,社会对专业人才的需求越发多元,要求也越来越高,学校人才培养也需要与时俱进。专业人才培养是一项系统工程。图4-1所示为人才培养系统构成。

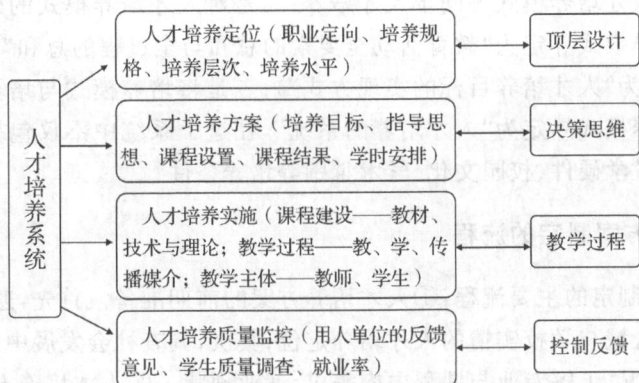

图4-1　人才培养系统构成[1]

---

① 唐宏贵,翟华楠,余斌.体育教育专业培养方案实证研究:武汉体育学院体育教育专业培养方案修订过程分析[J].武汉体育学院学报,2011,45(3):68-72.

方案是指从目的、要求、方式、方法、进度等方面有强操作性的、部署具体周密的计划。人才培养方案是指导人才培养活动过程的纲领性文件,在人才培养系统中居承上启下的重要地位,是遵循教育规律系统培养人才的计划和具体方案,又称人才培养计划,包括人才培养目标与规格、内容与方法、条件等。人才培养方案通常由国家教育主管部门提出规范框架,由具体教学承担单位组织开发与实施。有学者认为人才培养方案是人才培养的顶层设计[①],既要关照到人才培养的每个环节,又要涉及教学组织与实施的每一个层面。

二、人才培养在高校建设中居核心地位

1.培养人才是高等教育的重要任务

培养各行各业后备人才是高等教育的重要任务。如何培养优秀人才是高等教育发展的核心问题。高等教育在通过研究、教学和学术交流推进知识发展和传播的过程中,使学生通过学习和研究活动得到培养,成为具有专业知识和技能的人才。通过全员育人、全程育人、全方位育人,不断满足当前学生发展的需求。

2.教育教学改革研究围绕培养人才进行

人才培养模式改革是高等学校内涵建设的核心[②]。落实立德树人,提高人才培养质量,树立人才培养在高校中的中心地位,离不开人才培养方案的持续完善。研究制定符合国家标准与行业标准、社会要求与学生需求的专业人才培养方案是新时代本科教育的必然需求。人才培养模式改革既要适应经济与社会的需要,又要遵循教育内部规律,定期修订或调整专业培养方案,提高人才培养达成度。

人才培养模式是有关人才培养过程的运作模型与组织样式,包括人才培养理念、专业设置、课程设置方式、教学制度体系、教学组织形式、隐性课程形式、教学管理模式与教育评价方式。人才培养模式的创新或改革本质是对各构成要素进行完善或比例重组。

有学者认为当前部分高校对人才培养模式认识不一的主要原因有:一是对人才培养模式的内涵不明,把人才培养模式等同于人才培养;二是对人才培养模式的外延把握不准,或过泛(如将人才培养模式界定为"教育活动全要素的总和与全过程的总和"等),或过窄(如将人才培养模式界定为"人才培养目标的实现方式");三是将培养模式与培养途径、培养条件混淆,如将人才培养模式界定为"人才培养的系统",在这个系统中不仅包括培养途径,还包括诸如师资队伍、教学硬件、校园文化、学术氛围等培养条件[③]。

三、人才培养方案制定的流程

人才培养方案制定的主要流程:①人才培养方案的前期准备。首先,遵循国家政策与学校实际,给出符合区域与学校实情的人才培养定位;其次,调查社会发展中出现的新特点,了解岗位人才需求情况,了解专业与课程内容需求、就业现状。②人才培养方案的制定。制定

---

① 贾立锋. 新建本科高校应用型人才培养方案开发与实现[D]. 河北师范大学,2014.
② 钟秉林. 人才培养模式改革是高等学校内涵建设的核心[J]. 高等教育研究,2013,34(11):71-76.
③ 董泽芳. 高校人才培养模式的概念界定与要素解析[J]. 大学教育科学,2012,(3):30-36.

符合学校软硬件实情的人才培养方案。将相关的知识、技能转化为具体的课程与训练内容，包括但不限于专业人才培养目标，课程类别（公共课、专业核心课程、专业拓展课程等）、数量与结构，学时、学期安排，等等。持续修改并完善人才培养方案。通过专家、教师、学生、学校等多方反馈，对人才培养方案的科学性、可行性、有效性等不断加以完善。③课程建设。宏观主要是课程开足、开齐、开新；中观是课程持续改进，课程内容相互不重叠，内容存在递增的逻辑关系；微观主要是课程性质与要求、课程目标、课程内容与进程、考核标准与方式、实践活动、参考书目等科学可行。④教学实施。⑤人才培养方案反馈与完善。依据反馈意见，按照特色突出、理念先进、形式规范、内容完整的原则不断改进专业人才培养方案。

四、教育教学质量与人才培养方案持续改进

1. 教育教学质量需持续改进

教育必须与社会发展相适应。作为人才培养的指导性文件，专业人才培养方案是学生在入校前就已经形成并审核通过的。人才培养方案原则上要按社会需求，遵循人才培养周期进行及时修订。有学者认为当前教育教学质量持续改进体系由以下几部分构成：①教育教学管理制度。②教学环节质量要求。③质量持续改进主体。④内部质量监控机制。⑤毕业生跟踪反馈机制。⑥社会质量评价机制。⑦评价结果反馈机制。⑧质量改进完善机制。其中，人才培养方案是教育教学质量持续改进的重要举措与手段[1]。

大学固有的惰性和自满情绪束缚着大学执行本科教育使命的力度[2]，在美国，那些资源相对稀缺、知名度稍逊的学院的本科教学改革，反而比知名大学更加活跃、更为成功。从此角度看，从大学内部寻找动力改进人才培养方案不失为一种有效途径。

2. 人才培养方案的制定需持续改进

有学者认为当前我国高校的人才培养存在的突出问题有：①在高校基本功能上，教育教学弱于科学研究。②在教育价值导向上，价值属性弱于工具属性。③在核心素质培养上，创新创造弱于知识技能。④在耦合科技革命上，传统优势弱于未来趋势[3]。鉴于此，修订人才培养方案，须确立科学客观、定位明确的培养目标，构建能力导向、广博专精的知识结构，形成逻辑清晰、结构得当的课程体系，强长项、补短板，强化实践教学，严守"质量"标准，以顺应高等教育的价值观由知识本位向能力本位再向价值本位的艰难转变[4]。

本科阶段的培养目标是培养应用型人才，体育专业人才培养方案修订是"培养什么人、怎样培养人、为谁培养人"三个重要问题较为直接的回答。它与大学功能定位、大学内部治理、校内外资源配置、学科发展与教学改革紧密相连。

人才培养方案修订需体现"以学生为中心"的教育理念，需遵循社会主义办学规律、学生

---

① 林健. 工程教育认证与工程教育改革和发展[J]. 高等工程教育研究,2015,(2):10-19.

② 侯定凯. 作为一种信仰的本科教育:评德雷克·博克的《回归大学之道》[J]. 复旦教育论坛,2008,35(5):23-27.

③ 袁靖宇. 高校人才培养方案修订的若干问题[J]. 中国高教研究,2019,306(2):6-9.

④ 袁靖宇. 高等教育要在自我扬弃中提升改革[N]. 光明日报,2017-04-30.

个体发展规律以及学校所在区域的发展、学校定位、生源、师资、场地等实际情况进行,"全员育人、全程育人、全方位育人",体现以体育心、以体育智,以达促进学生全面发展之目的[①]。通常人才培养方案是在相对稳定的基础上保持必要的动态更新,需建立一种不断改进的机制。专业培养方案修订后还需考虑:根据培养方案,结合教学内容和课程体系改革修订教学大纲,界定教学内容,防止课程重复。加强过程管理,培养方案一经审批后,即依此执行落实。制定系列教学质量保障与监控措施,加强对培养方案执行的监控,形成多信息反馈路径,确保人才培养质量,等等。

第二节　体育专业人才培养方案

人才培养方案是安排教学内容、组织教学活动及有关工作的基本依据。本节以某校2018级社会体育指导与管理专业人才培养方案、体育教育专业人才培养方案为例,对其主体进行解读分析,仅供参考。

一、社会体育指导与管理专业培养方案

1.学制

【解析】学制是学校教育制度的简称,是国家根据教育方针、政策,对各级各类学校的任务、学习年限、入学条件等所做的规定。此处专指学习年限。体育专业的学制通常是专科三年,本科四年,硕士研究生三年,博士研究生三年。

2.培养目标

本专业培养具有社会主义核心价值观,德智体美劳全面发展,具有较高的文化素质,扎实的社会体育的基本理论、知识与技能,能在社会体育领域从事群众性体育活动的组织管理、健身运动咨询与指导、经营开发以及教学科研等方面工作的应用型专门人才。

【解析】培养目标是指依据国家的教育目的和各级各类学校的性质、任务提出的具体培养要求。当前独立学术研究能力是研究生教育与本科教育培养目标的显著区别之一。

3.毕业要求

(1)能够将哲学、自然科学、人文科学和体育专业技能与知识用于解决社会体育指导与管理领域的实际问题。

(2)能够应用体育学、心理学、社会学的基本原理,识别、表达并通过文献研究分析社会体育指导与管理领域中的复杂社会问题,以获得有效结论。

(3)能够设计针对社会体育问题与现象的解决或解释方案,设计满足特定需求的社会体育指导与管理方案,并能够在设计环节中体现创新意识,考虑社会、健康、安全、法律、文化以及环境等因素。

(4)能够基于科学原理并采用科学方法对社会体育指导与管理问题或现象进行分析与

① 教育部.中共中央办公厅 国务院办公厅印发《关于全面加强和改进新时代学校体育工作的意见》和《关于全面加强和改进新时代学校美育工作的意见》[EB/OL].(2020-10-15)[2023-06-27].http://www.moe.gov.cn/jyb_xxgk/moe_1777/moe_1778/202010/t20201015_494794.html.

解释,并通过信息综合得到合理有效的结论。

(5)能够针对社会体育指导与管理问题或现象,开发、选择与使用恰当的技术、资源、现代工程工具和信息技术工具,包括对实际问题的预测与模拟,并能够理解其局限性。

(6)能够基于社会体育相关背景知识进行合理分析,评价社会体育实践和复杂问题解决方案对社会、健康、安全、法律以及文化的影响,并理解应承担的责任。

(7)能够理解和评价针对社会体育指导与管理领域中的具体问题的理论或实践对环境、社会可持续发展的影响。

(8)具有人文社会科学素养、社会责任感,能够在实践中理解并遵守职业道德和规范,履行责任。

(9)能够在多学科背景下的团队中承担个体、团队成员以及负责人的角色。

(10)能够就社会体育指导与管理领域中的复杂问题与业界同行及社会公众进行有效沟通和交流,包括群众性体育活动的组织管理、裁判、咨询指导、经营开发及教学科研、撰写报告和设计文稿、陈述发言、清晰表达或回应指令,并具备一定的国际视野,能够在跨文化背景下进行沟通和交流。

(11)理解并掌握体育管理原理与经济决策方法,并能在多学科环境中应用。

(12)具有自主学习和终身学习意识,有不断学习和适应发展的能力。

【解析】毕业要求和培养目标之间存在着密切的关系,大学生毕业必须修满主修专业毕业规定学分,获得相关的知识和能力,同时符合学校规定的学生毕业的有关要求,方可毕业。

4.核心课程

体育概论、体育社会学、体育心理学、运动解剖学、运动生理学、体育科学研究方法、社会体育概论、健身运动的理论与方法、体育市场营销、体育休闲娱乐导论、健康评价与运动处方、运动损伤与康复技能、体育保健学、体育经济学。

【解析】核心课程是专业学习的重点课程,通常是按要求统一设定的,多为必修课程、考试课程,非常重要,是需要学生切实掌握的。

5.学分分配

学分分配如表4-1所示。

表4-1　学分分配

	课程教学				实践教学环节 (含课内实验)	第二课堂	合计
	必修课		选修课				
	通识类	专业类	通识类	专业类			
学　　分	28.25	68.37	10	18	35.88	7	160.5+7
学分比例(%)	16.86	40.82	5.97	10.75	21.42	4.18	100

【解析】学分分配可以直观看到本科四年学习的总学分、必修课程学分及比例、实践学分等。理论课和技术课课程,通常1学分等于16~18学时,1学时为45~50分钟。

6.课程设置

课程设置如表4-2所示。

表4-2 课程设置

课程类别	课程编码	课程名称	学分	总学时	讲课	实验	考核方式	课程性质	开设学期
		通识教育·必修课程							
	184984	中国近现代史纲要	2	32	32	0	T		2
	184983	马克思主义基本原理	3	48	48	0	T	H	4
	184982	思想道德修养与法律基础	3	48	32	16			1
	184985	毛泽东思想和中国特色社会主义理论体系概论	6	96	64	32	T	H	6
	188888	形势与政策	0	32	32	0			1-8
	084416	大学英语Ⅰ	4	64	64	0	T	H	1
通识教育	084417	大学英语Ⅱ	4	64	64	0	T	H	2
	084418	大学英语Ⅲ	4	64	64	0	T		3
	063424	大学计算机基础	2	32	20	12	T		1
	218503	军事理论	1	24	24	0			2
	056600	创新创业学	1	32	32	0			2
	056655	企业(军工)管理	1	32	32	0			6
	559011	大学生职业发展与教育Ⅰ	1	20	20	0			1
	559016	大学生职业发展与教育Ⅱ	0	8	8	0			7
		通识教育·选修课程							
		文化传承							
		国际视野							
		科技进步							
		艺术鉴赏		要求每位学生至少取得10学分						
		健康生活							
		经济管理							
		创新创业							

续表

课程类别	课程编码	课程名称	学分	总学时	学时分配		考核方式	课程性质	开设学期
					讲课	实验			
		学科平台课·必修课程							
	118024	体育概论	2	32	32	0	T	H	1
	118231	健康教育学	2	32	32	0	T	H	2
	118012	运动解剖学	4	64	56	8	T	H	2
	118174	体育社会学	1	16	16	0	T	H	3
	118027	运动生理学	4	64	58	6	T	H	3
	118145	体育心理学	2	32	24	8	T	H	4
	118232	体育科学研究方法	2	32	28	4	T	H	6
		专业基础课·必修课程							
专业教育	118169	田径	3.5	56	52	4		H	1
	119145	社会体育指导与管理专业导论	1	16	16	0			1
	118143	社会体育概论	2	32	32	0	T	H	2
	118171	篮球	3	48	44	4	T	H	2
	118177	体操	2	32	28	4			2
	118149	体育休闲娱乐导论	2	32	32	0		H	3
	118172	排球	3	48	44	4	T	H	3
	118144	健身运动理论与方法	1	16	12	4		H	3
	118179	体育统计学	2	32	32	0			3
	118073	体育管理学	2	32	32	0	T	H	4
	118146	体育保健学	2	32	32	0		H	4
	118175	足球	3	48	44	4		H	4
	118234	体育市场营销	2	32	32	0	T	H	5
	118176	武术	3	48	44	4	T	H	5
	118235	运动训练学	2	32	32	0	T	H	5
	118056	体育经济学	2	32	32	0	T	H	7

续 表

课程类别	课程编码	课程名称		学分	总学时	学时分配		考核方式	课程性质	开设学期
						讲课	实验			
		专业方向课·必修课程								
专业教育	118019	健美操		4	64	60	4	T	H	2
	118233	网球		2	32	28	4			3
	118031	羽毛球		2	32	28	4	T	H	4
	118081	游泳		3	48	44	4		H	4
	118238	运动损伤与康复技能		2	32	24	8		H	5
	118147	健康评价与运动处方		2	32	24	8	T	H	5
	119245	社会体育指导与管理专业学科前沿讲座		1	16	16	0			5
	118066	跆拳道		2	32	28	4			6
	118036	学校体育学		2	32	32	0		H	6
	118153	营养学		2	32	24	8	T	H	6
		专业教育课·选修课程								
	118038	体育舞蹈	基础课≥12学分	2	32	28	4			4
	118033	运动竞赛学		2	32	32	0	T		5
	118084	体育政策与法规		2	32	32	0			5
	118150	体能训练		2	32	32	0			5
	118205	羽毛球专项课Ⅰ		4	64	60	4	T		5
	118030	乒乓球		2	32	28	4			6
	118241	体育专业英语	方向课≥6学分	2	32	32	0			6
	056777	公共关系学		1.5	24	24	0			6
	118089	奥林匹克运动		1	16	16	0			7
	118152	特殊人群体育与管理		1	16	16	0			7
	118239	体育史		2	32	32	0	T		6
	118240	体质测量与评价		2	32	24	8			7
	118243	健身俱乐部经营与管理		2	32	24	8			7
	118244	健身教练运动指导		2	32	24	8			7
	118242	素质拓展训练与攀岩		1	16	12	4			7
实践教育		实践教学(略,含毕业实习与毕业论文等)								
		第二课堂(略)								

【解析】专业课程体系主要内容有通识教育课程、专业教育课程、实践课程三类①。表 4-2中,考核方式"T"为考试课程,课程性质"H"为核心课程。

(1)通识教育课程。通识教育课程涉及人类文明中最根本、最重要、最不可或缺的素质和人格培养知识②,它由公共必修课程和公共选修课程构成,包括思想政治理论课、军事理论与训练、大学外语、计算机应用基础、体现学校特色的通识教育课程等。

(2)专业教育课程。①专业类基础课程。这是体育学类本科专业均须开设的课程,包括体育概论、体育社会学、体育心理学、运动解剖学、运动生理学、健康教育学、体育科学研究方法7门课程。②专业方向课程。课程开设采用"3+X"模式,其中"3"是指各专业最核心的3门专业方向课程,即社会体育指导与管理专业须开设社会体育导论、健身理论与指导、体育市场营销3门专业课程。"X"是指根据各专业的培养目标而设立的专业方向课程。③专业拓展课程,属选修课程,可以根据实际自主设置。

(3)实践课程。实践课程包括社会实践(入学教育、军训等)、专业实践(专业实习等)、科研训练(毕业论文等)等课程。

通过专业教育课程设置,可以较为清晰地展现本科四年每学期安排的课程,清楚哪些课程是核心课程、哪些课程是几学分多少学时、哪些课程需要考试、哪些课程可以选修、实践教学在哪学期,以及完成毕业论文与毕业实习需多少周等。

通识教育与专业教育的关系历来是本科教育改革中棘手的问题。目前主要存在三种不同的观点:①通识教育是专业教育的补充与纠正,即学生在自己所学专业之外再学一些本专业外的知识和技能。在这里,通识教育与专业教育是并列的概念。②通识教育是专业教育的延伸与深化,即专业教育通识化,将过分狭窄的专业教育拓宽。③通识教育是专业教育的灵魂与统帅,专业教育是通识教育的下位概念。③ 有学者认为通识教育应首先关注一个人的培养,其次才将学生作为一个职业的人来培养④。

随着信息社会知识迭代加快,人们要更新教育教学观念,不断学习人才培养有关理论、方法,结合院系、师生实际,创新人才培养模式,不断完善体育专业人才培养方案,通常四年进行一次较大的人才培养方案修订。

二、体育教育专业培养方案

1.学制

【解析】学制是学校教育制度的简称,是国家根据教育方针、政策,对各级各类学校的任务、学习年限、入学条件等所做的规定。此处专指学习年限。体育专业学制通常专科三年,本科四年,硕士研究生三年,博士研究生三年。

① 教育部高等学校教学指导委员会.普通高等学校本科专业类教学质量国家标准(上)[M].北京:高等教育出版社,2018:78-83.
② 唐宏贵,翟华楠,余斌.体育教育专业培养方案实证研究:武汉体育学院体育教育专业培养方案修订过程分析[J].武汉体育学院学报,2011,45(3):68-72.
③ 季诚钧.试论大学专业教育与通识教育的关系[J].中国高教研究,2002(3):50-52.
④ 陈向明.对通识教育有关概念的辨析[J].高等教育研究,2006(3):64-68.

2.培养目标

培养具有社会主义核心价值观,德智体美劳全面发展,掌握现代教育教学理论与方法,掌握中小学学校体育课程与教学的基本理论与方法,掌握中小学课外体育锻炼和训练竞赛的基本理论与方法,具备一定的运动技能和较强的体育教学能力,能胜任学校体育教学工作和训练、竞赛等课余体育工作,能从事体育科学研究及管理的应用型专门人才。

【解析】培养目标是指依据国家的教育目的和各级各类学校的性质、任务提出的具体培养要求。当前学术研究能力是研究生教育与本科教育培养目标的区别之一。

3.毕业要求

(1)能够将哲学、自然科学、人文科学和体育专业技能与知识用于解决体育教育领域的实际问题。

(2)能够应用体育学、心理学、教育学的基本原理,识别、表达并通过文献研究分析体育教育领域中的复杂社会问题,以获得有效结论。

(3)能够设计针对体育现状与问题的方案,设计满足特定需求的体育教学方案,并能够在设计环节中体现创新意识,考虑社会、健康、安全、法律、文化以及环境等因素。

(4)能够基于科学原理并采用科学方法对体育教育问题或现象进行分析与解释,并通过信息综合得到合理有效的结论。

(5)能够针对体育教学问题或现象,开发、选择与使用恰当的技术、资源、现代工程工具和信息技术工具,包括对复杂工程问题的预测与模拟,并能够理解其局限性。

(6)能够基于体育相关背景知识进行合理分析,评价体育实践和复杂问题解决方案对社会、健康、安全、法律以及文化的影响,并理解应承担的责任。

(7)能够理解和评价针对体育教育领域中的具体问题的理论或实践对环境、社会可持续发展的影响。

(8)具有人文社会科学素养、社会责任感,能够在实践中理解并遵守职业道德和规范,履行责任。

(9)能够在多学科背景下的团队中承担个体、团队成员以及负责人的角色。

(10)能够就体育教育领域中的问题与业界同行及社会公众进行有效沟通和交流,包括学校体育活动的组织管理、裁判、咨询指导、经营开发及教学科研、撰写报告和设计文稿、陈述发言、清晰表达或回应指令,并具备一定的国际视野,能够在跨文化背景下进行沟通和交流。

(11)理解并掌握体育管理原理与经济决策方法,并能在多学科环境中应用。

(12)具有自主学习和终身学习意识,有不断学习和适应发展的能力。

【解析】毕业要求和培养目标之间存在着密切的关系,大学生毕业必须修满主修专业毕业规定学分,获得相关的知识和能力,同时符合学校规定的学生毕业的有关要求,可毕业。

4.核心课程

体育概论、体育心理学、运动解剖学、运动生理学、教育学、体育科学研究方法、学校体育学、健康教育学、田径、篮球、排球、足球、武术、体能训练、小球等课程。

【解析】核心课程是专业学习的重点课程,通常是按要求统一设定的,多为必修课程、考试课程,非常重要,课程是需要学生切实掌握的。

5.学分分配

学分分配如表4－3所示。

表4－3　学分分配

	课程教学				实践教学环节 （含课内实验）	第二课堂	合计
	必修课		选修课				
	通识类	专业类	通识类	专业类			
学　　分	28.25	70.12	10	18	35.63	7	162＋7
学分比例（%）	19.72	41.49	5.92	10.65	21.08	4.14	100

【解析】学分分配可以直观看到本科四年学习的总学分、必修课程学分与比例、实践学分等。理论课和技术课教学通常1学分等于16～18学时，1学时为45～50分钟。

6.课程设置

课程设置如表4－4所示。

表4－4　课程设置

课程类别	课程编码	课程名称	学分	总学时	学时分配		考核方式	课程性质	开设学期
					讲课	实验			
		通识教育·必修课程							
通识教育	184984	中国近现代史纲要	2	32	32	0	T		2
	184983	马克思主义基本原理	3	48	48	0	T	H	4
	184982	思想道德修养与法律基础	3	48	32	16	T		1
	184985	毛泽东思想和中国特色社会主义理论体系概论	6	96	64	32	T	H	6
	188888	形势与政策	0	32	32	0			1－8
	084416	大学英语Ⅰ	4	64	64	0	T	H	1
	084417	大学英语Ⅱ	4	64	64	0	T	H	2
	084418	大学英语Ⅲ	4	64	64	0	T		3
	063424	大学计算机基础	2	32	20	12	T		1
	218503	军事理论	1	24	24	0			2
	056600	创新创业学	1	32	32	0			2
	056655	企业（军工）管理	1	32	32	0			6
	559011	大学生职业发展与教育Ⅰ	1	20	20	0			1
	559016	大学生职业发展与教育Ⅱ	0	8	8	0			7

续表

课程类别	课程编码	课程名称	学分	总学时	学时分配 讲课	学时分配 实验	考核方式	课程性质	开设学期
		通识教育·选修课程							
		文化传承							
		国际视野							
		科技进步							
		艺术鉴赏			要求每位学生至少取得 10 学分				
		健康生活							
		经济管理							
		创新创业							
		学科平台课·必修课程							
	118024	体育概论	2	32	32	0	T	H	1
	118231	健康教育学	2	32	32	0	T	H	2
	118012	运动解剖学	4	64	56	8	T	H	2
	118027	运动生理学	4	64	58	6	T	H	3
	118174	体育社会学	1	16	16	0	T	H	3
	118045	体育心理学	2	32	24	8	T	H	4
	118232	体育科学研究方法	2	32	28	4	T	H	6
		专业基础课·必修课程							
专业教育	118072	田径	4	64	60	4		H	1
	119146	体育教育专业导论	1	16	16	0			1
	118082	篮球	4	64	60	4	T	H	2
	118177	体操	2	32	28	4			3
	118009	运动生物力学	2	32	32	0	T	H	3
	118026	排球	4	64	60	4	T	H	3
	118017	教育学	2	32	32	0	T	H	3
	118022	足球	4	64	60	4	T	H	4
	118029	武术	4	64	60	4	T	H	4
	118237	学校体育学	2	32	32	0	T	H	4
	118235	运动训练学	2	32	32	0	T		5

续表

课程类别	课程编码	课程名称		学分	总学时	学时分配		考核方式	课程性质	开设学期
						讲课	实验			
		专业方向课·必修课程								
专业教育	118019	健美操		4	64	60	4	T	H	2
	118031	羽毛球		2	32	28	4		H	3
	118081	游泳		3	48	44	4		H	4
	118146	体育保健学		2	32	32	0			4
	118033	运动竞赛学		2	32	32	0	T	H	5
	118043	健身健美		1	16	12	4		H	5
	118066	跆拳道		2	32	28	4		H	5
	118150	体能训练		2	32	32	0		H	5
	119246	体育教育专业学科前沿讲座		1	16	16	0			5
	118030	乒乓球		2	32	28	4		H	5
	118038	体育舞蹈		2	32	28	4		H	6
	118181	运动生物化学		2	32	32	0	T	H	6
	118179	体育统计学		2	32	32	0		H	7
		专业教育课·选修课程								
	118233	网球	基础课≥6学分	2	32	28	4			3
	118084	体育政策与法规		2	32	32	0			5
	118241	体育专业英语		2	32	32	0			6
	118147	健康评价与运动处方		2	32	24	8	T		7
	118238	运动损伤与康复技能		2	32	24	8			7
	118197	足球专项课Ⅰ	方向课≥12学分	4	64	60	4	T	H	5
	118196	篮球专项课Ⅰ		4	64	60	4	T	H	5
	118195	健美操专项课Ⅰ		4	64	60	4	T	H	5
	118203	足球专项课Ⅱ		4	64	60	4	T	H	6
	118202	篮球专项课Ⅱ		4	64	60	4	T	H	6
	118204	健美操专项课Ⅱ		4	64	60	4	T	H	6
	118205	羽毛球专项课Ⅰ		4	64	60	4	T	H	6
实践教育		实践教学（略,含毕业实习与毕业论文、各科实践等）								
		第二课堂（略）								

【解析】专业课程体系主要内容有通识教育课程、专业教育课程、实践课程三类[①]。表4-4中,考核方式"T"为考试课程,课程性质"H"为核心课。①通识教育课程。通识教育课程由公共必修课程和公共选修课程构成。②专业教育课程。由专业类基础课程、专业方向课程、实践课程构成。③实践课程由社会实践(入学教育、军训等)、专业实践(专业实习等)、科研训练(毕业论文等)等课程构成。通过专业课程设置,学生可以较清晰地知晓大学八学期的课程安排,以及哪些课程是核心课程、课程是多少学时,哪些课程需要考试,哪些课程可以选修,哪些课需实践教学,完成毕业论文与毕业实习需多少周等。

第三节 体育专业常见课程与运动场地

一、体育专业课程体系

1.课程的概念

当前,课程有广义和狭义之分。广义的课程是指为实现教育目的而选择的教育内容的总和,狭义的课程指某门学科,如体育概论、篮球、运动解剖学等。

2.课程体系

课程体系是人才培养模式的载体和体现,是培养人才目标的具体化。体育学类本科专业课程体系主要由通识教育课程、专业教育课程和实践课程组成,专业知识体系由学科基础知识、专业核心知识、专业实践构成,对应的专业课程体系由通识教育课程、专业教育课程、实践课程组成[②]。《普通高等学校本科专业类教学质量国家标准》将课程划分为3类:第一类是通识教育课;第二类是专业教育课程,专业基础课程(7门)、专业核心课程(3+X)、专业拓展课程(自主设置);第三类是实践课程。图4-2所示为体育本科专业的课程体系。

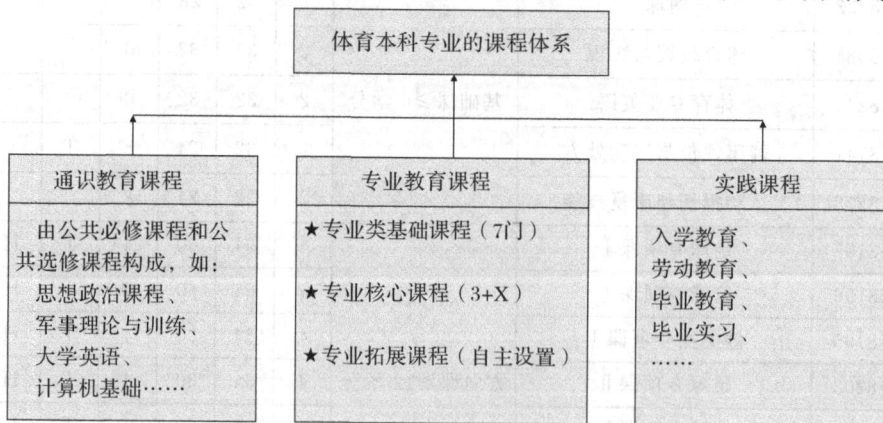

```
            ┌─────────────────────────┐
            │  体育本科专业的课程体系    │
            └─────────────────────────┘
                        ▲
        ┌───────────────┼───────────────┐
        │               │               │
┌──────────────┐ ┌──────────────┐ ┌──────────────┐
│  通识教育课程  │ │  专业教育课程  │ │   实践课程    │
├──────────────┤ ├──────────────┤ ├──────────────┤
│ 由公共必修课程 │ │★专业类基础课程 │ │ 入学教育、    │
│ 和公共选修课程 │ │  (7门)       │ │ 劳动教育、    │
│ 构成,如:     │ │              │ │ 毕业教育、    │
│ 思想政治课程、 │ │★专业核心课程  │ │ 毕业实习、    │
│ 军事理论与训练、│ │  (3+X)      │ │ ……         │
│ 大学英语、    │ │              │ │              │
│ 计算机基础…… │ │★专业拓展课程  │ │              │
│              │ │  (自主设置)  │ │              │
└──────────────┘ └──────────────┘ └──────────────┘
```

图4-2 体育本科专业的课程体系

---

① 教育部高等学校教学指导委员会.普通高等学校本科专业类教学质量国家标准(上)[M].北京:高等教育出版社,2018:78-83.

② 同①。

专业教育课程构成为"7＋3＋X"。以体育教育专业为例,"7＋3＋X"课程构成如下:

(1)"7"为体育概论、运动解剖学、运动生理学、体育心理学、体育社会学、健康教育学、体育科学研究方法专业类基础课程。

(2)"3"为学校体育学、体育课程与教学论、运动技能学习与控制课程。

(3)"X"可从《普通高等学校本科专业类教学质量国家标准》推荐的 3 个课程模块中选择;专业拓展课程属选修课程,专业拓展课程也可以根据专业方向、学校特点自主进行设置。

体育学科与体育科学。一方面,二者是有区别的:信息社会的知识不断更迭,体育学科是含有有限个元素的集合,是有限集,有学者认为体育学科已发展成为一个拥有 50 多门学科,横跨自然、社会、技术科学三大领域,有着较完整的理论和方法体系的学科群。体育学科由众多专业课程所代表的较为稳定的基础知识所构成,这种构成以重视知识基础性、稳定性为特色,主要目的是知识的传承与发展。体育科学是动态发展的,含无限个元素的集合,是无限集,动态体现在体育理论尖端是动态更新的,其发生机构多集中在科研院校,体育应用尖端也是动态更新的,其发生机构常存在于比赛训练实践一线,尤其是国家(队)亟须科技攻关区域。另一方面,二者是相互联系的:体育学科是体育科学的基础,居于体育科学的"树根"部分,体育科学包含体育学科,并且与其他科学相互交叉,根繁叶茂,在人与社会的共同需求导向下融生出更多的专业。在实践中还需依据具体语境对二者进行辨别。

体育专业课程按照课程性质可以有三种分类,图 4-3 所示为专业课程分类。

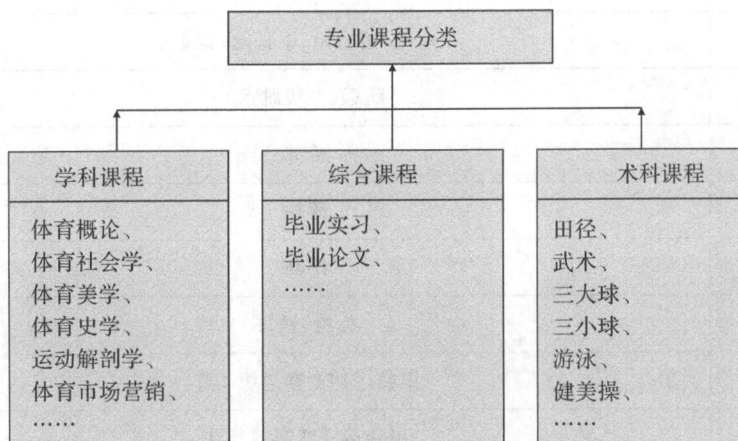

图 4-3　专业课程分类

二、体育专业课程介绍

(一)体育专业课程建设

专业课程建设紧密围绕专业培养目标和社会需求,根据国家相关政策,结合自身办学实际,以学习知识、技术、技能为基础,培养素质和能力为核心,构建合理的课程体系。在具化操作中需夯牢基础课程,突出专业主干课和专业特色课程,拓宽选修课程,强化实践课程。做好课程顶层设计,注重学年(期)间课程的逻辑与内容衔接,提升课程资源利用效益,发挥课程育人的系统功能。

(二)体育专业常见课程介绍

1.体育专业常见学科、术科课程简介

(1)田径课程简介。

1)课程概况。

本课程是体育专业的必修课之一。通过本课程的学习,发展学生的跑、跳、投能力,培养其克服困难的意志品质,提高身体素质,增进身心健康。本课程主要讲授田径运动教学和训练的一般理论与方法,使学生了解田径技术教学和训练、身体训练、心理训练等手段的运用以及训练过程调控的方法,学习田径运动竞赛组织和裁判法知识,学习并掌握田径运动教学与训练的基本科研方法。

本课程学习完成后,学生应达到以下要求:①掌握田径项目分类及各项目基本理论和基本技术。②熟悉田径的场地、竞赛知识与裁判工作。③能根据所学知识指导田径教学、训练、比赛的组织及管理工作。④了解田径项目的作用与发展方向。

2)课程内容。

田径课程内容如表4-5所示。

表4-5 田径课程内容

序号	课程内容
1	短跑、接力跑、中长跑、竞走
2	跳远(三级跳远)
3	铅球
4	跨栏
5	跳高
6	标枪、铁饼
7	田径运动竞赛组织工作
8	田径运动竞赛裁判法
9	田径场地

【解析】田径比赛可以分为田赛和竞赛,其中田赛以距离的远近来判断名次,如跳远、跳高、实心球等,竞赛以时间的多少来判定名次,如100米、800米等。其中,400米(含)以下的项目称为短跑,800米、1 500米称为中距离跑,5 000米、10 000米等称为长距离跑。在奥运会等综合性比赛中,有"得田径者得天下"的说法,田径的"走跑跳投"对其他竞技项目的体能支持也是不可或缺的,这都反映了田径课程的重要性。

(2)体育概论课程简介。

1)课程概况。

本课程是体育专业必修课程之一。本课程主要内容有体育的基本概念、体育的功能、体育的目的、任务及体育手段。通过本课程的学习,使学生对这些概念有正确的理解,并能够运用这些知识分析体育现象,提高学生分析问题、解决问题的能力。

本课程学习完成后,学生应达到以下要求:①正确掌握体育的基本概念、基本特征及发展规律。②明确体育的功能,现阶段我国体育的目的、任务及体育手段的定义与分类。③用所学知识分析与解决实际问题。

2)课程内容。

体育概论课程内容如表4－6所示。

表4－6　体育概论课程内容

序号	课程内容
1	体育概论学科介绍及科研方法
2	体育与体育科学
3	体育的产生与发展
4	现代社会与体育
5	体育与其他社会活动之间的关系
6	体育的功能
7	体育的目的与任务
8	体育的组织机构和制度
9	体育手段
10	国际体育

【解析】体育概论从体育原理中分化出来,是对体育基本理论、规律的概括与总结。该课程是学习其他体育理论课程的基础,也是部分学校研究生考试必考科目。通常课程安排在大学一年级的第一或第二学期。该课程是专业基础课程之一。

(3)运动解剖学课程简介。

1)课程概况。

本课程是人体解剖学的一个分支。通过理论和实验教学,使学生系统地掌握人体各器官、系统的形态结构和主要功能,特别是运动系统,掌握体育锻炼对人体各器官、系统形态的影响,并初步学会体育动作的解剖学分析。

学习运动解剖学的目的和任务:①培养辩证唯物主义的世界观。②为运动实践提供理论依据,学会体育动作的解剖学分析。

2)课程内容。

运动解剖学课程内容如表4－7所示。

表 4 - 7　运动解剖学课程内容

序号	课程内容
1	绪论
2	运动系统
3	内脏学
4	脉管系统
5	神经系统
6	感觉器官
7	内分泌系统
8	生殖系统

【解析】运动解剖学是研究体育运动对人体形态结构影响,探索人体运动与体育动作关系的一门课程。对将来从事健身健美的同学而言,本课程不可或缺,也是部分学校研究生考试必考科目,本课程是专业基础课程之一。

(4)社会体育概论课程简介。

1)课程概况。

社会体育概论是从宏观上、整体上研究体育的本质、特征和发展规律的一门学科,属于社会科学范畴。通过学习社会体育的基本概念、管理体制、终身体育、健康评价等知识,加深学生对社会体育专业的理解和认识,提高学生社会体育方面的理论水平和分析解决问题的能力,进而为其后继学习和参与社会体育活动服务。

通过本课程的学习,学生应达到以下要求:①正确掌握社会体育的基本概念和管理体制,健康评价方法和要求。②明确终身体育的功能、内容与要求,以及实现途径。③用所学知识分析与解决实际问题。

2)课程内容。

社会体育概论课程内容如表 4 - 8 所示。

表 4 - 8　社会体育概论课程内容

序号	课程内容
1	社会体育概论
2	社会体育体制
3	社会体育管理
4	体育锻炼的原理和方法
5	终身体育
6	健康评价
7	体质评定

【解析】本课程是社会体育指导与管理专业核心课程之一。

(5)篮球课程简介。

1)课程概况。

本课程主要讲授篮球理论知识、基本技术、战术,课程主要以篮球基本技术学习为主,同时让学生熟练掌握篮球项目的特点及篮球规则。通过学习,学生可以掌握篮球基本技能、提升篮球专项素质,培养学生对篮球项目的兴趣和爱好。

2)课程内容。

篮球课程内容如表 4-9 所示。

表 4-9　篮球课程内容

序号	课程内容
1	篮球运动概述
2	篮球裁判工作及竞赛的组织与编排
3	移动技术
4	传接球技术
5	投篮技术
6	运球技术
7	持球突破技术
8	防守技术
9	抢篮板球技术
10	攻守战术基础配合
11	快攻与防守快攻
12	人盯人防守与进攻人盯人防守
13	区域联防与进攻区域联防

(6)体操课程简介。

1)课程概况。

体操课程以讲授队列队形和徒手体操、轻器械体操等基本知识,以及竞技体操中的单杠、双杠、技巧、跳跃等四个项目的基本动作为主要内容,是体育教育专业学生的必修课程。

通过本课程的学习,学生应达到以下要求:①掌握体操常见动作的练习方法,掌握动作的基本姿势、技术规格及基本功和身体素质训练方法。②用所学知识解决体操教学过程中产生的实际问题。

2)课程内容。

体操课程内容如表 4-10 所示。

表 4 - 10　体操课程内容

序号	课程内容
1	体操概述
2	体操技术动作教学
3	体操体能训练
4	体操术语
5	保护与帮助
6	体操比赛的组织与欣赏
7	徒手体操和轻器械体操创编
8	基础类体操
9	实用性体操
10	技术类体操

【解析】课程内容涉及学习徒手、器械、队列等知识与技能,全面发展上下肢与核心力量、柔韧、协调等素质,有利于人的全面发展。对计划从事体育行业的学生具有非常重要的实际意义。

(7)教育学课程简介。

1)课程概况。

教育学是一门兼具理论性和实践性的综合性社会科学。通过教学使学生系统地了解课程的性质、任务、研究范围、发展轨迹、研究方法及发展趋向。本课程主要讲授教育工作者所必备的基本知识。

通过本课程的学习,学生应达到以下要求:①明确教育的概念。②了解教育发展的基本规律。③明确教育目的。④熟悉教育活动开展的两个载体。⑤掌握实施教育的途径。

2)课程内容。

教育学课程内容如表 4 - 11 所示。

表 4 - 11　教育学课程内容

序号	课程内容
1	教育学的研究对象
2	教育发展的三个基本规律(教育与人、与社会以及人的全面发展)
3	中等教育(概述、教育目的、培养目标)
4	课程
5	教师
6	全面发展的教育的内容
7	教学工作
8	课外活动与校外活动

【解析】课程研究教育概念、教育教学基本规律、教学原则、教学方法等。对将来从事教育领域工作的学生而言,本课程不可或缺。

(8)运动生理学课程简介。

1)课程概况。

运动生理学课程是人体生理学的分支,是专业基础课程之一。学生通过本课程的学习,理解有关运动训练的生理学依据,学会常用的人体生理指标的测定方法。可以应用运动训练、体育教学和运动健身过程中的生理学原理,指导不同年龄、性别和训练程度的人群进行科学的运动锻炼,以达到提高竞技运动水平、增强全民体质、延缓衰老、提高工作效率和生活质量的目的。

2)课程内容。

运动生理学课程内容如表 4-12 所示。

表 4-12　运动生理学课程内容

序号	课程内容
1	肌肉收缩
2	血液
3	循环
4	呼吸
5	消化与吸收
6	物质与能量代谢
7	体温
8	肾脏
9	内分泌
10	感官
11	神经系统
12	高级神经活动学说
13	运动技能的形成
14	力量、速度、耐力的生理学基础
15	运动过程中人体机能状态变化的规律
16	运动效果的生理评定

【解析】对将来从事健身健美的学生而言,本课程非常重要。本课程也是部分学校研究

生考试必考科目。

(9)排球课程简介。

1)课程概况。

排球课程是专业核心课程之一。通过课程学习使学生了解排球文化,掌握排球基本技术和基本理论。培养良好的体育道德和团队协作精神,正确处理竞争与合作的关系,同时可以制订排球运动练习计划,并能够指导排球运动的教学与训练,具备组织和参与排球竞赛的能力。

通过本课程的学习,学生应达到以下要求:①了解排球运动的发展概况。②掌握排球运动的基本理论知识和基本技战术技能。③对主要技术要达到会讲解、会示范、会组织练习、会纠正错误动作的能力。④具有组织学校和社区排球竞赛及训练的知识和裁判工作能力。

2)课程内容。

排球课程内容如表 4-13 所示。

表 4-13 排球课程内容

序号	课程内容
1	排球运动发展概况
2	排球运动基本技术
3	排球运动基本技战术分析
4	排球运动基本战术
5	排球竞赛组织与编排
6	排球竞赛规则与裁判法
7	排球教学方法与实践

(10)体育统计学课程简介。

1)课程概况。

本课程主要学习运用统计的理论和方法研究体育教学、训练、科研和管理中的问题,探讨体育发展规律等。体育统计学的研究对象是体育领域里一切能用数量来表示的活动和现象。本课程目标是掌握体育统计学的基本理论与方法,接受体育统计学的基本训练,为初步具备体育科学研究的能力奠定基础。通过学习,学生能够掌握具体的设计与分析方法,学会统计思维,提高对自然与社会的认识能力。

本课程为提高体育教学、运动训练等科学化提供基本的知识和方法。体育统计学作用体现在制定体育的考核标准,检验、评价体育教学训练效果,选材等领域,还可用于体育预测、控制等领域。

2)课程内容。

体育统计学课程内容如表 4-14 所示。

表 4 – 14　体育统计学课程内容

序号	课程内容
1	绪论
2	体育统计资料的收集与整理
3	集中趋势指标、离散程度指标、概率分布及应用
4	体育统计推断
5	方差分析、相关与回归分析
6	体育统计图表

(11)体育保健学课程简介。

1)课程概况。

体育保健学是研究人体在体育运动过程中保健规律与措施的一门新兴的综合应用科学。课程研究不同的体育运动形式与环境对人体所带来的不同影响,以及人体对体育运动所表现出来的反应与适应,从而寻找出最符合个体生理状况的体育运动形式,以增进人体健康,促进体质的增强和运动能力的提高。通过课程学习使学生了解体育保健学的基本概念,掌握其基本知识和基本理论。培养学生从事体育健康教育,健身运动指导,运动伤病的救治和保健指导的能力。通过学习和实践操作,使学生具备分析问题和解决问题的能力。

2)课程内容。

体育保健学课程内容如表 4 – 15 所示。

表 4 – 15　体育保健学课程内容

序号	课程内容
1	绪论
2	体格检查
3	儿童少年、老年、女子体育卫生
4	运动性疾病(重点心血管系统)
5	运动训练的医务监督
6	运动员的合理营养膳食
7	运动按摩
8	运动损伤的治疗
9	针灸
10	运动康复
11	运动处方
12	设计膳食营养搭配方案

【解析】对将来从事运动人体科学的学生而言,本课程非常重要,也是部分学校研究生考试必考科目。

(12)体育社会学课程简介。

1)课程概况。

体育社会学是一门把社会文化中的体育现象作为发展变化的整体,研究体育与其他社会现象之间的相互关系、体育与人的社会行为观念的关系,以及体育运动的结构、功能、发展动力和制约因素,用以推动体育和社会合理发展的综合性学科。

通过本课程的学习,学生可以了解体育社会学的基础知识、基本规律和体育社会学的研究方法。

2)课程内容。

体育社会学课程内容如表4-16所示。

表4-16 体育社会学课程内容

序号	课程内容
1	社会学、体育社会学概述及体育社会学研究方法
2	体育与社会结构、体育与社会运行、体育人口
3	竞技体育的社会学分析,体育群体与体育社团
4	体育与文化、教育及科学技术
5	体育与大众传播媒介、体育社会问题
6	体育与民族、体育与宗教、社会体育的社会学分析
7	老年体育、妇女体育,体育与社会现代化
8	体育与生活方式

【解析】本课程是专业基础课程之一。

(13)足球课程简介。

1)课程概况。

足球运动是以脚支配球为主的集体对抗项目,具有很强的锻炼价值,比赛中常采用起动、急停、转身、跑、跳等无球技术和有球技术,经常参加足球运动能增强体质,全面发展身体素质和运动能力,培养勇敢、顽强、机智、果断、团结协作的优良品质。课程主要讲授足球运动的基本理论、基本技术、基本战术及裁判理论。

通过本课程的学习,学生应达到以下要求:①树立正确的学习目的。培养克服困难、勇敢顽强的品质。②初步掌握足球运动的基本理论、基本技术、战术及其主要教学方法。对主要技战术“会讲、会做、会教”,掌握足球裁判的基本知识,具备裁判及场地划法的技能。③提高足球教学方面解决问题的能力。

2)课程内容。

足球课程内容如表4-17所示。

表 4 - 17 足球课程内容

序号	课程内容
1	足球基础理论知识
2	无球技术
3	传接球
4	运球
5	颠球
6	头顶球
7	抢截球
8	假动作
9	掷界外球
10	足球组合技术
11	进攻与防守战术
12	教学比赛

(14)武术课程简介。

1)课程概况。

武术课程以身心共修、德智双进为教学目标,课堂教学突出武术基本功之手、眼、身、法、步的练习,通过初级拳术、初级剑术、初级棍术、太极拳、散打系统学习掌握武术基本技术动作,通过武术简史、武术思想、经络脏腑、裁判法、技击法的学习,明晰武术基本原理和原则。

通过本课程的学习,学生应达到以下要求:①培养从事武术群体活动时应具备的良好道德品质和职业习惯。②掌握武术基本理论知识,提高与实践相结合的运用能力。③熟练掌握武术基本功,初级套路,24 式太极拳和武术散打技能。④掌握武术套路的教学特点、原则、方法和练习形式。⑤熟悉武术竞赛组织和裁判知识,服务于社会。

2)课程内容。

武术课程内容如表 4 - 18 所示。

表 4 - 18 武术课程内容

序号	课程内容
1	武术的概念和内容分类、武术的特点和作用
2	武术教学方法、武术竞赛组织与裁判法
3	武术基本功
4	初级长拳第三路
5	初级剑术 2 段
6	初级棍术 2 段
7	24 式太极拳
8	武术散打技术

(15)体育科研方法概论课程简介。

1)课程概况。

体育科研方法概论是体育专业的必修课。本课程目标是使学生初步了解体育科学研究的方法,步骤,为体育类本科生的开题、论文撰写打下基础。在认知目标上,使学生认识体育科研方法,熟悉本科论文开题、论文撰写的几个重要环节;在能力目标上,学生具备独立完成选题,文献综述撰写,研究方法的选择,并了解体育科学研究中的常用统计学处理方法。

通过本课程的学习,学生应达到以下要求:①掌握体育科学研究的基本理论知识,主要方法及技能。②初步掌握体育科学研究工作的一般程序和撰写科研论文的基本格式及要求。③提高科学素养,培养科学思维的良好习惯,勇于追求真理、积极探索未知,以科学的精神、态度和方法对待工作生活。

2)课程内容。

体育科研方法概论课程内容如表4-19所示。

表4-19 体育科研方法概论课程内容

序号	课程内容
1	体育科学研究导论
2	体育科学研究选题
3	体育科学研究设计与研究计划
4	文献法
5	观察法
6	调查法
7	实验法
8	体育科学资料的整理与分析
9	体育科学研究论文的撰写与评价
10	体育科学研究者的科学素养

【解析】本课程是专业基础课程之一。

(16)体育经济学课程简介。

1)课程概况。

体育经济学课程是社会体育专业本科学生必修的学科基础平台课程之一。本课程主要介绍体育与经济的关系以及揭示体育服务产品生产、交换、消费、分配经济过程的基本规律。通过本课程的学习,培养学生的辩证思维能力、逻辑推理能力,使学生掌握一定体育经济学理论知识,并能运用所学知识分析和解决体育经营管理过程中的经济问题。

通过本课程的学习,学生应达到以下要求:①掌握体育产业经济学基本概念。②理解经济与体育的关系,对国内外体育产业发展有一定了解。③能够运用相关知识与分析工具对我国体育产业现状进行分析。

2)课程内容。

体育经济学课程内容如表 4 - 20 所示。

表 4 - 20　体育经济学课程内容

序号	课程内容
1	绪论
2	体育与经济的关系
3	体育产业与体育服务生产
4	体育服务商品
5	体育消费
6	体育资金的来源及效益分析
7	体育产业的劳动和劳动报酬
8	体育产业物质基础

(17)健美操课程简介。

1)课程概况。

健美操主要讲授健美操的十二类基本步伐和《全国健美操大众锻炼标准》中一至五级套路。课程以提高学生综合素质、培养创新思维与创造能力为主要目的,使学生掌握健美操运动的基本理论、基本技术技能及锻炼方法;提高思想、身体及心理素质;培养审美与创造美的意识与能力;学习组织健美操锻炼与活动的方法。

通过本课程的学习,学生应达到以下要求:①掌握健美操常用的基本步伐和动作要领。②掌握正确而科学的练习方法。③能够创编步伐组合和组织基层比赛。

2)课程内容。

健美操课程内容如表 4 - 21 所示。

表 4 - 21　健美操课程内容

序号	课程内容
1	健美操概述
2	健美操术语
3	健美操基本动作
4	健美操教学
5	健美操教学课
6	健美操创编
7	健美操基本功、基本动作学习
8	大众健美操套路

(18)健身运动理论与方法课程简介。

1)课程概况。

健身运动理论与方法课程主要通过徒手和各种器械,运用专门的动作方式和方法进行锻炼,以发达肌肉、增长体力、改善体形和陶冶情操。

通过本课程的学习,学生应达到以下要求:①掌握健美运动的概念、特点、作用及发展概况。②掌握发达全身肌肉的练习方法。③掌握健美教学、训练方法。④了解健美锻炼的卫生保健知识。⑤改善身体机能、增进健康、增强体质。

2)课程内容。

健身运动理论与方法课程内容如表4-22所示。

表4-22 健身运动理论与方法课程内容

序号	课程内容
1	健身运动概述
2	健身的学科基础
3	健身教学法、训练法
4	运动计划制定
5	体能测试与评价
6	健身心理

(19)体育舞蹈课程简介。

1)课程概况。

体育舞蹈是一种结合体育、艺术、舞蹈表演为一体的运动项目,它不仅能够提高身体的协调性和柔韧性,还能够增强肌肉力量和耐力,同时也能够培养学生的艺术修养和审美能力。通过舞蹈组合训练陶冶情操、提升气质、塑形体态、完美人格,让学生了解音乐、掌握旋律、节奏并能按照音乐配以动作起舞,从而达到增强体质,强身健体的目的。

通过本课程的学习,学生应达到以下要求:①掌握体育舞蹈的基础理论和动作技术。②熟练掌握华尔兹舞技术,了解恰恰舞基本技术。③了解体育舞蹈的作用、意义和发展方向。

2)课程内容。

体育舞蹈课程内容如表4-23所示。

表4-23 体育舞蹈课程内容

序号	课程内容
1	体育舞蹈概述
2	体育舞蹈术语
3	体育舞蹈基本动作
4	体育舞蹈基本功、基本动作学习

续表

序号	课程内容
5	体育舞蹈教学
6	体育舞蹈创编
7	华尔兹规定套路
8	恰恰基本技术

(20)游泳课程简介。

1)课程概况。

游泳运动是一项技能与体能结合的运动项目。游泳是在水的特定环境中进行的全身运动,运动过程须克服水的阻力,以及不能随意呼吸等特点,有很高的锻炼价值。尤其是可使内脏机能得以改善,提高免疫功能及促进身体协调发展等。课程主要学习游泳基础理论和技能。

通过本课程的学习,学生应达到以下要求:①了解游泳运动的发展概况。②能够掌握蛙泳、自由泳技术动作。③初步掌握水上救护、岸上救护技术。④初步掌握游泳竞赛与裁判法。

2)课程内容。

游泳课程内容如表4-24所示。

表4-24 游泳课程内容

序号	课程内容
1	游泳运动及安全卫生教育
2	熟悉水性蛙泳腿部技术
3	蛙泳腿部、手臂技术
4	蛙泳腿部与手臂配合教学
5	学习蛙泳臂与呼吸配合技术
6	蛙泳完整配合技术教学
7	学习自由泳腿部技术
8	学习自由泳手臂技术
9	自由泳呼吸、手臂配合
10	自由泳完整配合技术
11	介绍水中救护、潜水、拖运、自我解脱

(21)运动损伤与康复技能课程简介。

1)课程概况。

本课程面向未来希望成为从事体育相关工作的康复治疗师、教练员、体育教师开设,同时也可作为运动员继续教育的课程之一。

通过本课程的学习,学生可以了解运动医学基本内容,能较系统地运用体育保健知识和技能,对体育运动参加者进行医学监督和指导,从而达到预防和处理运动伤病、科学有效地增进健康的目的;能够根据现场发生的运动损伤情况独自进行判断和处理,能够对常见的轻微损伤进行简单的处理,对严重的损伤能够正确判断伤情,明确处理步骤,制订康复计划。

2)课程内容。

运动损伤与康复技能课程内容如表 4-25 所示。

表 4-25　运动损伤与康复技能课程内容

序号	课程内容
1	运动损伤的基本知识和处理
2	上肢运动损伤与预防处理
3	下肢运动损伤与预防处理
4	躯干部运动损伤与预防处理

(22)乒乓球课程简介。

1)课程概况。

乒乓球项目是一项以敏捷为核心要素的运动。通过全面学习了解乒乓球运动,使学生初步掌握乒乓球运动的基本理论知识,基本技术,基本教法,竞赛规则,竞赛裁判、组织编排等内容。初步具备课程教学训练能力。培养学生的爱国主义情怀及勇于进取、团结合作的良好品质,提高学生的综合素质与能力。

通过本课程的学习,学生应达到以下要求:①了解乒乓球运动的发展及方向。②掌握乒乓球的基本技术、基本战术及简单技战术打法。③熟悉乒乓球竞赛规则、竞赛的组织编排方法及临场裁判。

2)课程内容。

乒乓球课程内容如表 4-26 所示。

表 4-26　乒乓球课程内容

序号	课程内容
1	乒乓球基本技术
2	乒乓球基本战术
3	双打练习
4	乒乓球比赛规则、竞赛规程和操作规程
5	乒乓球竞赛组织编排

(23)跆拳道课程简介。

1)课程概况。

跆拳道是一项简练直接、快速灵巧、易学实用的运动。跆拳道不仅能强身健体、防身自卫,而且有助于减肥、缓解精神压力、促进身体生长发育、改善体质。通过学习本课程使学生了解跆拳道运动的特点,教授快速、准确、有力的跆拳道技术,使学生掌握一定的跆拳道技、战术,培养学生高尚的道德品质以及坚忍不拔、勇敢进取的作风。

2)课程内容。

跆拳道课程内容如表 4-27 所示。

表 4-27　跆拳道课程内容

序号	课程内容
1	跆拳道运动
2	跆拳道基本拳法
3	跆拳道基本步法
4	跆拳道基本腿法
5	品势

(24)营养学课程简介。

1)课程概况。

营养学是研究食物营养、科学膳食与人体健康关系的学科。本课程重点介绍什么是合理营养、人体所需要的营养素、各类食品的营养价值、中国居民膳食指南、特殊人群的营养、膳食营养与常见营养性病症的关系及保健食品的相关问题。目的是让学生能更清楚地认识到在人民生活水平日益提高的今天,国民所面临的营养不平衡问题及其相关疾病,高度重视营养与健康问题,学会、倡导、实践合理营养、科学膳食。本课程主要目的是研究不同人群:健身人群、儿童少年、中老年人群、运动员等的营养补充,介绍营养素的基本功能。

2)课程内容。

营养学课程内容如表 4-28 所示。

表 4-28　营养学课程内容

序号	课程内容
1	运动营养学基础
2	健身运动的合理营养
3	健身人群的膳食营养
4	儿童少年、中老年健身人群的膳食营养
5	常见慢性疾病患者锻炼期的膳食营养
6	运动员膳食营养
7	常见的运动营养补充剂
8	运动营养补充的误区与违禁药物

(25)羽毛球课程简介。

1)课程概况。

本课程主要讲授羽毛球的发球、击球、移动等基本技术及单打、双打基本战术和规则裁判法。通过学习羽毛球理论和实践,使学生掌握体育与健康的知识、技能,掌握科学锻炼身体的方式、方法,形成终身体育的思想,养成自觉锻炼身体的习惯。

通过本课程的学习,学生应达到以下要求:①掌握羽毛球的基本技术,基本战术。②熟悉羽毛球运动的基本规则。③能够进行一般的技术教学,指导训练工作。

2)课程内容。

羽毛球课程内容如表4-29所示。

表4-29 羽毛球课程内容

序号	课程内容
1	羽毛球的发展、基本技术
2	羽毛球基本步法
3	单打战术
4	双打战术
5	羽毛球规则简介

(26)体育心理学课程简介。

1)课程概况。

本课程是体育专业一门必修课程,是体育学科中一门重要的专业基础课程,在体育学科及体育人才培养中具有重要的地位和作用。体育学科中许多课程都与体育心理学有着内在联系。本课程研究体育教学过程中的心理现象,特别是学生在学习过程中的心理特点和变化,研究选择教学内容、采用教学方法和进行教学设计的心理学依据。

2)课程内容。

体育心理学课程内容如表4-30所示。

表4-30 体育心理学课程内容

序号	课程内容
1	体育心理学概念
2	运动兴趣和动机
3	运动中的目标定向与设置
4	运动归因
5	体育锻炼与运动健康
6	唤醒、焦虑、心境状态与运动表现
7	心理技能训练

续表

序号	课程内容
8	动作技能学习
9	运动损伤的心理致因与康复
10	体育团体的凝聚力
11	体育运动中的领导行为
12	运动中的攻击性行为

【解析】本课程为专业基础课程之一,也是部分学校研究生考试的必考科目。

(27)运动竞赛学课程简介。

1)课程概况。

运动竞赛学是研究和揭示运动竞赛过程中存在的规律和特征的一门综合性应用学科。课程内容主要包括运动竞赛学的萌芽、发展、生物学基础与分类、运动竞赛的价值、现代运动竞赛的基本特征与制胜系统、运动员比赛能力、竞技比赛战术、教练员的临场指挥、赛前直接准备、竞赛规程、规则、办法等。

通过本课程的学习,学生应达到以下要求:①了解运动竞赛的起源与发展。②了解运动竞赛的制胜系统和制胜规律。③掌握有关运动竞赛的一般理论、竞赛办法与组织方法,为今后从事相关的工作打下基础。

2)课程内容。

运动竞赛学课程内容如表 4-31 所示。

表 4-31 运动竞赛学课程内容

序号	课程内容
1	运动竞赛导论
2	运动竞赛起源与改革
3	运动竞赛与运动训练
4	运动竞赛体制
5	运动竞赛管理
6	运动竞赛方法
7	运动竞赛的投入与效益
8	运动竞赛中的计算机应用

(28)体育政策与法规课程简介。

1)课程概况。

体育政策与法规课程是法学的分支,通过学习了解当前我国体育领域政策法规,能从法律的角度对体育领域中所存在的各种现象进行分析,提高学生的法律意识,培养学生独立分析问题、解决问题的能力。

通过本课程的学习,学生应达到以下要求:①了解体育政策、规定、法律的基本知识。②可以运用法律知识对体育领域中的问题进行简单分析。

2)课程内容。

体育政策与法规课程内容如表4-32所示。

表4-32　体育政策与法规课程内容

序号	课程内容
1	体育法学概述
2	体育法规基本知识
3	体育法律的制度与实施
4	体育法律关系
5	社会体育法规
6	学校体育法规
7	竞技体育法规
8	体育教育和科研、体育对外交往
9	体育保障条件
10	体育产业经营管理法规
11	体育纠纷与法律责任

(29)体能训练课程简介。

1)课程概况。

本课程主要讲授身体素质训练的方法、手段及在教学训练中应遵循的原则和要求。通过学习使学生了解身体素质的概念、意义、内容以及相互关系。

通过本课程的学习,学生应达到以下要求:①掌握身体素质的基本概念与内容。②理解身体素质训练的基本方法、手段。③掌握理论并指导实践。

2)课程内容。

体能训练课程内容如表4-33所示。

表4-33　体能训练课程内容

序号	课程内容
1	体能与身体素质概述
2	力量素质的教学与训练
3	速度素质的教学与训练

续表

序号	课程内容
4	速度素质的教学与训练
5	耐力素质的教学与训练
6	柔韧素质的教学与训练
7	灵敏素质的教学与训练

(30)学校体育学课程简介。

1)课程概况。

本课程通过教学和实践活动,使学生掌握一定的学校体育理论、知识与技能,形成正确的体育价值观,提高体育人文素养;使学生正确认识学校体育在教育中的地位和作用;使学生较全面系统地学习并掌握组织与实施学校体育工作的基本理论与方法;培养学生独立思考,提高分析问题与解决问题的能力;培养学生适应社会的能力,为学习后续课程以及将来从事与本专业有关的工作打下坚实的基础。

通过本课程的学习,学生应达到以下要求:①掌握学校体育学的基本概念。②熟悉学校体育的规律、规则和方法。③全面了解学校体育的意义和价值。

2)课程内容。

学校体育学课程内容如表4-34所示。

表 4-34 学校体育学课程内容

序号	课程内容
1	学校体育的产生与发展
2	学校体育的结构、功能与目标
3	体育课程
4	体育教学过程与原则
5	体育教学方法
6	体育教学的设计与实施
7	体育教学评价
8	课余体育的概述
9	课余体育训练与学生体育竞赛
10	学校体育管理体制与法规
11	体育教师
12	学校体育环境的设计

【解析】本课程为专业基础课程之一,是部分学校研究生考试的必考科目。

(31)体育管理学课程简介。

1)课程概况。

体育管理学是运用管理学理论和方法,研究体育组织的协调,以达到预定体育目标的学科。其研究对象包括体育管理的实施过程、体育管理过程的基本规律和一般方法、体育管理的本质和结构。培养学生掌握体育管理的基本理论、知识与技能,具备健身运动指导、体育产业经营与管理能力,具有一定从事社会体育活动的能力,具有创业意识、创新的能力。

课程任务:①了解管理学的基本理论:管理原理、管理方法、管理职能。②使学生学会体育管理的一般知识和技能,掌握体育管理原理、体育管理的职能与方法、体育战略管理、体育绩效管理的基本内容。

2)课程内容。

体育管理学课程内容如表4-35所示。

表4-35 体育管理学课程内容

序号	课程内容
1	体育管理原理
2	体育管理职能与方法
3	体育战略管理
4	体育组织管理
5	体育标准化管理
6	体育绩效管理
7	学校体育管理
8	运动训练与体育赛事管理
9	群众体育管理
10	体育产业管理
11	体育信息管理

(32)奥林匹克运动课程简介。

1)课程概况。

通过学习使学生了解奥林匹克运动的产生和发展,理解其思想、组织结构,了解奥林匹克运动与各种社会现象及社会因素的关系:奥林匹克运动与人的和谐发展、现代奥运会与古代奥运会主要特点的比较、奥林匹克运动与现代科学技术、奥林匹克运动与社会、奥林匹克运动在我国的发展等。

2)课程内容。

奥林匹克运动课程内容如表4-36所示。

表 4 - 36　奥林匹克运动课程内容

序号	课程内容
1	奥林匹克运动的起源与发展
2	奥林匹克运动的体系
3	奥林匹克运动与现代社会
4	奥林匹克运动与中国
5	奥林匹克运动竞赛项目介绍

(33)特殊人群体育与管理课程简介。

1)课程概况。

本课程是体育的有机组成部分。残疾人体育的发展水平是衡量一个国家体育发展状况和社会文明发达程度的标志之一。课程的教学目的是使学生对特殊人群体育管理的学习,比较全面地了解残疾人体育健身基本理论。掌握残疾人健身项目锻炼效果评价、残疾人体育健身、残疾人体育教育、残疾人体育康复、残疾人行为特征、残疾人竞技、休闲体育原则及管理。

2)课程内容。

特殊人群体育与管理课程内容如表 4 - 37 所示。

表 4 - 37　特殊人群体育与管理课程内容

序号	课程内容
1	特殊人群体育及其发展概况
2	特殊人群体育的功能、原则与手段
3	各类特殊人群体育的基本特点
4	特殊人群体育教育概述
5	特殊人群体育教育的管理
6	特殊人群体育教育的法规建设

(34)运动生物力学课程简介。

1)课程概况。

本课程是体育教育学和运动训练学等专业的核心课程之一。运动生物力学以运动技能诊断和运动机能评定为核心,把力学的原理和方法与运动技术动作相结合,研究体育运动中人体所进行的各种运动动作,以及在各种不同条件下,人体产生运动和运动状态改变的力学和生物学原因。课程教学目的是使学生初步掌握体育运动中人体机械运动的一般规律,能应用生物力学的原理和方法分析教学和训练中的具体问题,为今后从事体育教学、训练打好理论基础。

2)课程内容。

运动生物力学课程内容如表 4 - 38 所示。

表 4-38　运动生物力学课程内容

序号	课程内容
1	运动生物力学概论
2	人体运动的运动学
3	人体运动的动力学
4	骨、关节、肌肉的生物力学
5	运动生物力学原理
6	运动生物力学应用

(35)体育市场营销课程简介。

1)课程概况。

本课程开设的目的在于使学生树立现代体育市场营销观念,掌握分析体育市场营销环境、策略、体育市场调查、消费者行为、体育产品营销和定价、体育分销渠道的方法,培养学生关于体育市场营销的理论素养,并能通过案例分析和实践练习,使学生具备一定的体育市场营销的实践能力。

通过本课程的学习,学生应达到以下要求:①树立现代营销管理导向,掌握学科的基本概念、基本原理和基本方法。②培养营销思维方式、营销分析能力,能够分析案例,解决实际问题,把学科理论的学习融入对经济活动实践的研究和认识中。

2)课程内容。

体育市场营销课程内容如表 4-39 所示。

表 4-39　体育市场营销课程内容

序号	课程内容
1	体育市场概述
2	体育市场营销概述
3	体育消费者心理与购买行为
4	体育市场营销环境分析
5	体育产品与品牌管理
6	体育市场价格管理体育
7	市场营销渠道管理
8	体育市场整合营销传播
9	体育用品营销
10	体育彩票营销
11	体育明星营销

续表

序号	课程内容
12	体育赞助营销
13	体育旅游营销

（36）网球课程简介。

1）课程概况。

网球是一项动作精细、技战术复杂多变、对抗激烈、对体能和心智要求较高的技能类隔网对抗性项目。本课程以网球技术练习和专项素质练习为主要手段，通过科学、合理的教育教学过程，达到学习网球基本技术、增强体质健康和提高学生体育素养的目的。

通过本课程的学习，学生应达到以下要求：①了解网球运动的起源发展、重大赛事、优秀运动员、特征等理论。②掌握网球运动的技战术，能够初步进行网球比赛。③基本掌握网球竞赛规则，能够执裁普通的网球比赛。

2）课程内容。

网球课程内容如表 4-40 所示。

表 4-40　网球课程内容

序号	课程内容
1	网球运动基本理论
2	网球运动基本技术
3	网球运动基本战术
4	网球竞赛与裁判法
5	专项技术和素质

（37）健康教育学课程简介。

1）课程概况。

本课程是研究传播保健知识和技术，影响个体和群体行为，消除危险因素，预防疾病，促进健康的一门学科。本课程通过传播和教育手段，向社会、家庭和个人传授卫生保健知识，提高自我保健意识，培养保健能力，养成健康行为，纠正不良习惯，消除危险因素，防止疾病发生，促进健康和提高生活质量。

2）课程内容。

健康教育学课程内容如表 4-41 所示。

表 4-41　健康教育学课程内容

序号	课程内容
1	健康促进
2	健康管理

续表

序号	课程内容
3	健康行为
4	健康体适能
5	健康心理
6	健康睡眠
7	性传播疾病
8	合理用药
9	疾病预防
10	环境与健康

【解析】本课程为专业基础课程之一,是部分学校研究生考试的必考科目。

2. 毕业论文与毕业实习

下面对毕业论文与毕业实习进行简要介绍。毕业论文与毕业实习通常安排在大学四年级。四年级学生通常需要考研、就业等,故学年课程安排较少,也便于毕业论文与毕业实习任务的集中实施。

以西安某校为例,毕业论文横跨两学期,其中重要节点有:当年 10 月确定导师并确定题目→当年 12 月提交题目申报审核表、任务书→次年 3 月提交开题报告(答辩)、开题检查表→次年 5 月提交中期报告(答辩)、中期检查表→次年 6 月提交论文终稿并答辩。图 4-4 所示为该校 2018 级学生毕业论文主要流程。

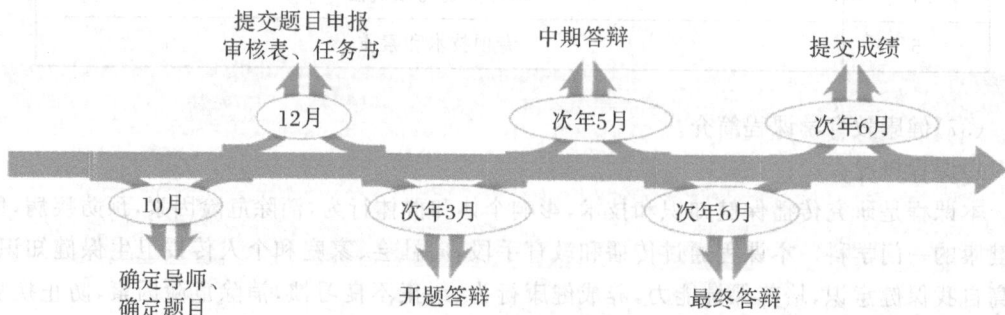

图 4-4 某校 2018 级学生毕业论文主要流程

在提交论文的同时,还需提交论文附件册。图 4-5 所示为毕业论文附件册目录。毕业实习通常安排在每年 3～5 月,根据学校要求结合实际院系成立实习领导小组,负责解决协调实习过程中出现的问题,并监督检查实习质量。毕业实习通常有统一实习和分散实习两种形式。实习结束后学生通常需上交毕业实习手册,内含毕业实习鉴定、实习小结、毕业实习成绩评定表等材料。比如毕业实习成绩评定表从态度、实习内容、基本功、效果与评价等方面对学生实习表现进行评价。

<table>
<tr><td>附件 1</td><td>毕业论文题目申报、审核表</td></tr>
<tr><td>附件 2</td><td>毕业论文任务书</td></tr>
<tr><td>附件 3</td><td>毕业论文开题报告</td></tr>
<tr><td>附件 4</td><td>毕业论文开题报告检查表</td></tr>
<tr><td>附件 5</td><td>毕业论文中期报告</td></tr>
<tr><td>附件 6</td><td>毕业论文工作中期检查表</td></tr>
<tr><td>附件 7</td><td>毕业论文指导教师评分表</td></tr>
<tr><td>附件 8</td><td>毕业论文评阅教师评分表</td></tr>
<tr><td>附件 9</td><td>毕业论文答辩暨综合评分表</td></tr>
</table>

图 4-5　毕业论文附件册目录

有学者认为新西兰奥克兰大学体育教育专业的实习贯穿在 4 年之中,时间和跨度都很长,可供体育专业实习参考。表 4-42 所示为奥克兰大学体育教育专业的学生实习情况[①]。

表 4-42　奥克兰大学体育教育专业的学生实习情况

学期	时间	实习地点	实习任务	评价方式
大一第 2 学期	2 周	初中	在实习指导教师的监督指导下进行见习	考勤表、任务表、实习指导教师的评语、听课记录、自我总结和感想
大二	4 周	高中	见习＋教学≥16 小时/周;教学≥15 节课/学期;写教案＋单元计划	实习学生小组互评、实习指导教师对学生的评价报告
大三第 1 学期	4 周	高中	60％实习时间教学;40％实习时间备课和搜集数据等	大学教师观看学生的上课情况(至少 1 节)并提交评价报告
大三第 2 学期	2 周(A/B 选一)	A:高中	60％实习时间教学;40％实习时间备课和搜集数据等	大学教师观看学生的上课情况(至少 1 节)并提交评价报告
		B:体育相关机构(户外教学中心、体育行政机构、教育机构、社区健康中心)	在专业人员的监督指导下,承担 60％与专业相关的工作任务	学生向实习机构提交报告
大四	3 周(第 1 学期)　4 周(第 2 学期)	高中	80％实习时间教学;20％实习时间备课和搜集数据等	大学教师观看学生的上课情况(至少 1 节)并提交评价报告,实习指导教师提交对学生的评价报告

---

① 尹志华,孙文君,汪晓赞.新西兰体育教育专业的改革与发展:以奥克兰大学为例[J].首都体育学院学报,2015,27(5):432-436,446.

(三)其他

依据教育学原理,体育课程还可分为显性体育课程与隐性体育课程。显性体育课程是把体育文化知识系统组织列入教学计划,有通识教育、专业教育、实践教育等,是课程的主体;隐性体育课程包含学校的物质环境(校园体育建筑、体育场馆等)、制度环境(体育仪式、特色体育传统等)、人际环境对学生身心发展的潜在影响(校风、学风等)。

三、常见运动场地简介

2004年,教育部办公厅印发的《普通高等学校体育场馆设施、器材配备目录》(简称《目录》)指出,体育场馆设施配备目录分为两类,即基本配备类和发展配备类[①]。《目录》对常见运动场地提出了基本要求,节选如下。

1.田径场地

400米标准跑道应由两个平行的直道和两个半径相等的弯道组成。《国际田径协会联合会田径场地设施标准手册》规定标准的体育跑道内圈周长400米,直道要沿南北方向避免太阳位置低时的炫目影响。弯道应有8条跑道,直道有10条跑道,每条跑道宽为1.22米。跑道内侧安全区域不少于1米,外侧应有1米的安全区,起跑区最少3米,冲刺缓冲段至少17米。

2.篮球场地

基本要求:场地净面积为28米×15米,场地占地面积为32米×19米。场地以上至少7米不得有障碍物。灯光照明至少为1 500勒克斯,照明设备的安置不得妨碍队员和裁判员视觉。

3.足球场地

基本要求:足球场地必须是长方形。足球场地的尺寸要求:长度90米～120米,宽度45米～90米。国际比赛场地长度为100米～110米,宽度最短64米,比赛地面为草地。球场外距边线5～6米处应设有裁判台区域,其他障碍物应在距边线和球门线6米以外。

4.排球场地

基本要求:场地净面积为18米×9米,场地占地面积为26米×14米。场地上空至少12.5米不得有障碍物。灯光照明为1 000～1 500勒克斯。

5.乒乓球场地

基本要求:场地净面积为2.74米×1.525米,场地占地面积为14米×7米。场地上空至少4米无障碍物。场地灯光不低于1 000勒克斯。

6.羽毛球场地

基本要求:净面积为13.4米×6.10米。双打场地占地面积为15.4米×8.10米。场地上空至少9米内无障碍物,场地灯光至少1 200勒克斯。

---

① 教育部.教育部办公厅关于印发《普通高等学校体育场馆设施、器材配备目录》的通知[EB/OL].(2004-08-22)[2023-06-27]. http://www.moe.gov.cn/srcsite/A17/moe_938/s3273/200408/t20040822_80792.html.

7. 网球场地

基本要求:场地净面积为 23.77 米×10.97 米。场地占地面积为 28.8 米×14.63 米。场地上空至少 12 米内无障碍物。

8. 棒球场地

基本要求:场地净面积至少为 76.2 米×76.2 米。场地占地面积为 94.2 米×94.2 米。场地设灯杆 6～8 塔,高度不少于 28 米。

9. 手球场地

基本要求:手球场地净面积为 40 米×20 米。手球场地占地面积为 41 米×22 米。场地上空至少有 8 米无障碍空间。灯光强度不少于 1 600 勒克斯。

10. 武术场地

基本要求:单练、对练场地净面积为 14 米×8 米。集体项目场地净面积为 16 米×14 米。场地上方至少有 8 米的无障碍空间。

11. 游泳池

基本要求:50 米游泳池净面积为 50 米×21 米。25 米游泳池净面积为 25 米×21 米。灯光强度不得少于 1 500 勒克斯。池水深度为 1.8 米。池水净化应采用过滤净化法。池水消毒采用氧化消毒法。

12. 射箭场地

基本要求:射箭场地净面积为 130 米×150 米。射箭场地占地面积为 140 米×160 米。

13. 跆拳道场地

基本要求:跆拳道场地净面积为 8 米×8 米。跆拳道场地占地面积为 12 米×12 米。

思考题

1. 简述制定体育专业人才培养方案的依据。

2. 结合本专业实际,谈谈你对专业课程设置的想法与建议?

3. 简述大学期间本专业学习的主要课程框架与内容。

4. 通常人才培养方案制定的流程有哪些?

延伸阅读材料

1. 王淑英. 学校体育课程体系研究[D]. 河北师范大学,2013.

2. 侯海波,李桂华,宋守训,等.国外竞技体育强国后备人才培养体制及启示[J].上海体育学院学报,2005(4):1-5,15.

3. 彭贻海,王莉,严精华,等.论体育教育专业培养目标、课程设置及社会需求的相互关系[J].武汉体育学院学报,2003(6):89-93.

4. 陈琦.体育院校制订本科专业人才培养方案的思考[J].体育学刊,2007(9):6-9.

5. 李凤梅.2003 年《全国普通高等学校体育教育本科专业课程方案》认知分歧探微及启示[J].沈阳体育学院学报,2013,32(5):104-107.

6. 王竹立.新建构主义:网络时代的学习理论[J].远程教育杂志,2011,29(2):11-18.

第五章　体育专业学生概况

学习目标

(1)理解适应能力的概念,理解青春期的心理特点。

(2)理解健康的概念及影响健康的因素。

(3)了解体育专业学生心理健康与特点,掌握促进心理健康的方法。

(4)了解并思考体育专业学生在学习、就业过程中可能面对的问题。

(5)了解自我管理。

教学方法与手段

讲授、提问、讨论、自学、多媒体课件演示。

第一节　体育专业学生适应能力与健康特点

人的发展按年龄一般可划分为 8 个阶段:婴儿期(0～3 岁)、幼儿期(4～6 岁)、童年期(7～12 岁)、少年期(13～15 岁)、青年期(16～24 岁)、壮年期(25～39 岁)、中年期(40～59 岁)、老年期(60 岁以上)。其中,老年期又可细分为:60～69 岁低龄老人,70～79 岁中龄老人,80 岁以上高龄老人。各阶段人群的生理、心理特点亦不同。高校体育专业的本科学生多为 18～22 岁,处于青年期(16～24 岁)阶段。

一、社会适应能力概述

1.社会适应的概念

"适应"一词源自拉丁文,是指生物在生存竞争中为适合环境条件而形成一定性状的现象,是生物在遭遇特殊生存压力下的适宜变化的行为。

社会适应是指个体接受现存的社会生活方式、道德规范和行为准则的过程。个体接受不断地学习或修正各种社会行为和生活方式,以求符合社会的标准与规范,从而与社会环境维持一种和谐的关系①。个体的社会适应是个体的社会化与个性化过程,它既是个体学习掌握社会生活技能、遵循社会规范、应对社会环境变化的过程,又是其人格形成与发展的过程。个体的社会适应理论上有两种:一种是通过调整自己的态度和改变自己的行为以适合

---

① 张春兴.张氏心理学词典[M].上海:上海辞书出版社,1991.

外部的要求;另一种是改变环境使之适合自己发展的需要。在现实中以前者常见,后者鲜见。

2.社会适应能力的概念

社会适应能力的概念有广义、狭义之分。广义的社会适应能力是指人类有机体保持个人独立和承担社会责任的机能,狭义的社会适应能力是指人际交往或社会性技能。有学者认为社会角色转换、学习、观念意识、社会交往、社会生活、身心修养等方面都是社会适应能力应涉及的范围,并且可以从意识观念、环境因素、知识结构、素质水平(从业务因素、品德因素、身体因素考虑)等方面来分析[1]。

二、大学生社会适应能力

1.大学生的特点

当代青年思想活跃、思维敏捷,观念新颖、兴趣广泛,探索未知劲头足,接受新生事物快,主体意识、参与意识强,对实现人生发展有着强烈渴望,这是青年人的优点。同时,青年人阅历不广,闻理似悟,遇境则迷。容易从自身角度、从理想状态的角度来认识和理解世界,难免给自己设置局限。

2.大学生群体心理情况

研究发现,大学生群体心理异常率排在前几位的是人际敏感、强迫、敌对、抑郁、偏执、焦虑等[2]。有研究者在对某省 3387 名大学生进行调查后发现,存在心理问题的学生达 20%,并且有 10.3% 的大学生社会适应能力为差,在"最希望学校开设的课"选项中,有74.8%的大学生选择开设关于如何处理人际关系的课程[3]。

社会适应能力常通过个体的具体言行表达。社会学家把个体在社会化过程中出现的不符合社会规范的行为称为越轨。越轨(失范)行为对社会的影响是多元的,如涂尔干认为越轨对社会产生积极影响,当司机收到超速罚单,学生因抄袭而挂科,越轨行为可以迫使人们认识到信仰和习俗缺陷从而促进文化的革新。罗伯特·默顿提出越轨紧张理论,认为断裂存在于社会目标和实现它的手段之间,社会目标是指社会大多数成员所共享的主导价值观,手段是成功所需要的物质的、社会的和文化的资源。社会学家指出,解释越轨行为还必须考虑人际互动和本地情景[4]。学习者社会适应能力、人际关系等培养目标达成与否关系着大学生的身心健康,关系着学生的长远发展,甚至关系着文化自信与和谐社会的构建。

三、青春期学生的心理特点

(一)青春期概述

青春期是从儿童发展到成人的过渡阶段,1998 年世界卫生组织把"青春期"年龄界定为

---

①　杨光平.当代大学生社会适应能力的调查及培养研究[D].重庆:西南大学,2002.

②　答会明.大学生自信、自尊、自我效能与心理健康的相关研究[J].中国临床心理杂志,2000,8(4):227-228.

③　赵晓明,潘超.吉林省大学生心理健康状况调研报告[J].长春工业大学学报,2007,28(4):96-98.

④　乔恩·威特.社会学入门[M].王建民等,译.北京:人民邮电出版社,2016:122.

10～19岁,"青春期"伴随着"第二性征"与生殖机能的逐渐成熟而出现。一些国际组织如联合国,将"青春期"年龄界定为15～24岁[①]。青春期可分为青春早期、青春中期和青春晚期三个阶段,体育专业新生平均年龄在18岁左右,属于青春期晚期。

(二)心理特点

处在青春期的学生的认知逐渐从二元向多元转变,他们愿意与同伴多沟通交流,追求公平公正;情感多样,情绪易波动,而且表现为两极性,随着发育的成熟,他们的自我意识成为显性因素[②],个性突出,常从自身出发,眼里容不得沙子。

1. 独立和依赖并存

该阶段学生独立意识存在明显,尤其是对同学、老师和社会现象的评价逐渐有自己的看法与思考,重视别人对自己的评价,对一些事物有强烈表现自己想法的愿望。但由于其社会经验不足,经济上不能独立,不得不从父母那寻找方法、途径或帮助。有学者认为大学生这个团体,其关注重点不在于现实的物质利益,而是在学校能不能真正学到真理性的知识。

2. 成熟与幼稚并存

处在青春期的学生认为自己各方面已经成熟,是成年人了,在行为活动、思维认识、社会交往等方面渴望别人尊重、理解。但实际情况是,由于社会生活经验、知识的局限,他们在思想和行为上往往盲目性较大。闻理似悟,遇境则迷,邓宁-克鲁格效应(指能力不足的人在做出错误结论时所体现出的认知偏差的现象)明显。一般地,人的认知可能经历四个阶段:不知道自己不知道→知道自己不知道→知道自己知道→不知道自己知道。在从"愚昧"山峰到"智慧"山峰的过程中,人的自信程度也随之变动。

3. 开放与封闭并存

处在青春期的学生在交往中渴望彼此敞开心扉,但由于害羞、缺乏主动等,这种诉求往往难以实现,只好掩在心里难被他人了解。随着学生逐渐发育成熟,他们可能出现与异性交往的渴求;注意异性面前自己的形象,喜欢表现自己,出现爱情朦胧感等。但由于自律、他律等约束,加上情感经历较少,这种开放性与封闭性并存的状态将在一段时间内持续。

4. 自律和冲动并存

青少年在成人感出现时,自觉性和自制性也得到了加强,在与他人的交往中,大多能够遵守规则与义务,偶有鲁莽行事,使自己陷入既想自制,但又易冲动的矛盾之中。知道是非但有时控制不住自己的情绪,表现出情绪不稳定。一般而言,体育专业的学生主动、乐观、豁达、勇敢,同时也争强好胜、不拘小节。

四、体育专业学生健康与特点

(一)健康概述

人们对体育的认识逐渐由工具性认识向本质性认识回归,健康观也由一维观向多维观

---

① 蓝瑛波.青春期:一个动态的概念[J].中国青年研究,2002(1):46-48.
② 郗浩丽,王国芳.青春期自我概念与心理健康关系的研究[J].教育理论与实践,2005(20):56-57.

发展。世界卫生组织(World Health Organization,WHO)在其章程中对"健康"的定义体现在以下维度:躯体健康,器官功能完好;心理健康,社会适应良好。

人们习惯把健康称"第一状态",把患病称"第二状态",介于疾病和健康的中间状态称"第三状态""亚健康"或称为灰色状态、亚临床状态、中间状态、中介状态、亚疾病状态、浅病状态、病前状态、游离状态、潜临床、次健康等[①]。研究表明,在与健康相关的影响因素中,生活习惯占60%,遗传因素占15%,社会环境因素占10%,气候(物理环境)占7%,医疗服务仅占8%。图5-1所示为健康影响因素的比例。

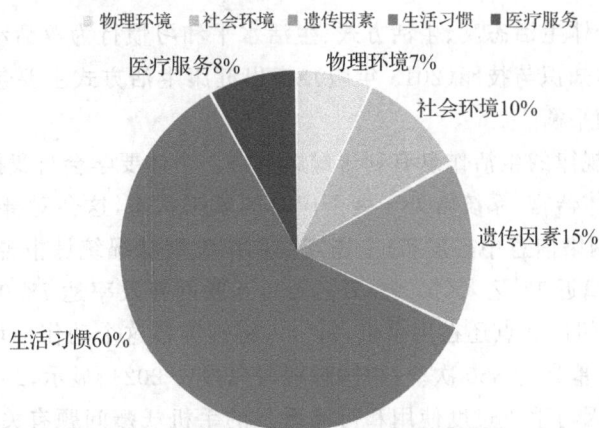

图5-1　健康影响因素的比例[②]

当前人类的疾病谱并非固定不变,越来越多的人认同治未病的理念。许多疾病如大部分原发性高血压、Ⅰ型糖尿病等疾病仅靠现阶段的医学手段不能根治,医疗服务不再是健康的唯一答案。解决之道其实更多的是社会方案:健康管理向前,医疗服务殿后[③]。

(二)健康的意义

(1)对学校而言,健康既是教育活动的前提,又是学校全面发展教育目标之一。

(2)对个体而言,健康是发展的物质前提,也是发展的基本目标。健康不代表一切,但失去健康,可能会失去一切。

(3)对社会而言,健康是社会发展的基本标志和潜在动力,是社会发展的基本目标。心理健康是健康的一个方面。当前心理健康的标准有:智力正常,能动地适应环境,热爱人生,情绪稳定,意志健全,行为协调,人际关系适应,反应适度,心理年龄与生理年龄相一致,能面向未来。还有学者将标准设定得更宽泛,认为凡是对一切有益于心理健康的事件或活动做出积极反应的人,其心理便是健康的[④]。

---

①　傅晨,薛晓琳,王天芳.亚健康的概念、范畴和分类[J].辽宁中医药大学学报,2010,12(08):43-45.

②　金碚.关于大健康产业的若干经济学理论问题[J].北京工业大学学报(社会科学版),2019,19(1):1-7,84.

③　考克汉姆.医疗与社会[M].高永平,杨渤彦,译.北京:中国人民大学出版社,2014:41.

④　林崇德.关于心理健康的标准[J].思想政治课教学,2000(3):36-37,57.

(三)影响健康的因素

1. 环境因素

环境因素包括自然环境与社会环境。1949 年我国人均预期寿命不足 35 岁,2021 年我国人均预期寿命达到了 78.2 岁[1]。70 年来,我国人民健康事业与我国经济发展水平、医疗服务水平、教育水平等都取得了巨大进步,人民群众享受到越来越多实实在在的社会福利。

2. 个体因素

个体因素包含个体生活态度、生活方式、生活水平和习惯行为等活动的总和。《中国公民健康素养——基本知识与技能(2015 年版)》指出健康生活方式主要包括合理膳食、适量运动、戒烟限酒、心理平衡。

(1)生活作息。规律的生活作息有利于健康保持。个体要学会自我控制和疏导调节,遵循生物节律,否则人体器官、系统常处于疲于应对的紧张状态,这会对身体健康产生负面影响。2024 中国互联网络信息中心发布《中国互联网络发展状况统计报告》显示[2],截至 2024 年 6 月,我国网民规模近 11 亿人(10.9967 亿人),互联网普及率达 78.0%。人民网的资料显示,有 48.3% 用户超过 0 点还在用手机,每个人解锁屏幕这个动作平均每天要做 122 次,重度用户每天解锁屏幕高达 850 次。《中国睡眠研究报告 2024》显示,2024 年我国居民睡眠状况不容乐观,其原因与手机过度使用和可能增长的手机成瘾问题有关。睡眠问题正逐渐成为青年群体的主要健康问题,许多大学生存在睡眠不足的现象[3]。

(2)饮食。合理的营养和均衡膳食有利于促进健康。均衡膳食是维持人体健康的前提,而食物多样是均衡饮食的基本原则。食物中经过消化、吸收和代谢能够维持生命活动的物质称为营养素。目前已知人体必需的营养素有 42 种,可分为 6 类:蛋白质、脂肪、糖类、维生素、水和矿物质[4]。前三者在人体内代谢后产生能量,故又称产能营养素。表 5-1 所示为各类营养素在人体内的比例及作用,其中"√√"表示主要功能,"√"表示次要功能。

表 5-1 各类营养素在人体内的比例及作用[5]

营养素	所占比例 (%)	功能1: 供应能量、维持体温	功能2: 构成、修补组织	功能3: 调节生理作用
糖类	1~2	√√	√	
脂肪	10~15	√√	√√	

① 中国政府网.2021 年我国卫生健康事业发展统计公报[R/OL].(2022-07-12)[2023-06-27].https://www.gov.cn/xinwen/2022-07/12/content_5700670.htm.

② 中国互联网络信息中心.第 54 次《中国互联网络发展状况统计报告》[EB/OL].(2024-08-29)[2024-11-27].https://www.cnnic.net.cn/n4/2024/0829/c88-11065.html.

③ 方必基,刘彩霞,尧健昌,等.近二十年我国大学生睡眠质量研究结果的元分析[J].现代预防医学,2020,47(19):3553-3556.

④ 张钧,张蕴琨.运动营养学[M].北京:高等教育出版社,2010:2.

⑤ 王健,马军,王翔.健康教育学[M].2 版.北京:高等教育出版社,2012:139.

续表

营养素	所占比例（％）	功能1：供应能量、维持体温	功能2：构成、修补组织	功能3：调节生理作用
蛋白质	15～18	√	√√	√√
矿物质	4～5		√√	√√
维生素	微量		√	√√
水	55～67		√√	√√

常见运动营养补充的误区：强调特殊营养补充，忽视膳食营养的基础作用；强调蛋白质、脂肪的摄入，忽略矿物质、维生素的供给；强调蛋白质的补充，忽略糖类的摄入；强调晚餐的丰盛，忽略早餐的多样性（三餐的能量比应为 3∶4∶3）；强调口渴补水，忽略补液的科学性；强调食物的品种，忽略食物的相克现象（如黄瓜、南瓜中含维生素 C 分解酶，不要和青椒、番茄同食）[1]。此外，调查数据显示：我国 4/5 的被调查者每日盐摄入量为 12.5 克，是中国膳食指南规定（6 克）的两倍多，"菜太咸了"是人们需要注意的。

（3）运动。坚持运动，科学锻炼。常见的运动原则有从实际出发原则、循序渐进原则、持之以恒原则、全面锻炼原则。依据实际情况，合理选择适合自己的运动项目和练习方法，养成终身运动的习惯。《中国公民健康素养——基本知识与技能（2024 年版）》建议成年人每天运动至少 6000～10000 步。

美国运动医学学会建议成年人应每天进行累计 30 分钟或以上的中等强度的运动。其中，有氧运动可以分几次做，总时长不低于 30 分钟，若想减肥，则运动时间不低于 1 小时；伸展运动可以缓解紧张疲劳的肌肉，帮助肌肉恢复生理功能并预防运动损伤；力量训练有利于保持关节稳定性，增强肌肉力量。表 5-2 所示为日常活动金字塔。

表 5-2　日常活动金字塔[2]

序号	名称	频率	举例
1	有氧运动	30 分钟/天	散步、慢跑、骑车、游泳等
2	伸展运动	5～10 分钟/天	下蹲、转体、扩胸振臂、压腿等伸展活动，动作缓慢有力，持续 10～30 秒
3	力量训练	2 次/周	引体向上、俯卧撑、屈臂撑、仰卧起坐、两头起、深蹲起等

专业运动员提高机体代谢能力的训练方法：①提高磷酸原供能系统能力的训练方法可采用间歇训练或重复训练。②提高糖酵解供能能力的训练方法可采用最高乳酸训练间歇训练和乳酸耐受力的间歇训练。③提高有氧代谢能力的训练方法可采用间歇训练、乳酸阈训

① 张钧，张蕴琨.运动营养学[M].北京：高等教育出版社，2010：235-238.
② 王健，马军，王翔.健康教育学[M].2 版.北京：高等教育出版社，2012：335.

练、持续耐力训练及高原训练①。一般的,将从事体育教学与训练的学生不仅需掌握上述训练方法,还需知晓其中的生化分析。

(4)自我调整。健康是当前社会美好生活目标之一,人们将关注点由"健康就是不生病"和"以治病为中心",转移到健康和亚健康人群如何保持健康上②。

积极的情绪有利于健康。有人认为生命中重要的时刻不是荣耀与骄傲、难堪与恐惧,而是生命中美好的体验。人们需要客观、辩证地看待自身心理问题。国际 21 世纪教育委员会负责人雅克德洛尔认为,"学会认知(观点),学会做事(行为),学会共同生活(方式),学会生存(技能)"是未来教育的四大支柱。亨利·戴维·梭罗在《瓦尔登湖》中写道:"成功,并不意味着有多少财富,有多高的职位,而是取决于内心的一种状态,成功并没有绝对的用意,成功就是找到自己,做好自己,并把最好的你展现出来。"

3.遗传因素(生物学因素)

亲子之间以及子代个体之间的性状存在相似性,表明性状可以从亲代传递给子代,这种现象称为遗传。DNA 和蛋白质构成染色体,DNA 具有双链结构,是遗传信息的载体,带有遗传讯息的 DNA 片段称为基因。国家卫生健康委办公厅印发的《出生缺陷防治能力提升计划(2023—2027 年)》指出,致死致残重大出生缺陷需得到有效控制,聚焦严重先天性心脏病、唐氏综合征、先天性听力障碍、重型地中海贫血、苯丙酮尿症等出生缺陷防治取得进展,全国出生缺陷导致的婴儿死亡率、5 岁以下儿童死亡率分别降至 1.0‰、1.1‰ 以下。

4.教育因素

教育是培养人的活动,有广义与狭义之分。广义的教育是指增进人们的知识和技能,影响人们思想品德的活动。狭义的教育是指学校教育。③ 教育是提升人群素质和健康水平的重要影响因素。老吾老以及人之老,幼吾幼以及人之幼。个体在综合考虑自身行为(潜在)含义或代价后,方可以明智和理性行动。人们的健康行为亦是如此,其原理有合理行为理论、计划行为理论、自我效能理论等④。

健康素养是个体具有获取、处理和理解基本的健康信息和服务,并做出相应的健康决策的能力⑤。《中国公民健康素养——基本知识与技能(2024 年版)》主要从基本知识和理念、健康生活方式与行为、健康技能三方面对科学健康观、传染病预防、慢性病预防、安全与急救、基本医疗等内容提出具体要求。在实际生活中,学校与家庭教育影响着个体健康素养的形成。

(四)体育专业学生心理健康问题与特点

1.心理健康的概念

心理健康是指心理的各个方面及活动过程处于一种良好或正常的状态。表现在个体的

---

① 张蕴琨,丁树哲.运动生物化学[M].北京:高等教育出版社,2014:269-275.
② 唐钧,李军.健康社会学视角下的整体健康观和健康管理[J].中国社会科学,2019,(8):130-148,207.
③ 邵宗杰,卢真金.教育学[M].5 版.上海:华东师范大学出版社,2010:2-5.
④ 王健,马军,王翔.健康教育学[M].2 版.北京:高等教育出版社,2019,12:63-64.
⑤ 刘志浩,黄明豪,卫平民,等.江苏省青少年健康素养状况及影响因素分析[J].中国学校卫生,2013,34(6):683-685.

社会适应良好、人格的完善、心理潜能充分发挥的状态、积极的社会功能等。有学者认为心理健康标准应包含对现实的正确认识,自知、自尊与自我接纳,自我调控能力,与人建立亲密关系的能力,人格结构的稳定与协调,生活热情与工作效率[①]。

2.心理健康问题

体育专业学生的心理健康问题既有共同点又有不同点。

(1)共同点。

第一,青春带来的烦恼,如理想与现实的冲突、理智与情感的冲突、独立与依赖的冲突、求知与辨别能力差的冲突、竞争与求稳的冲突等。体育专业学生年龄多在二十岁左右,身体形态和素质方面的优势明显,他们身体健美匀称,体力充沛,有朝气,富有理想,对未来充满憧憬,感觉自己是独立的个体,各方面都理应像成年人一样;但他们生活阅历不多、心理不够成熟,情绪波动较大,处理问题的经验较少。当他们遇到问题时,往往静不下心,想法较理想,容易忽略客观条件的限制,问题不能顺利解决就会紧张、焦虑,甚至偏激,从而产生心理问题。

第二,学习的烦恼。体育专业大学生具有强烈的竞争意识,求知欲强,乐于接受新事物。但囿于专业,体育专业学生的文化水平大都低于其他专业的学生,他们中既有通过高考入学的,也有从竞技体校或运动队选拔入学的,这使得他们在理论认识水平、思想观念、道德规范和生活准则上,表现得比其他专业学生要弱一些[②]。体育专业主要教授体育专业理论知识与运动技能,学生在学习体育理论知识的同时,还要提升体能、加强运动技术与技能学习,双重的压力就迎面而来。在学习方式方面,大学与高中高强度的练习、测试、背诵的学习方式差异明显。大学课程以理解自学为主,自我调节不好就会出现各种不适应,加之考试方式的不同(体育专业考试前多无模拟考试),不努力就可能挂科,学生学习压力大,易产生各种学习烦恼。

根据知识能否清晰地表述和有效地转移,可以把知识分为显性知识和隐性知识[③]。显性知识是能够被人类以一定符码系统(语言、数学公式、各类图表、盲文、手势语、旗语等诸种符号形式)加以完整表述的、可共享的知识。隐性知识是指人们知道但难以表达的知识,隐性知识是人在长期实践中积累起来的与个人经验密切相关的知识,包括洞察力、直觉、价值观、团队的默契、难以表达的经验、诀窍等。间接知识学习的方法是领悟和练习。

第三,交往的烦恼。一方面,体育专业大学生求知欲强,积极进取,乐于接受新事物,具有合作意识,爱好交往,坦诚直率,在困难和挫折面前有较强的耐受力。他们在人格特征、自我意识、意志品质等方面优于普通大学生。另一方面,体育专业大学生来自不同地方,其成长的环境不同,教育背景、学习经历、性格和生活习惯存在差异,在磨合过程中就会出现各种

① 刘华山.心理健康概念与标准的再认识[J].心理科学,2001(4):480-481.

② 张建雄,江月兰,许肇明.研究体育专业学生特点加强教育实习管理工作[J].广州师院学报(社会科学版),2000,(7):84-87.

③ 徐晓虎,陈圻.中国智库的基本问题研究[J].学术论坛,2012,35(11):178-184.

各样的问题。比如,"严于律人,宽以待己";部分学生不懂得如何尊重他人,自以为是,缺少团队精神;更有甚者存在攀比行为,造成人际关系紧张;部分学生由于涉世未深,明辨是非能力较差,易沾染上不良习气,交往问题不断。

第四,心理的烦恼。体育专业学生普遍存在心理自我保健意识不足和心理自我保健技巧薄弱的问题。其认知水平处于"青春期自我中心"阶段,自我评价低[①],而身体自我满意度较高[②],易纠结。体育专业大学生易受到社会上各种思想的冲击,造成情绪波动,故烦恼较多,上述问题如不能得到及时排解,将影响学生身心的健康成长。

第五,认知的烦恼。学习动机源于学习目的,学习效果取决于学生认知。有学者认为,中国传统哲学的思维定位向来不是西方知识论取向的"知道",而是实践论上的"得道",知识学习必须深入"得道"层面才有助于人的精神的自由。知识问题最终要到实践论(知识论之外)去理解[③]。

近年来,毕业改行已成为体育专业学生的突出问题。有 60%～70% 的学生当初是抱着"先有学上以后再设法改行,文化课成绩低、出于无奈"等思想来上学的,他们不愿当体育教师主要是考虑未来职业的局限性与工作待遇,甚至还有人认为体育教师"头脑简单、四肢发达、只会蹦蹦跳跳",这些都影响了学生思想[④]。

(2)不同点。

第一,大一新生心理。部分学生由于高中文化课成绩不理想,甚至对体育并不感兴趣,以体育作为跳板考上大学,进行短期体育训练。这部分学生的体育基础不扎实,对体育的重要性和意义认识不足,学习动机较弱,学习适应力较差,导致学习压力大。班级生活方式替代了原有的训练队生活方式,学习方式也由原来的"集中刷卷＋密集训练＋集体学习氛围"向"学期考＋自己练＋自由学习"转变,尤其是大量体育理论知识与术科技能的融合,给基础不扎实的学生学习带来了挑战。新生需要 3 个月甚至更长时间来适应环境,加之学生对"主体我""客体我"认识不一致,就会产生各种各样的心理问题。

第二,毕业生心理。当前,毕业生人数的增加,使得就业竞争激烈。大部分学生在择业时越来越多地考虑目前的现实利益,缺乏职业的社会意识和长远意识,盲目追求就业环境、经济收入、福利待遇等,易产生就业焦虑等问题。高校体育专业学生就业心理问题体现在就业焦虑、迷茫、将就消极、过于自负或自卑、依赖等方面[⑤]。

(五)促进心理健康的方法

1.学生层面

每一个青年学子都应该有正确的理想目标,在实现目标的过程中需要做到以下几点:

---

① 郗浩丽,王国芳.青春期自我概念与心理健康关系的研究[J].教育理论与实践,2005(20):56 - 57.

② 杜晓红,唐东辉,陈永发.当代大学生身体自我特点研究[J].天津体育学院学报,2005(6):49 - 52.

③ 郭晓明.知识与教化:课程知识观的重建[J].华东师范大学学报(教育科学版),2003(2):11 - 18,41.

④ 张建雄,江月兰,许肇明.研究体育专业学生特点加强教育实习管理工作[J].广州师院学报(社会科学版),2000,(7):84 - 87.

⑤ 吴启明.新时代高校体育专业就业心理探析[J].长春工程学院学报(社会科学版),2019,20(2):92 - 95.

①专注,心无旁骛,关注当下——唯一重要的是永恒的现在。②勤奋,要付出不亚于任何人的努力。③耐挫,要经得起挫折,不要轻易被困难所打倒,日常的平淡可能会消磨所有的志气,在能力范围内做难事方有所得。④乐观,时刻保持乐观的心态。⑤惜时,规划好时间,不要荒废时光。

第一,正确面对压力。人生不如意事常八九,学生应调整自己的认知,积极乐观地面对问题。柏拉图曾说过,"我们总是东张西望,唯独漏了自己想要的,这是我们至今难以如愿以偿的原因"。

第二,主动寻求教师或同学的帮助和支持,这是解决心理压力问题的力量来源之一。

第三,要引导调控情绪。事有两面,在面临不利时需调节好情绪,多看积极的一面,保持心理平衡。体育专业学生需提高自身心理调节能力,可以向他人倾诉、多参加社会活动,多了解第三方的意见。心理调节方法①:①渐进放松训练。渐进放松训练要求训练者想象能令自己放松和愉悦的情景,教师用言语进行暗示和指导,使学生身体紧张→放松→紧张→全身放松。②表象训练。其可分为技术表象训练和情绪表象训练。③暗示训练。自我暗示又叫自我肯定。暗示训练是利用语言等刺激对学生的心理施加影响,进而让竞技行为得到控制的过程。

2.教师层面

一方面,部分学生由于自身的运动技术水平、表达能力弱等会自卑、害羞、胆怯,易形成内向的心理。因此,教师(尤其是术科教师)在对体育专业学生进行教学时,应采用因材施教、区别对待的教学方法,鼓励并帮助学生制定切实目标,循序渐进,同时重视过程评价,提高学生的自信与认同感。另一方面,充分发挥专业教师(尤其是学科教师)的教育功能。教育的过程也是学生感知、情感、意志、人格不断完善的过程,教师的魅力对学生的非智力因素发展有着积极的影响。"学高为师,身正为范",专业教师在学生心目中的地位与其高尚的品德修养是密不可分的。因此,专业教师要不断强化自身修养,完善教学方法,注重教学的质量和艺术,在"答疑、解惑"的同时担起育人的责任,促进学生心理等方面的协调发展。同时,体育院系还需建设一支足够数量的以专职教师为骨干、专兼结合、专业互补、相对稳定、素质较高的教师与辅导员工作梯队。

3.学校层面

提升学生社会支持体系。学校(院系)可以采用活动教育、榜样示范等②帮助学生适应环境,帮助学生丰富社会支持体系。组织活动与提供实践平台,促使体育专业的学生在活动中提高自身素质,开阔视野,学会关心他人、理解他人,增加学习的信心和力量,培养乐观向上的生活态度。通过与不同人群的接触、交往,实现思想交流和信息共享,体验友谊与沟通的快乐。优化学校育人氛围。优化课程体系,将学历教育与职业培训结合起来,拓宽学生升学、就业渠道。环境对人的大脑活动和心理健康影响很大,适宜的环境能使人安静、愉快。校园的色彩搭配、建筑、健身步道、标语牌等可以起到优化育人环境的作用。伴随教育改革

---

① 季浏,殷恒婵,颜军.体育心理学[M].2版.北京:高等教育出版社,2010:152-188.

② 董业凤,罗珅.体育专业新生心理适应状况与干预效果[J].开封教育学院学报,2017,37(1):155-157.

的深入,心理咨询已成为强化大学生心理素质的有效教育途径。同时,心理咨询(建设)已成为强化大学生心理素质的有效途径。通过心理咨询,教师可以掌握体育专业大学生的心理发展状况,以便有针对性地开展工作。

学校需与社会、家庭一起,齐抓共管形成合力,营造共同关心大学生身心的良好氛围。这种氛围既直接影响学生现阶段发展,也对其成年期的发展具有深远的影响,同时还对社会的可持续发展具有积极意义。

第二节　体育专业学生需思考的问题

本科阶段是学生学习的黄金阶段,该阶段机遇与挑战并存,存在着多种可能。

一、体育专业学生在人的发展过程中要面对的问题

(一)问题1:新环境下,观念需要变吗?

一方面,刚入校的大学新生需尽快调整自己,将高考模式调为大学模式,需适应新的学习、生活方式。通过高考是高中学习的主要目标,顺利就业是大学学习的主要目标(考研是实现就业的途径之一)。高中生活紧凑单一,重心就是学习,而大学的生活有多种选择,如考研、创业、校内学生社团、社会实践等;高中可能是"要我学",而大学是"我要学";高中是快节奏的乐章,多以考试成绩论英雄,大学是紧缓相间的乐章,多以能力综合论优秀;高中学习是相对封闭、单一的,大学学习是相对开放、多元的;高中课多,需要每日练习,每周一测、每月一考,大学相对课少,课外生活形式多样,每半年一考,学习生活更从容、丰富。

另一方面,人的一生充满了各种挑战、机遇、挫折与困难,处于大学时代的个体同样会面临各种各样的问题与挑战。从一种学习环境到另一种学习环境,新环境下的适应与挑战随之而来,处理这些挑战的方式各式各样,因人而异。"莫听穿林打叶声,何妨吟啸且徐行。竹杖芒鞋轻胜马,谁怕?一蓑烟雨任平生"有之;"海到无边天作岸,山登绝顶我为峰"有之。在强调理性、崇尚科学、凸显制度规诫的今天,人们是否学习理性的知识就够了?在我国传统哲学基础上发展而来的体知理论是当前学者关切与研究的问题之一,有学者认为体知视域下的知识观有助于知识与人的生命的融合,可纠正教育外在化、抽象化、空心化的倾向[1][2]。

(二)问题2:新环境下,知识与知识观问题的思考

教育史上人们对课程与知识的关系的探讨从未间断,苏格拉底的"知识即美德"是否成立?如果将知识当成有待人去"占有"的对象,那么课程不仅不能促进人的精神之自由成长,反而将禁锢人的心灵[3]。这种观点你是否认同?就知识生产历史而言,有学者认为人类知识有两次变迁,第一次是从"形而上学型知识"(有关实在本体的知识)跃到"科学型知识"(试

① 钱逊.传统文化发展中的变与不变[J].中国领导科学,2018,50(5):106-108.
② 李霞.体知及其教育意蕴[J].高等教育研究,2020(6):57-63.
③ 郭晓明.知识与教化:课程知识观的重建[J].华东师范大学学报(教育科学版),2003(2):11-18,41.

图揭示事物本质的实证性知识),第二次变迁是从"科学型知识"变迁到"文化型知识"(具有很强的主体性和不确定性的知识)。他们认为大学的发展路径是过去的理性大学→现阶段的学术资本大学→未来的民主大学①。该结论能带给你什么启发?

知识观的重建给人的理解创造空间,吸引人在与知识的每次"相遇"中创造出更多的"期许"。知识是掌握原来就有的东西,而智慧是发散出去的东西,二者的这种区别就是由精神化、内向化决定的。由知识进到智慧的关键,是知识的内向化,即将知识提升至精神层面,使其与人的生命建立整体的意义联系②。

二、体育专业学生在学习与就业中面临的问题

笔者就大学期间学习与就业两条主线,列举相关问题案例,仅供思考。

(一)大学为谁学习

英国艺术史学家约翰·罗斯金认为了解一个民族可以从三种视角展开:第一,这个民族做过什么;第二,这个民族有过什么样的思考与言辞;第三,这个民族的建筑、绘画、雕塑以及乐曲等。有学者认为,我们培养的学生应对中国的历史和现状有着"温情与敬意",并在同情式理解的基础上,投身于这个民族下一步的伟大发展和建设之中。在信息社会场域下,"人类历史是一张无缝之网",人们对社会人的深入理解与正确认识是投身民族发展和建设的前提。

历史之问,也是时代之问、未来之问——南开大学张伯苓校长的"三问"③:"你是中国人吗?你爱中国吗?你愿意中国好吗?"对此,你的答案是什么?你将如何投身于中华民族伟大发展和建设之中呢?

(二)本科阶段,学生能力与知识,哪一个更重要

(1)体育理论与体育技能,孰轻孰重?

(2)身体素质的速度、力量、耐力中,哪一项是重点?

(3)体能训练与专项训练,有限的时间应如何安排?

(4)有限的时间主攻就业好的体育项目,还是自己擅长的体育项目?

知识与能力不可或缺,个体需依据具体情况或阶段目标来选择。

(三)在校生兼职

学业与兼职冲突如何取舍?有人结合自身经历认为打工是大学里面一门非常重要的"选修课",在此过程中,人们开始真正接触挫折,感受成功,人际关系与为人、做事行为对即将踏入社会的大学生是弥足珍贵的。你认同吗?

---

① 吴洪富. 理性大学·学术资本大学·民主大学:大学转型的知识社会学阐释[J]. 高等教育研究,2012(12):13-20.

② 黄克剑.回归生命化的教育[J].明日教育论坛,2001.

③ 张琪琪,马香莲.张伯苓"爱国三问"的教育意蕴及其当代价值[J].成都师范学院学报,2022,38(6):78-83.

(四)质量与数量

增肌练习时肌肉需要有效刺激，因此在寻找"最佳刺激"的过程中，就需要训练质量与数量的动态平衡，普通人做与运动员相同的、孤立的大强度、多角度、多次数的抗阻训练，会利于增肌吗？

(五)就业与考研

如果可能，就业时你会选择薪资高但发展空间有限的单位，还是薪资一般，但发展空间大的单位？如果可能，考研时你会选择一流学校的普通专业，还是普通学校的一流专业？作为一名教师，在体育课授课过程中，是"技术第一"还是"兴趣第一"？有学者认为，在体育课程中淡化运动技术的提法是错误的，20世纪60年代学界批判了在体育教材编写过程中"以军代体"和"以劳代体"的思想。提"兴趣至上"的口号为什么不妥？其原因是学生的运动兴趣是在后天的体育实践中形成和发展的，教师要重视教育过程中学生兴趣的培养和激发，而不能单纯地迁就、迎合。如何增强学生体质？方法有两条：一条是以发展学生身体素质为主的身体锻炼；另一条是以学习和掌握运动技术为主的身体练习[①]。

(六)智商与情商

智商(IQ)是智力商数的简称，是通过一系列标准测量人在其各年龄段的智力发展水平。情商(EQ)是一种了解自身情绪、管理情绪、自我激励、识别他人情绪、处理人际关系能力的指数[②]。

1924年，鲁迅先生受邀来西北大学讲演，同行的有位报社记者，这位记者一见面，总是先拱手，然后便是哈哈大笑。无论你讲的是好或坏，美或丑，是或非，他总是哈哈大笑混过去，绝不表示赞成或否定。鲁迅说："我想不到，世界上竟有以哈哈论过生活的人。他的哈哈是赞成，又是否定。似不赞成，也似不否定。让同他讲话的人，如在无人之境。"鲁迅有感于此，在其《立论》中写道："一家人家生了一个男孩，合家高兴透顶了。满月的时候，抱出来给客人看，大概自然是想得一点好兆头。一个说：'这孩子将来要发财的。'他于是得到一番感谢。一个说：'这孩子将来要做官的。'他于是收到几句恭维。一个说：'这孩子将来是要死的。'他于是得到大家一顿痛打。说要死的必然，说富贵的许谎。但说谎的得好报，说必然的遭打。'我愿意既不说谎，也不遭打。那么，老师，我得怎么说呢？''那么，你得说：啊呀！这孩子呵！您瞧！多么……。阿唷！哈哈……'"[③]有人认为鲁迅先生以此文揭露了当时国民怯懦的性格，批判了老好人主义；还有人说人们热爱谎言胜过热爱真理。你如何看待这个问题呢？

(七)人际交往

杜甫曾感叹时光易逝，友谊珍贵：人生不相见，动如参与商。今夕复何夕，共此灯烛光。少壮能几时，鬓发各已苍。然而现实中，友谊的尺度如何测量？例如好人与滥好人仅一步之遥。在能力范围内，尽自己所能去帮该帮的人，是好人；缺乏原则，不考虑自身就对人有求必

---

① 安福秀,段健芝,梁晔.继往开来与时俱进　发展我国学校体育事业:王占春教授访谈录[J].体育学刊,2007(7):1-4.

② 王宗平,张怡.动商:人类全面发展的重要支脚[J].体育学刊,2014,21(4):13-16.

③ 朱崇科."言志"的吊诡:重读《立论》[J].临沂大学学报,2015,37(6):57-61.

应,是滥好人,对此观点你是否同意?还有人认为"尽量不给别人添麻烦,别人最好也别麻烦我"这句话是表示成熟,你赞同吗?原因是什么?

(八)理论与实践

有学者认为实践与理论常不同步,原因是存在文化堕距。比如:"体质"当前至少有三种含义。第一,《古代汉语词典》将其解释为身体素质;第二,有学者[1]将其解释为人体质量,是人体在先天遗传性和后天获得性基础上所表现出来的形态结构、生理功能、心理因素、身体素质、运动能力等方面综合的、相对稳定的特征;第三,在实际操作中将其具化为身体形态、功能与身体素质。在学生体质健康测试时仅测试身体形态、功能、运动素质等指标,不含心理指标。你如何理解把握该概念呢?

三、体育专业本科学生需要良好的自我管理

良好的自我管理是指大学生调动主观能动性,有效地利用资源,进行以提升自我为主要目的的活动,包括对个人的行为、学习、情绪等方面的规划、调整和控制。大学生在自我管理上常存在以下问题:学习目标不明确,时间管理失控;自我认识不足;心理承受能力较弱,心理问题难以调适;生活方式不健康,身体素质下降;消费缺乏理性,经济支配盲目随意[2]。对此,大学生需要学会自我管理。

第一,正确认知。能了解自己的性格特征、心理状况、学习生活状况、自身优势和劣势等。有学者认为面对纷繁复杂的事物,需要守正、积势、待时[3]。守正即恪守底线;积势即强大自己,包含知识、经济、见识、人脉等;待时即能够在提升内功的同时不放弃身边的机会。

第二,调整好心态。一方面,要严于律己,珍惜自己与珍惜时间。人与人之间的差距被拉开,很大程度上取决于他(她)是如何利用时间的。优秀的人总是在投资自己,努力积累,规律作息,合理规划时间,提高办事效率,劳逸结合,保持自身仪表端庄整洁。另一方面,勤奋努力,有坚定的信念,认准的理想和目标,绝不轻易放弃;不断鼓励自己,不抱怨,善于不断地从失败中反省;每日自省,规避重复犯错,微笑面对生活。

第三,目标清晰,投资自己。生活与学习是过程——不断追求目标并实现目标的过程。目标细化为多步,区分轻重缓急,将时间和精力优先投入首要目标中,踩实每一步。成功离不开能力,需要学生跨出舒适区(如英语不好,就去学英语),当自己足够出色时,面前的路会越来越宽。

通过良好的自我管理,大学生可以提高学习效率、专注力和控制能力,进而成为更好的自己。

案例与讨论

制订可行性计划。制订计划可以分为6步。其中第1～3步为理论设计阶段,第4～6步为实践反馈阶段。

---

① 江崇民,张一民.中国体质研究的进程与发展趋势[J].体育科学,2008(09):25-32,88.
② 屈善孝.探析加强大学生自我管理的有效途径[J].国家教育行政学院学报,2010(3):68-72.
③ 王伟.用地图看懂世界格局[M].贵阳:贵州人民出版社,2017.

第1步：确定目标。

第2步：分解目标、找寻可行的路径与方法。

第3步：制订短期行动计划。

第4步：执行计划。

第5步：检验执行结果并及时调整。

第6步：完成任务与及时正面反馈。

以第3步为例，制订短期行动计划，具体可以分为天、周、月、学期计划，在制订过程中注意目标要清晰可行。自信心或决心区间通常为0～10分，分值越大自信或决心越强。比如，K同学想锻炼自己的上肢力量，使得自己夏天穿衣显得好看，他制订了周行动计划(见表5-3)。

表5-3 周行动计划①

计划(本周)	行动	反馈(完成情况)
我打算(做什么)	引体向上、俯卧撑	
做多少	引体向上3组×10～12个每组、俯卧撑3组×30个每组	
何时做	晚自习结束	
地点	宿舍或操场	
一周几次	一周4次，分别是周一、三、五、日	
自信心(决心)	8分(0～10分)	

讨论：

(1)从旁观者视角看，你对这个计划的6个步骤有何评论？如何证明你的判断是正确的？

(2)如果你有类似目的，你将如何制订这个计划？

(3)你认同"从新生一年级就有意识锻炼养成良好的时间规划与执行习惯，后期考研、考公务员、做毕业论文等就会游刃有余"这句话吗？为什么？

我们改变不了过去，但可以创造美好的未来。我们成为不了别人，但可以遇见更好的自己。宏图新启，战鼓催征，珍惜时光，投资自己，养成良好的自我管理的习惯，影响深远。

思考题

1.健康包括哪些内容？

2.何为社会适应能力？

3.促进心理健康的方法有哪些？

4.简述影响健康的因素。

5.根据本学期自身体能实际，制订一份可行性提升计划。

---

① 王健，马军，王翔.健康教育学[M].2版.北京：高等教育出版社，2012：40-42.

延伸阅读材料

1. 王健. 新中国高校体育本科专业设置的变迁与启示[J]. 上海体育学院学报,1999(4):713.

2. 朱光潜. 给青年的十二封信[M]. 北京:人民文学出版社,2018.

3. 黄永飞,吴玉华,钟艳汕,等. 七届全国高校体育教育专业学生基本功大赛特点与问题[J]. 南京体育学院学报(社会科学版),2015,29(6):101-106.

4. 舒永安. 高校体育专业学生思想道德状况及对策[J]. 中国成人教育,2004(10):42-43.

5. 孙平. 体育院系足、篮、排球专业学生智力结构特点的研究[J]. 体育科学,1986(04):55-58,65,95-96.

6. 刘斌,张戈. "健康中国2030"背景下学校体育的困境与对策[J]. 体育文化导刊,2019(4):6-11.

7. 国家卫生健康委办公厅关于印发中国公民健康素养:基本知识与技能(2024年版)的通知[EB/OL]. http://www. nhc. gov. cn/xcs/s7852/202405/91fc9d0866bb4d87842b6a264745a71e. shtml.

第六章 体育职业道德概述

学习目标

(1)掌握德育的概念,了解德育的实现路径,理解新时期高校加强思想道德建设的意义。

(2)了解职业道德的主要内容。

(3)理解体育道德的概念,了解体育道德建设的主要内容。

(4)了解《高等学校教师职业道德规范》《中小学教师职业道德规范》反映的新时代对教师道德品质和职业行为的基本要求。

教学方法与手段

讲授法、讨论法、案例教学法、读书指导法。

第一节 德 育

一、德育概述

1. 德育的概念

德育是教育者根据一定社会或阶级的要求和学习者品德形成发展的规律,将社会思想政治准则和道德规范转化为学习者思想、政治、道德品质的活动。

德育概念有广义与狭义之分①:狭义的德育是指道德教育;广义的德育包括思想教育、品德教育、政治教育、心理健康教育、法制教育,此外有人认为生态道德教育、家庭教育指导等也应包含其中。

2. 德育的发展概况

德(育)在我国传统文化中历来具重要地位,如"大学之道,在明明德""建国君民,教学为先""动容周旋中礼者,盛德之至也"②"首孝悌,次见闻""行有不得,反求诸己"等。修身养性,取之以礼,用之以德,形成了诸如正心诚意、厚德载物、见义勇为、尊老爱幼等中华传统美德,并逐渐成为中华民族精神的独特标识。

---

① 邵宗杰,卢真金.教育学[M].5版.上海:华东师范大学出版社,2010:67.

② 王博.合乎人的秩序与合秩序的人[J].哲学研究,2023(2):49-62,128-129.

在外国教育史上,曾将德育等同于教育。比如德国赫尔巴特说:"教育的唯一工作和全部工作可以总结在这一概念之中——道德。"当西方资产阶级教育思想输入我国之后,我国才开始明确使用德育这一概念。

1952—1957 年,全国开设了中共党史、联共党史、马克思主义政治经济学三门课程,1978 年把中共党史改成了中国近现代史,因为在中国近现代史的背景下来讲中国共产党党史,更容易讲清楚没有共产党就没有新中国的道理。后来把马克思主义哲学和马克思主义政治学、马克思主义政治经济学合并为马克思主义原理。现在我们党已经发展建成了中国特色社会主义道路、理论、制度和文化。中国特色社会主义理论已经成为思想政治理论课最核心的内容,越来越能够回答中国的重大理论和现实问题,越来越能够引导大学生的前进方向[①]。

3.德育的构成要素

教育者、学习者、德育措施或手段(主要是德育内容)是德育的构成要素。德育是师生在品德教育方面的共同活动,即教育者施教传道和学习者受教修养的统一活动。正如马克思在《关于费尔巴哈的提纲》中所说:"人的本质不是单个人所固有的抽象物,在现实性上,它是一切社会关系的总和。"德育的目的是引导学生掌握社会思想观点和道德规范,发展他们分辨善恶的能力。德育内容需反映社会主义经济和政治的要求,体现学习者发展的内在需要,这样才容易被学生接受、吸收。

4.新时期高校加强思想道德建设的意义

在国家层面,新时期高校加强思想道德建设是举国关注的社会工程、精神文明的基础工程,对未成年人而言是振兴中华的世纪工程。提高人民道德水准和文明素养,是思想道德建设的关键所在,党的十九大报告中鲜明指出"人民有信仰,国家有力量,民族有希望",强调要提高人民思想觉悟、道德水准、文明素养,提高全社会文明程度,为在新时代推进思想道德建设提供了根本遵循、指明了前进方向。

在社会层面,国无德不兴,人无德不立。正是无数中国人民抛头颅洒热血,为今日国家的富强稳定积攒力量,铸就了历史悠久、光辉灿烂的中华文明。

在教学实践层面,"教学"目标主要指具体的知识与技能,"教育"目标则是对学生进行价值取向上的引导。教育与教学有机融合,在教学中如果只关注知识与技能的传授,那么教学是不完整的。德国教育学家赫尔巴特认为,教学如果没有进行道德教育,只是一种没有目的的手段[②]。

二、德育的任务

(1)坚持先进文化,厚植爱国主义精神。进行中华民族优良传统教育和中国革命传统教育、学习认识中华民族的伟大历史和优良传统,必须坚持马克思主义,体现中国特色社

---

① 求是访谈.如何办好高校思想政治理论课[EB/OL].(2019 - 06 - 27)[2024 - 06 - 27].http://www.qstheory.cn/zhuanqu/qsft/2019 - 06/27/c_1124677300.htm.

② 张焕庭.西方资产阶级教育论著选[M].北京:人民教育出版社,1979:257.

会主义文化的价值取向。中华民族伟大复兴,离不开千千万万仁人志士的付出,国家取得辉煌的成果来之不易,民族自尊心、自信心和自豪感在祖国建设过程中得到进一步彰显、继承。

(2)培养良好道德品质行为,树立正确的理想信念。"士不可以不弘毅,任重而道远。"国家的前途,民族的命运,人民的幸福,是当代中国青年肩负的责任,青年要心系家国,把个人的成长进步同中国特色社会主义伟大事业、同祖国的繁荣富强紧密联系在一起,树立主人翁意识。当前,个别大学生存在政治理想淡薄,价值观念趋向世俗化,利己主义、个人主义、享乐主义、功利意识突出,群体与责任意识淡漠,等等问题[1],因此高校的德育工作任重道远。

(3)传承我国优秀文化,辨别西方文化价值观念的局限性和相对性。西方文化的对外扩张,主要是通过解构别国文化的合理性和价值性,将西方文化的历史放到其生成、发展、变迁的社会背景中加以考察,就会避免大学生将它们作为绝对的价值观念和生活形式加以追求[2]。强化文化自信,需要传统的文化精髓去填充许多人内心的迷茫和空虚[3],而当代青年为迎接未来的挑战与国际竞争,更需要学习传承我国优秀文化,培育践行社会主义核心价值观,强化家国意识。

(4)促进青少年的全面发展。高校学生价值观的形成是一个自觉而非自发的过程,放任不管是不行的,需要主动引导。努力培育学生的劳动意识、创造意识、效率意识、环境意识、进取精神、科学精神以及民主法治观念,增强他们的动手、自主能力,激励他们勤奋学习、勇于创新创造,使他们的思想道德素质、文化素质和健康素质得到全面提高。德育与其他各育一同为我国的教育目的服务,即为培养德智体美劳全面发展的社会主义建设者和接班人服务[4]。

三、德育内容与实现路径

(一)德育的内容

学校德育内容更接近广义的德育。学校德育是学校教育内容的重要组成部分。当前我国学校德育内容有爱国主义教育、革命理想与革命传统教育、集体主义教育、劳动教育、纪律与法治教育、人道主义和社会公德教育、正确人生观与科学世界观教育。

德育有利于学生认识现实,增强识别能力,通过切身实践得出真知,提高思想觉悟,培育良好思想品德。比如,在体育球类项目中各项目的球速差异较大,仅靠主观猜测很难做出准确判断,只有通过切身实践、查阅资料,才能得出相对可靠的结论。表 6-1 所示为部分项目球速比较。

---

① 于林平.文化全球化对中国大学生的影响及高校德育的任务[J].山东科技大学学报(社会科学版),2008(3):91-95.

② 同①。

③ 李东霞.在高校德育中加强传统文化教育的意义与途径[J].国家教育行政学院学报,2007(6):26-28.

④ 邵宗杰,卢真金.教育学[M].5版.上海:华东师范大学出版社,2010:64.

表 6-1 部分项目球速比较

序号	项目	有文字记录的最快时速 km/h	备 注
1	羽毛球	426	2017 年丹麦双打选手科尔丁杀球速度达 426 km/h
2	高尔夫	349	2012 年的世界长打锦标赛,瑞安·温瑟击出 349 km/h 的球
3	网球	251	2011 年克罗地亚卡洛维奇创造了发球速度达 251 km/h 的纪录
4	足球	210	德国足球运动员马特乌斯在 1990 年世界杯上踢出过 210 km/h 的射门球
5	棒球	169	2010 年,效力于纽约洋基的投手阿罗鲁迪斯·查普曼投出了 169 km/h 的球
6	排球	138	古巴男排洛佩兹曾击出 138 km/h 的球,我国选手也曾击出过 131 km/h 的球,朱婷的扣球速度达 98 km/h

(二)德育实现的路径

实现德育有多种路径,下面从宏观、中观、微观三个层次进行简要介绍。

1.宏观层面

德育是个体社会化的过程。今天,虽然人们的生活条件好了,但奋斗精神一点都不能少,中国青年永久奋斗的好传统,一点都不能丢。在社会规范的影响下,学生主体认知深化,要素分化、重构定型,促使学生品德不断向前发展。同时,学校、家庭、社会教育强化沟通协调,发挥"1+1>2"的作用。学生的品德是在学校、家庭、社会等各方面形成教育合力的影响下形成发展的。

2.中观层面

(1)校园的精神生活。校园文化与校园的精神生活是紧密联系的。苏霍姆林斯基认为,学校的精神生活应当是多方面的,以使每一个人都能找到发挥、表现、确立自己的力量和创造才能的场所,精神教育的意义在于唤醒每一个学生的独立人格。如果学校生活只限于学习,那么学习会变得单调乏味。

在学校体育教学中优化隐性课程有利于校园体育文化的构建与发展,这不仅可以为实现学生健康自主发展创造有利条件,为学生终身体育思想的确立奠定坚实基础,而且可以激发学生学习体育的兴趣,提高学习积极性,有效地弥补显性课程的不足与缺陷。学校可以通过构建课堂教学与课外活动的一体化教学体系,强化体育教师队伍素质能力的培养等途径促进隐性课程的开发[1]。

(2)学科德育。道德真谛的理解需要广博的知识,学科知识是价值形成的前提。苏霍姆林斯基认为,学生在学校学习的自然、社会、思维方面的知识是世界观和正确道德行为的基础[2]。

---

[1] 李丽.学校体育教学中隐性课程开发的必要性及途径[J].教学与管理,2012(33):120-121.

[2] 邵宗杰,卢真金.教育学[M].5 版.上海:华东师范大学出版社,2010:271.

人们越发意识到借助学科教学进行道德教育,既是学科教学资源发展的需要,也是实现德育内化,立德树人的有效途径。

3.微观层面

(1)遵循德育原则。德育原则是教育者进行思想品德教育时必须遵循的基本要求,同时也是德育工作的依据①。其主要原则有:说理疏导和纪律约束相结合,严格要求与尊重学生相结合,发扬积极因素、克服消极因素,集体教育与个别教育相结合,知行统一,因材施教,一致性和连贯性。从教育原则出发联系德育原则,更有利于高校做好教学教育工作,培养品学兼优的社会主义建设者和接班人。

(2)持续改进教育教学方法。在德育过程中,教师要把教育集体和教育个人辩证统一起来。马卡连柯认为,集体与学生个体教育可以同时、平行地进行——要采取这样的方式,使每个学生都不得不参加共同的活动。这样一来,我们就教育了集体、团结了集体、加强了集体,以后,集体自身就能成为很大的教育力量②。有学者认为,教育者在问题面前首先反思教育方法,才可能产生真正"道德"的教育,提出弘扬儒家"反求诸己",充满"德性"的教育方法,弘扬其中的"反思"精神,有积极的现实意义③。

理论学习要结合实际。有学者认为通过强化右脑的教学可以让德育课堂生动活泼,提升课堂质量。表6-2所示为左右脑教学策略对比。

表6-2　左右脑教学策略对比④

	左脑型教学	右脑型教学
1	教学以校内、室内学习为主	教学不限于教师的讲台而是整个生活现状
2	多种讲授问答方式	使用多种实践活动形式
3	以整班施教为主	除整班外,还可以分小组或个别施教
4	以教师讲授为中心	以学生活动为中心
5	教师灌输知识,管教学生	教师激励、引导学生参与辅导
6	只是单向传递	着重师生双方的沟通
7	教师处于权威的角色领导教学	教师是导航者,是学生与知识的桥梁
8	只靠书本作业	有适当的直观教具和实物
9	学生只是被动地接受知识	启发式教学,学生积极主动
10	课本知识多,学生学习死板	学得灵活,用得及时
11	容易流于形式、呆板、教条、死记硬背	生动活泼,情境性强,运用灵活,富于创造

---

① 王道俊,王汉澜.教育学[M].3版.北京:人民教育出版社,1999.

② 骆郁廷,储著斌.大学生日常思想政治教育的力量整合[J].学校党建与思想教育,2010(28):8-12.

③ 黄首晶,李松林.儒家"反求诸己"教育方法的现实意义[J].云南民族大学学报(哲学社会科学版),2006(1):23-26.

④ 孟万金.具身德育:原则、课堂、课外:四论新时代具身德育[J].中国德育,2019(5):14-18.

（3）构建良好的师生关系。青少年学生有很强的自尊心和荣誉感，希望得到老师、父母和他人的尊重、信任和关心。"爱是鉴别教育的尺度。"师生关系良好不仅能激起学生学习的兴趣和热情，而且可以增进师生之间的理解和信任，缩短师生之间的距离，加快学生品德内化，使之形成信念，转变为自觉的行动。苏霍姆林斯基曾指出："一个好教师意味着什么？首先意味着他是这样的人，他热爱孩子，感到跟孩子交往是一种乐趣，相信每一个孩子都能成为一个好人，善于跟他们交朋友，关心孩子的快乐和悲伤，了解孩子的心灵。"爱与教育相结合，在张弛过程中学生才能不断进步成长。

第二节　体育职业道德

一、职业道德的概念

职业道德是指从业人员在职业活动中应该遵守的，主要依靠社会舆论、传统习惯和内心信念来维持的行为规范的总和，是一般社会道德在职业领域中的个体体现。

二、职业道德的主要内容

职业道德的主要内容包括爱岗敬业、诚实守信、办事公道、热情服务、奉献社会五方面[①]。一方面，职业道德是一般社会道德在职业领域中的个体体现；另一方面，职业道德也是一般社会道德在专业领域中的进一步具化与深化。2019 年，中共中央、国务院颁布《新时代公民道德建设实施纲要》，对公民道德建设从总体要求、重点任务、深化道德教育引导、推动道德实践养成、推动道德实践养成、发挥制度保障作用等方面提供了重要指导与说明。

社会公德、职业道德、家庭美德、个人品德是社会主义道德建设的着力点，也是社会主义道德建设的主要内容。表 6-3 所示为新时代公民道德建设内容。这四个着力点间的关系是紧密联系的：社会公德、职业道德、家庭美德属于公德，个人品德属私德；社会公德是基础，职业道德是重点，家庭美德是公民个体道德化的摇篮。它们只有良性互动，才能推动社会主义道德建设和谐发展[②]。

表 6-3　新时代公民道德建设内容

序号	着力点	主要内容	目标导向
1	社会公德	文明礼貌、助人为乐、爱护公物、保护环境、遵纪守法	鼓励人们在社会上做一个好公民
2	职业道德	爱岗敬业、诚实守信、办事公道、热情服务、奉献社会	鼓励人们在工作中做一个好建设者

---

① 人民网.新时代公民道德建设实施纲要[EB/OL].（2019-10-28）[2023-06-27].http://politics.people.com.cn/GB/n1/2019/1028/c1001-31422612.html.

② 马奇柯.社会公德、职业道德、家庭美德、个人品德关系论析[J].学术交流,2008(02):47-50.

续 表

序号	着力点	主要内容	目标导向
3	家庭美德	尊老爱幼、男女平等、夫妻和睦、勤俭持家、邻里互助	鼓励人们在家庭里做一个好成员
4	个人品德	爱国奉献、明礼遵规、勤劳善良、宽厚正直、自强自律	鼓励人们在日常生活中养成好品行

职业道德作为社会道德的重要构件，不仅具有社会道德的一般作用，还具有领域自身的特殊作用，表现在提升全社会的道德水平的作用、维护提高本行业的信誉的作用、维持提升从业人员内外部关系的作用等。国外的职业道德教育各具特点，如美国的职业道德教育中突出公民预备教育，日本的职业道德教育强调团队精神，欧洲的职业道德教育与宗教关系紧密。

三、职业道德分类

职业道德根据不同的职业，可以有不同的分类，如公务员职业道德、公司员工职业道德、医务人员职业道德、教师职业道德、律师职业道德、科技工作者职业道德等。

四、职业道德教育的现状与实现途径

1. 职业道德教育的现状

以大学生群体为例，大学生的职业道德教育形势不容乐观。据调查，26%左右的大学生认为职业道德在工作以后再培养也不迟，普遍存在重智育轻德育、重思想政治素质教育轻道德品质教育、重日常行为规范教育忽视职业道德教育的现象，个别高校的大学生职业道德教育甚至存在边缘化现象。有的大学毕业生缺乏吃苦耐劳精神，责任意识淡漠，做事拈轻怕重，挑肥拣瘦；有的大学毕业生缺乏奉献精神和服务意识，斤斤计较个人得失；还有一些大学毕业生缺乏团队精神，组织观念淡漠，以自我为中心，难以协同共事；等等[①]。

2. 职业道德教育实现途径

职业道德的实现离不开道德教育，行业的爱岗敬业、诚实守信、办事公道、热情服务、奉献社会同样需要筑牢理想信念、培育和践行社会主义核心价值观、传承中华传统美德、弘扬民族精神和时代精神。《新时代公民道德建设实施纲要》给出了道德教育的路径[②]，如：把立德树人贯穿学校教育全过程。坚持社会主义办学方向，坚持育人为本、德育为先，把思想品德作为学生核心素养、纳入学业质量标准，构建德智体美劳全面培养的教育体系。以正确舆论营造良好道德环境。以优秀文艺作品陶冶道德情操。坚持把社会效益放在首位，文以载道、传情、植德。发挥各类阵地道德教育作用。再如用好宣传媒介，营造明德守礼的浓厚氛

---

① 武晓华.加强大学生职业道德教育的若干思考[J].思想理论教育导刊，2014，(2):118-121.

② 人民网.新时代公民道德建设实施纲要[EB/OL].(2019-10-28)(2023-06-27).http://politics.people.com.cn/GB/n1/2019/1028/c1001-31422612.html.

围。针对青少年群体,引导青少年把正确的道德认知、自觉的道德养成、积极的道德实践紧密结合起来,善于从中华民族传统美德中汲取道德滋养,从英雄人物和时代楷模身上感受道德风范,从自身内省中提升道德修为,不断修身立德,打牢道德根基。全社会都要关心帮助支持青少年成长发展,引导青少年树立远大志向,热爱党、热爱祖国、热爱人民,形成好思想、好品行、好习惯等。

五、体育道德

体育是人类文明发展的产物,是社会文化的重要组成部分,在社会主义文化建设中有着不可替代的作用。

(一)体育道德的概念

1.概念

体育道德是一定社会用以调整参加体育活动的人们之间、个人与集体、集体与社会之间关系的行为规范的总和①。

体育道德不仅可以规范人们在体育实践中的言行,还可以促进人重新认识自我,进而实现自我。体育对于人品德的塑造体现在政治、文化、意识形态等方面,具有时空的穿越性特点。在体育逐渐丧失主体性的今天,体育的工具性意义已得到普遍认同。此外,体育具有道德伦理价值与功能,人们通过体育实践可以获得一种伦理价值认同与道德体验。体育德育是体育自身的人类文明属性,是人对于自身本能的自我控制②。

2.分类

类似一般体能与专项体能的分类,体育道德由体育公德与职业道德构成。对体育活动参加者而言,一般前者体现较多,对体育从业者而言,体育职业道德体现更多。《奥林匹克宪章》中提到:"奥林匹克主义谋求体育运动与文化和教育相融合,创造一种的奋斗为乐,发挥良好榜样的教育作用并尊重基本公德原则为基础的生活方式。"

(二)体育道德建设的意义

体育道德建设不仅可以促进人的社会化,培养"正心、诚意"的高素质人才,还可以净化体育发展环境,提升区域与行业的美誉度,优化国家形象。

加强体育道德建设是发展先进文化和社会主义思想道德建设的必然要求,是保证体育事业健康发展的客观需要,也是开创体育工作新局面的客观要求③。一方面,新中国成立以来,体育工作取得了举世瞩目的成就,体育健儿所展示出来的"不畏艰险、不断进取、团结拼搏、敬业奉献、勇攀高峰"的优秀品质,已成为全社会宝贵的精神财富,极大地激发了中国人民的爱国热情,促进了我国社会主义精神文明的建设。另一方面,在体育道德方面也暴露出

---

① 史国生.论体育道德与奥林匹克精神[J].南京体育学院学报(社会科学版),2003(4):10-13.
② 熊小健,陈晓峰,刘云龙.体育德育本体论绎:基于中西文化源头时期体育项目的再探索[J].上海体育学院学报,2020,44(8):11-18.
③ 国家体育总局.关于加强体育道德建设的意见[EB/OL].(2010-02-04)[2023-06-27].https://www.sport.gov.cn/n315/n331/n403/n1962/c784655/content.html.

不少问题,表层问题有裁判公正执法问题、违禁药品问题、在运动员资格上弄虚作假问题、比赛中搞君子协定等问题①,其深层次问题是拜金主义、享乐主义和极端个人主义冒头,体育道德失范事件时有发生,严重地损害了体育的形象和声誉,影响了体育的健康发展,甚至会影响社会稳定和社会主义精神文明建设大局。因此加强体育道德建设,不仅对个体发展有积极的现实作用,而且对社会良好道德风气的建设有着重要的意义。

(三)体育道德建设的主要内容

体育道德建设必须体现社会主义道德的总体要求,大力弘扬中华体育精神,积极倡导体育职业道德规范,努力营造健康文明的社会体育道德氛围。其中,"为国争光、无私奉献、科学求实、遵纪守法、团结协作、顽强拼搏"的中华体育精神②蕴涵着爱国主义、集体主义、社会主义和革命英雄主义的基本内容,贯穿了为人民服务这条主线,反映了体育道德建设的本质。

从体育职业来看,从事竞技体育工作的人员,要严守公平、公正、公开的竞赛准则和道德要求;在运动员中要大力倡导献身体育、为国争光,勤学苦练、勇攀高峰,团结互助、顽强拼搏,尊重对手、尊重教练,严守规则、公平竞争,恪守礼仪、服从裁判,胜不骄傲、败不气馁等道德规范;在教练员中要大力倡导科学训练、勇于创新,严格要求、传技育人,爱岗敬业,为人师表等道德规范;在裁判员中要大力倡导严肃认真、忠于职守,精通业务、公正准确,秉公执法、不徇私情等道德规范;体育管理者要以勤政廉洁为重点;体育科技工作者要以求实创新为重点;体育教育工作者要以教书育人为重点,自觉履行具有本行业特点属性的职业道德规范③。

从体育分类来看,在竞技体育领域中,运动队建设要强化思想引领,引导运动员将个人价值与社会价值紧密结合,适时参加社会爱心活动,宣传中华体育精神。在社会体育领域中,把体育与社区、健身活动点联系起来,倡导健康、科学的锻炼与生活方式。在学校体育领域中,立德树人,强化体育课程思政,充分发挥体育课程教学的德育功能与价值引领,把培育和践行社会主义核心价值观渗透于体育课程建设、体育课程实施和体育课程资源开发等各环节、全过程④。此外,还有学者提出坚持底线思维,防范化解体育领域风险、加强体育基层治理,压实地方和基层管理责任,以"增强遵规守纪和安全防范的自觉性"⑤。

总之,体育道德建设是一项系统工程,需要社会、学校、管理部门同心协力、齐抓共管,综合治理。

---

① 潘霞.论公平竞赛[J].体育文化导刊,2010(1):141-146.

② 国家体育总局.中华体育精神凝聚奋进力量[EB/OL].(2021-07-01)[2023-06-27].https://www.sport.gov.cn/n20001280/n20745751/n20767277/c23398987/content.html.

③ 国家体育总局.关于加强体育道德建设的意见[EB/OL].(2010-02-04)[2023-06-27].https://www.sport.gov.cn/n315/n331/n403/n1962/c784655/content.html.

④ 刘纯献,刘盼盼.体育课程思政的内容、特点、难点与价值引领[J].体育学刊,2021,28(1):1-6.

⑤ 王家宏.加强体育行业作风建设 营造风清气正行业环境:《"十四五"体育发展规划》体育行业作风建设内容解读[EB/OL].(2021-11-16)[2023-06-27].https://www.sport.gov.cn/zfs/n4977/c23736762/content.html.

案例与讨论

案例 1：挖坑——运动员失范行为

德甲联赛中，科隆队对阵奥格斯堡队，奥格斯堡队被罚点球。守门员马文上前与裁判理论，伺机在点球点用脚后跟旋出了几个小坑。当科隆队前锋莫德斯特点球时，支撑脚滑入小坑未踩稳失去重心，丢了点球。这场比赛奥格斯堡终以 1∶0 获胜，但是马文挖坑的行为被赛场摄像机捕捉记录，赛后其因此被罚款。

讨论：

(1)如果你是奥格斯堡守门员，遇到类似情况你会怎么做？如果你是同队的队友、教练或管理者，会如何做？球队利益、比赛胜负与球员职业道德，你认为哪一个最重要？

(2)如果你是科隆队队员，对这件事是随波逐流、明确提出制止还是其他，为什么？如果你是科隆队的教练、管理者，你会怎么做？

(3)从观众视角看，你对这件事有何评论？如何证明你的判断是正确的？

案例 2：漏判？错判？——裁判失范行为

篮球赛场上 SX 队主场对阵 XJ 队，SX 球员救球将球打在 XJ 球员可某身上入界（可某在界外，裁判应吹停比赛）。SX 队发动快攻，凭借此球 SX 主场胜出。另一场比赛，两队比分胶着时，BJ 球员方某在裁判面前踩线，而裁判没有看到，继而方某投进三分奠定胜局。这两场比赛裁判的表现引起极大争议。CBA 公司裁判在办公室观看录像后认为，两起事件属裁判漏判，且两起漏判都是对主场有利。有人认为是裁判员的主场哨、人情哨导致的错判、漏判和误判引起了多起球员暴力行为，以及球迷骚乱和教练员等的不满，严重影响了联赛的良性发展，给球员、教练员、球迷带来了很大伤害[①]。

讨论：

(1)如果你是当值裁判员，遇到类似情况你会怎么做？

(2)从普通观众视角看，你对这件事有何评论？

(3)《中华人民共和国体育法》第五十一条规定，体育赛事实行公平竞争的原则。体育赛事活动组织者和运动员、教练员、裁判员应当遵守体育道德和体育赛事规则，不得弄虚作假、营私舞弊。严禁任何组织和个人利用体育赛事从事赌博活动[②]。从建设体育强国视角，你对这件事有何判断？为什么？

此外，在体育教练员领域，失范问题亦屡见不鲜，如西班牙足球教练阿拉贡内斯发表的种族歧视言论；奥地利和韩国教练员被曝性侵女运动员，教练员殴打运动员、克扣运动员工资、要求运动员带病比赛，等等[③]。教练员道德治理已成为提升教练员队伍建设的迫切需要。

---

①　史振瑞.CBA 联赛体育道德失范行为分析与对策[J].体育文化导刊,2018(06):78-82.

②　中国政府网.中华人民共和国体育法[EB/OL].(2022-06-25)[2023-06-27].https://www.gov.cn/xinwen/2022-06/25/content_5697693.htm.

③　王皓丰.善治理论视角下体育教练员道德失范行为治理[J].中国体育教练员,2021,29(04):12-17.

六、体育教师的职业道德

1. 师德概况

教师的职业道德,简称师德,是指教师在教育教学活动中应当遵循的道德准则和行为规范。师德常常被称为教师专业道德、教师伦理或教师专业伦理等①。体育专业同学毕业后多从事教师、教练工作,了解职业道德无疑对其工作的顺利开展有重要的作用与实际意义。

在我国古代,教师职业道德融于"礼"中,《论语》"默而识之,学而不厌,诲人不倦",体现了有关"教与学"的师德;"其身正,不令而行;其身不正,虽令不从",体现了"言传身教、身正为范"的师德;朱熹把"博学""审问""慎思""明辨""笃行"作为教师的道德言行规范;明末清初的王夫之提出"质以忠信为美、德以好学为极",认为"美""德"应以诚信、学习为基础。

现阶段,从一般性的德行要求到专业伦理规范教育,从重视知识、技能教育的技术性培养逐步过渡到专业精神与专业知识、技能水平提升的兼顾是教师专业化历史发展的重要侧面②。

2. 教师职业道德的主要内容

《新时代大中小学教师职业行为十项准则》《高等学校教师职业道德规范》③《中小学教师职业道德规范》反映了新时代经济、社会和教育发展对教师应有的道德品质和职业行为的基本要求。下面以中小学教师为例,将职业道德规范④介绍如下:

(1)爱国守法。热爱祖国,热爱人民,拥护中国共产党领导,拥护社会主义。全面贯彻国家教育方针,自觉遵守教育法律法规,依法履行教师职责权利。不得有违背党和国家方针政策的言行。

(2)爱岗敬业。忠诚于人民教育事业,志存高远,勤恳敬业,甘为人梯,乐于奉献。对工作高度负责,认真备课上课,认真批改作业,认真辅导学生。不得敷衍塞责。

(3)关爱学生。关心爱护全体学生,尊重学生人格,平等公正对待学生。对学生严慈相济,做学生良师益友。保护学生安全,关心学生健康,维护学生权益。不讽刺、挖苦、歧视学生,不体罚或变相体罚学生。

(4)教书育人。遵循教育规律,实施素质教育。循循善诱,诲人不倦,因材施教。培养学生良好品行,激发学生创新精神,促进学生全面发展。不以分数作为评价学生的唯一标准。

---

① 张桂春.国外教师职业道德建设的经验及启示[J].教育科学,2001(1):33-36.

② 檀传宝.论教师"职业道德"向"专业道德"的观念转移[J].教育研究,2005(1):48-51.

③ 教育部.中国教科文卫体工会全国委员会关于印发《高等学校教师职业道德规范》的通知[EB/OL].(2011-12-23)[2023-06-27].http://www.moe.gov.cn/srcsite/A04/s7051/201112/t20111223_180798.html.

④ 教育部.中国教科文卫体工会全国委员会关于重新修订和印发《中小学教师职业道德规范》的通知[EB/OL].(2008-09-01)[2023-06-27].http://www.moe.gov.cn/srcsite/A10/s7002/200809/t20080901_145824.html.

（5）为人师表。坚守高尚情操，知荣明耻，严于律己，以身作则。衣着得体，语言规范，举止文明。关心集体，团结协作，尊重同事，尊重家长。作风正派，廉洁奉公。自觉抵制有偿家教，不利用职务之便谋取私利。

（6）终身学习。崇尚科学精神，树立终身学习理念，拓宽知识视野，更新知识结构。潜心钻研业务，勇于探索创新，不断提高专业素养和教育教学水平。

此外，国家对教师师德建设提出了进一步的要求，如 2018 年中共中央、国务院《关于全面深化新时代教师队伍建设改革的意见》、2019 年教育部印发的《关于加强和改进新时代师德师风建设的意见》将师德师风作为评价教师队伍素质的第一标准，2021 年教育部颁布了《关于在教育系统开展师德专题教育的通知》文件，等等。

3.体育教师职业道德建设存在的问题与建议

有学者指出教师职业道德建设存在个别体育教师处于教师群体的边缘地带、师德建设不被重视、学校师德建设形式化、不关注师德建设本身、个别体育教师自身立德修身意识较薄弱、消极对待师德建设等问题[①]。

教师应具有高尚的职业道德，需严谨治学，教师担负重要社会责任，需要教师科学、严谨地为国家和社会培养合格人才。教师职业道德建设不仅体现在高尚的职业道德观念、态度、言行等方面，还包括职业认同、敬业与乐业意识。教师良好的职业道德态度往往意味着积极地创建，即教师以主人翁的意识和责任感主动创建符合新时代需求的规则和规范。[②] 有学者认为可以从以下三方面进行：贯彻落实中共中央、国务院《关于全面深化新时代教师队伍建设改革的意见》，解决体育教师师德共性问题；结合体育教师队伍特殊性，加强体育师德建设的针对性；督促以德立身、以德立学、以德施教、以德育德[③]。

❋ 思考题 ⋘

1.简述德育的概念。

2.对大学生进行德育的现实意义？

3.简述小学教师职业道德的内容。

4.简述体育道德解决的实际问题，试举一例。

❋ 延伸阅读材料 ⋘

1.国家体育总局.关于加强体育道德建设的意见[EB/OL]. https://www. sport. gov. cn/n315/n331/n403/n1962/c784655/content. html.

2.上海交通大学新闻学术网.孙麒麟:"体育:我们的责任与使命"[EB/OL]. https:// news. sjtu. edu. cn/ztzl_jdms/20180414/71136. html.

---

① 陈蕾,杨昕睿.体育教师师德建设思考[J].高等继续教育学报,2021,34(6):37-40.

② 国家体育总局.关于加强体育道德建设的意见[EB/OL]. (2010-02-04)[2023-06-27]. https://www. sport. gov. cn/n315/n331/n403/n1962/c784655/content. html.

③ 钱娅艳,张君.新时代体育教师师德规范建设审思[J].当代体育科技,2020,10(34):128-130, 133.

3.冯悦民,江翠萍.体育教学中德育教育的内容、途径、方法[J].上海体育学院学报,1997(1):90-91,94.

4.郑晋鸣.大学的使命与担当[EB/OL]. http://www.xinhuanet.com/politics/2015-08/15/c_128130879.htm.

5.孙正,阿英嘎.我国学校体育教育的使命与担当:演进、问题与路径[J].吉林体育学院学报,2018,34(6):1-6.

6.中国体育科学学会 http://www.csss.cn

第七章 体育专业实践教学活动与体育礼仪

☆☆ 学习目标

(1)了解体育专业实践教学活动。

(2)了解体育行业常见的职业资格证书。

(3)理解大学生创新创业活动存在问题的原因。

(4)了解礼仪的概念,理解学生礼仪是学校教育的重要组成。

(5)掌握体育礼仪的功能,了解体育礼仪缺失的原因与对策。

☆☆ 教学方法与手段

讲授、提问、讨论、自学、多媒体课件演示。

第一节 体育专业实践教学活动

一、实践教学概述

1. 概念

实践指改造社会和自然的有意识的活动。《现代汉语辞海》中"实践"有两层含义:一是动词,指实行(主张),履行(诺言);二是名词,指人们改造自然和改造社会的有意识的活动。法国社会学家布迪厄认为实践是连接主观与客观鸿沟的纽带,实践会使二者达到一种协调。有学者认为,古代社会的手口相传和模拟示范的传授技艺的形式是实践教学的雏形(如学徒制)[①]。20世纪70年代以来,西方学科主义课程教学模式弊端日益显现,于是"以学生为本"的教学理念盛行,实践教学理念便是其中之一。实践教学是高等学校落实人才培养目标的重要环节,对培养学生教育教学基本能力和提高学生的综合素质起到重要作用[②]。实践教学的理论依据有理论与实际相结合理论、知行统一的理论、教育与生产劳动相结合的理论[③]。

---

① 尹建华,李怡.高校思想政治理论课实践教学的概念厘定与模型建构[J].学校党建与思想教育,2010,(20):12-16.

② 宋丽维,王鲁克.体育教育专业实践教学的概念探究[J].山东体育科技,2015,37(6):86-90.

③ 李松林,李会先.关于高校思想政治理论课实践教学的几点思考[J].思想教育研究,2006(7):53-57.

实践性教学是相对于理论教学的各种教学活动的总称,包括实验、实习、设计、工程测绘、社会调查等,旨在使学生获得感性知识,掌握技能、技巧,养成理论联系实际的作风和独立工作能力。实践教学活动通常在实验室、实习场所等一定的职业活动情景下进行。教师根据不同作业、不同个体进行分类指导;学生采取学和做相结合的方式[①]。实践性教学与实践教学是区别联系的,前者包含的内容更丰富。

2. 实践与创新

美国学者杜威主张从实践中学习,提出教育即生活,学校即社会的口号,他强调个人的发展、对外界事物的理解以及通过实验(实践)获得知识。施瓦布把实践经验与知识整合在一起,提出"实践性知识"的概念。在生活里,学徒可能变成大师,离开了生活,大师也可能变成匠人。任何事业的成功都离不开具体实践,正如"物有甘苦,尝之者识;道有夷险,履之者知"。

实践与创新是一直是高等教育的关键词。《中华人民共和国高等教育法》指出:高等教育的任务是培养具有创新精神和实践能力的高级专门人才。创新是一个民族进步的灵魂,是一个国家兴旺发达的不竭动力,也是中华民族最深沉的民族禀赋。2019 年全球数字生态大会上,有参会者认为,当前拿来主义的空间越来越少,如果不在基础研究和关键技术上下功夫,保持经济高质量健康发展将会很难。伟大事业始于梦想,基于创新,成于实干。

二、体育专业实践教学

(一)体育专业实践教学的概念

体育教育专业实践教学是为了实现专业培养目标。在教师的指导下,体育教育专业学生在掌握基础知识、专业知识的基础上,进行学习、内化、体验、操作等,主动参与体育教学、体育训练、体育竞赛以及体育管理等过程,以达到培养体育教育能力的教学过程[②]。体育教育专业实践教学内容主要包括校内见习、校内模拟实习、校外实习、毕业设计以及完全真实的教师职业教育。

实践性强是体育专业的特点,要形成专业特色,加强专业实践教学、提高学生的实践能力就是其中有效途径之一。比如学校运动会终点裁判组的职责是什么,是如何运行的?通过对目标场域的观察了解,有意识地用自己的话叙述出来,事实上这就是一种(独立)能力训练(实践)。表 7-1 所示为学习 24 小时后的知识保持率。

表 7-1 学习 24 小时后的知识保持率[③]

序　号	学习活动	知识保持率
1	讲授	5%
2	阅读	10%

① 顾明远.教育大辞典[M].上海:上海教育出版社,1990:711.
② 宋丽维,王鲁克.体育教育专业实践教学的概念探究[J].山东体育科技,2015,37(6):86-90.
③ 陆昉.推进课程共享与教学改革 全面提升大学教学质量[J].中国大学教学,2014(01):8-11,7.

续表

序　号	学习活动	知识保持率
3	视听结合	20％
4	示范	30％
5	讨论组	50％
6	实践练习	75％
7	向他人教授/内容的立即运用	90％

有学者认为当前实践教学存在的常见问题有:部分教师对实践教学的重要性认识不足;实践教学管理体系不健全;实践课程设置及考核不严谨;专业的师资队伍建设相对滞后;实践教学条件普遍较差,实习基地建设薄弱;专业学生自身的认识不足;等等[①]。目前,我国体育院(系)人才培养过程中重理论、轻实践的现象比较突出,理论应用和岗位适应度较弱,与行业需求脱节[②],学生创新意识、实践能力有待进一步提高。

(二)体育专业实践教学改革探索

1. 体育专业实践教学的体系

从系统的视角,可以将体育专业实践教学分为目标、内容、管理、保障四个体系:①目标体系。对实践教学目标进行共性与个性研究,建设学院特色的实践课程,表现在完善专业培养计划,修订实践课程教学大纲、改进具体课程目标等方面。②内容体系。对体育专业实践内容进行分类(专业基础类实践、专业综合类实践、行业接口类实践),完善具体课程的实践方案(计划)。③管理体系。从制度层面和微观层面制定具体的标准,如制度层面的《体育专业学生实践安全管理预案》、微观层面的实践教学五附件等。④保障体系。设置实践教学管理员,修订完善实践制度或文件,加强实践基地建设及机制保障等。

2. 体育专业实践教学体系中三种课程类型

根据课程场景与性质,可以把体育课程实践分为理论课、技术课、综合课实践三类。以技术课实践为例,可从院系、课程两方面进行优化。①依据现有专业培养方案与术科教学大纲,优化培养计划中术科实践的设置项目与顺序,修订符合时代需求的术科教学大纲,改进校内外实习方式方法,优化实践课程教学目标。②依据术科实践教学三附件,优化规范实践教学五附件,改进课程实践计划或方案(如可评价、可量化)等。③依据现有管理文件,提升校内实践(如篮球、足球裁判)质量与数量,重视校外实习实训效果监督反馈;做好各科实践活动与文件检查。④依据现有校院两级教学工作制度,建立实践教学专题会议制度;结合学生需求,拓展学生锻炼机会;丰富实践基地种类、发挥基地价值。术科课程有篮球、游泳、足球、排球、羽毛球等课内实践,以及田径、健身、篮球、足球赛事等课外实践。

---

① 冯万军,杜慧玲,贺立恒,等.基于创新型人才培养模式实践教学体系的探索与实践:以种子科学与工程专业为例[J].高等农业教育,2015(4):70-73.

② 蔡存军,王平.社会体育指导与管理专业全程实践教学模式研究[J].创新创业理论研究与实践,2020,3(22):134-136.

理论课、技术课、综合课三类实践课,在实际操作中可以参照表 7-2 的格式进行优化。在此基础上,可以得到具体某一门课程的实践优化。

表 7-2　技术课实践教学优化

一级指标	二级指标		适用课程
名称	现有条件	可采取的优化措施	
目标体系	1、2、3……	1、2、3……	……
内容体系	1、2、3……	1、2、3……	
管理体系	1、2、3……	1、2、3……	
保障体系	1、2、3……	1、2、3……	

通过搭建一二级指标体系,优化现有体育专业实践教学体系,可以更好地促进体育实践教学目标的达成。

3. 其他体育实践活动

院系可组织开展一系列的课外体育文化实践活动,如"阳光体育文化周"系列活动、迎新杯系列体育比赛来丰富校园文化。活动一方面可以增强学生的体质,提升运动技能,促进生生、师生之间的交流;另一方面,通过各项体育活动实践(练习或见习),锻炼体育专业学生的专业技能,提升专业素质。体能测试等实践活动一般是有规律可循的。比如学生体测通常按顺序展开,即先测身高体重,然后测坐位体前屈、肺活量、立定跳远,接着测引体向上(男生)、仰卧起坐(女生),隔天再测 50 米和 800 米(女生)、1000 米(男生)。其中的关键点是前项测试不干扰或少干扰后项,一般耗费精力少的项目(磷酸原供能运动项目)放前项,耗费精力多的项目(糖酵解供能、有氧氧化运动项目)放后项。图 7-1 所示为学校常见体能测试顺序,仅供参考。在竞技体育领域,体能测试的方法有很多,如国家田径队各项目基础体能测试包含 11 个项目共 12 个测试:体脂率、坐位体前屈、30 米跑、垂直纵跳、卧推最大力量、深蹲最大力量、引体向上、平板支撑、左侧桥支撑、右侧桥支撑、俯卧撑、3 千米跑[①]。

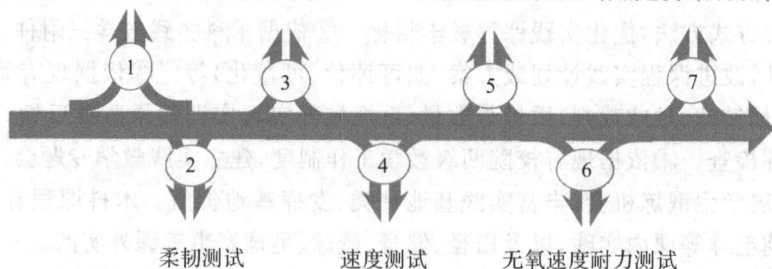

图 7-1　学校常见体能测试顺序

---

① 田径项目基础体能训练和测试管理办法(试行)[EB/OL].(2023-03-14)[2024-06-27].https://www.athletics.org.cn/bulletin/hygd/gjd/2023/0314/452674.html.

院系还可以举办体育专业教师资格证模拟考试等活动,巩固体育学生基本知识,提升其讲授技术与基本运动技能,这有利于发现问题、解决问题,提升学生自信,提高学生教师资格证通过率。

此外,在信息社会,"体育＋信息"如何融合发挥"1＋1＞2"的效益也是当前体育专业实践教学面临的一个问题。线上系列体育活动具有参与面广、受众多、便捷高效等特点,是对线下体育竞赛活动的有益补充,如利用 App 开展体育知识竞赛、AI 运动健康大赛、创编个人锻炼视频等。

三、体育专业创新创业活动

(一)创新创业的概念

1. 概念

"创"意为开始、初次,创新是人们为了发展需要,运用已知的信息和条件,发现或产生新事物、新思想的活动。在本体上,它是一个系统的发展与结构的优化过程[①]。创新既包括对人类社会进步有促进作用的杰出成果,也包括一般性的探索活动或成果。

创业是一种面向社会需要,建立新的组织向公众提供产品或服务的社会活动[②]。创业是一种复杂的社会劳动,是创业者通过捕捉商业机会,投入知识和技能配置相关资源,为消费者提供产品或服务,为个人、社会创造价值和财富的过程。简言之,创业是人们开始经营一个小企业的过程。创业能力是实践能力与综合能力高度融合的表现。

2. 创新与创业关系

创新与创业之间密切相关。创新是创业的前提和基础,创新的程度直接影响创业的成败;没有创新,创业将无从谈起。创业是创新的升华,创业具有大众化、始于模仿、由小到大等特点。创业除了能提升生产效率外,还能优化资源配置、扩大就业,造福社会。

(二)创新创业的发展概述

1998 年,联合国教科文组织在世界高等教育大会上发表的《世界高等教育宣言》中就曾指出:"培养首创精神和学会创业应当是高等教育重要的关注点。"高等教育应主要培养创业技能与主动精神,毕业生将越来越不再仅仅是求职者,而首先将成为工作岗位的创造者。

我国高度重视创新创业教育教学改革。我国高校创新创业教育的实施始于 20 世纪末,当时清华大学成为第一所将大学生创业计划竞赛引入亚洲的高校[③]。2002 年,高校创业教育在我国正式启动,教育部将清华大学、中国人民大学等 9 所院校确定为开展创业教育的试点院校。1999 年 6 月中共中央、国务院《关于深化教育改革　全面推进素质教育的决定》中明确指出,实施素质教育,以培养学生的创新精神和实践能力为重点。

创新是引领发展的第一动力,协调是持续发展的内在要求,绿色是永续发展的必要条件

---

① 陈玉和.创新的概念、创新的发生与创新教育模式[J].煤炭高等教育,2001(2):34-37.

② 贾少华.大学生创业能力的获得:对浙江义乌创业者创业实践调查的启示和思考[J].中国高教研究,2008,179(7):74-76.

③ 蒋正喜.辅导员如何开展好大学生创新创业教育工作的思考[J].统计与管理,2016(2):147-148.

和人民对美好生活追求的重要体现,开放是国家繁荣发展的必由之路,共享是中国特色社会主义的本质要求。2014 年,我国提出"大众创业、万众创新";2015 年,国务院颁布《关于深化高等学校创新创业教育改革的实施意见》,国家设立了一批创业教育试点大学,很多高校开展创新创业教育,举办大学生创新创业比赛,建立大学孵化基地以及校企合作基地,国务院鼓励地方设立创业基金,对创新创业活动给予政策、税收、人才等方面的支持……创新是一个民族进步的灵魂,是一个国家兴旺发达的不竭动力,也是中华民族最深沉的民族禀赋。在激烈的国际竞争中,建设世界科技强国不是一片坦途,唯有创新才能抢占先机。创新决定未来,综合国力的竞争说到底是创新的竞争。

(三)大学生创新创业存在问题的原因

大学生创新创业情况不容乐观,有学者指出我国大学生创业成功率为 2%～3%,与美国的创业成功率 20%相比存在显著差距[①]。究其原因有以下三个。

1. 大学生个体因素

个体主观原因:对国内外社会经济状况规律认识不清;情绪控制能力不够;组织能力不强;创业的决心不够。一部分大学生愿意留在大城市找份稳定工作,而不愿投身辛苦的、失败率高的创业中。一部分大学生受家庭环境的影响,思想比较保守,"我们面临一些新问题,在相当复杂的情况下,我们不能保证不犯错误……最大的错误就是害怕犯错"。他们对风险的承受程度很低,相对的心理素质比较差。个体客观原因:不会写商业计划;不清楚公司的运作程序,未对行业商业规则、产业链上下游、竞争对手、创业失败的风险评估等做全面深入的调查。综合表现为主观上落后,客观上创新创业实践能力弱。

2. 学校因素

一方面,学校部分课程设置不够合理,造成学生知识面比较窄,所开设的课程对学生帮助不大。部分教师授课理论与实践脱节。要求学生死记硬背的考试内容过多,而需要学生理解、运用的少。另一方面,学校创业实践机制有待提高。创业能力需要练习。近年来,能够参与创业大赛的学生只有少数,创业条件也只能在学生创业实践中建立和完善,创业能力只有学生亲历实践才能获得。

3. 社会因素

一方面,创业之路漫漫而修远,在校生(毕业生)创业更需要学校、社会等层面给予精神支持与包容。另一方面,政府推出的创业优惠政策主要是从宏观角度制定的,虽然能解决部分创业企业的困难,但力度有限,仍有系列问题需要解决,如大学生融资困难、融资方式单一等。1999 年全国高校毕业生人数仅有 84.76 万,而 2019 年高校毕业生达到 758.53 万,2024 年高校毕业生达 1179 万人[②]。就业竞争压力剧增,也必然让创业竞争愈发激烈。

(四)促进体育专业学生创新创业活动的对策与方法

1. 个体层面

大学生可主动利用参加校内外实践活动、创业大赛等机会,提高认知,积极向有创业经

---

① 周烈东,陈启湖.体育院系大学生创业能力培养模式研究[J].三峡大学学报(人文社会科学版),2015,37(增刊 2):102-104.

② 别敦荣.内外用力实现高校毕业生高质量充分就业[J].中国大学生就业,2024,(11):3-10.

验的同学或教师学习经验,磨炼心性。同时,提高自己的创新能力、管理能力、谈判能力、社交能力、突发事件的处理能力等,能扛得住、静得下,发挥体育人坚强勇敢、敢于挑战[①]的优点,将学习、应用、创新合为一体。学习就是建构、建构蕴含创新[②]。大学生发展创业实践能力的主要途径有参加社会实践活动、参与创业创新比赛等。

2. 学校层面

高校要针对创新创业教育存在的问题,不断完善创新创业教育体系,营造良好的创新创业氛围。第一,提高师生认知,更新创新教育观念。培养师生创业创新意识,提供创新实践机会,开展各类实践,鼓励有能力、有思想的同学积极创新创业并提供适当的条件。第二,修订人才培养方案时加强实践实习环节比重,建立创新创业教育课程体系。第三,创办大学生创业孵化基地。创业孵化基地可以为大学生创业提供政策咨询、各类扶持资金申请、企业登记注册、商务和融资等方面的服务。有利于提高学生成功创办企业的概率。第四,建立多层次的校内外创业实践平台。创业教育是一种实践活动,需要不同层次的平台作为载体。高校不仅要利用自有校内实验室、实训室、工程技术中心来充当创新实训平台,还需要协调校内外创新创业实践资源,协同育人。

3. 社会层面

引导社会舆论,鼓励并支持大学生创新创业,进一步完善创新创业扶持体系。主要措施有:优化服务改革的累积效应;强化知识产权保护,加速科技成果转化;支持创业示范基地探索创新、激发体制活力和内生动力;营造良好的创业创新生态和政策环境;促进科研人员合理流动等。

第二节　体育专业常见的证书

一、职业资格证书

14世纪至16世纪欧洲的"文艺复兴"被认为是中古时代和近代的分界标志,揭开了近现代欧洲的序幕,引起了经济、政治、文化、教育等层面的一系列变革,为现代文明形成奠定了基础。其主要表现在观念上转为以人为中心、近代实验科学体系的形成、由农业社会向工业社会转变、现代国家与公民意识出现、体育活动自身的组织化与规范化趋势等,这些都为现代体育形成和发展提供了必要条件[③]。

1. 概念与分类

职业资格证书制度是指按照国家制定的职业技能标准或任职资格条件,通过政府认定的考核鉴定机构,对劳动者的技能水平或职业资格进行客观公正、科学规范的评价和鉴定,

① 张照萌,魏中,张飞,等.简论新时代体育专业大学生创新创业实践能力培养[J].价值工程,2018,37(20):219-220.
② 王竹立.新建构主义:网络时代的学习理论[J].远程教育杂志,2011,29(2):11-18.
③ 谭华.现代体育形成的前提条件[J].成都体育学院学报,1995(1):1-8.

对合格者授予相应的国家职业资格证书的政策规定和实施办法[①]。

国家职业资格包括从业资格和执业资格。从业资格是指从事某一专业学识、技术和能力的起点标准。执业资格是指政府对某些责任较大,社会通用性强,关系公共利益的专业或职业实行准入控制,是依法独立开业或从事某一特定专业(职业)学识、技术和能力的必备标准。国家职业等级可以分为五级:初级(五级)、中级(四级)、高级(三级)、技师(二级)、高级技师(一级)。图7-2所示为教师资格证书。

图 7-2　教师资格证书

2. 优缺点

职业资格证书制度在促进行业规范、完善等级制度,推动市场经济发展、促进就业的同时,也出现证书泛滥、管理混乱等问题。有学者认为体育职业资格证书制度建设需要及时跟进,根据相关要求和自身特点进行调整和变革[②]。在体育的组织化、规范化动态发展过程中,各层面需要清醒地意识到这一点,缩短磨合期,提升制度的针对性与时效性。

制度化的优缺点。制度化的优点表现在对行为体系具有规范约束作用,并保持行为的持续性,有助于促进制度与观念、方法的扩散与传播。制度化缺陷也明显:制度化结构存在结构性缺陷——为应对规训对象千变万化,制度化越发复杂,导致系统效用低下;制度化结构存在原生性缺陷——结构刚性导致结果的同质性,工具理性扩张而价值理性被裁剪[③]。

目前,我国已经建立国家、省(市)及县(市)三级体育职业证书制度管理体系,采取政府

---

①　史曙生.“简政放权”背景下我国体育职业资格证书制度的改革[J].体育学刊,2016,23(4):45-49.
②　同①.
③　郁建兴,秦上人.制度化:内涵、类型学、生成机制与评价[J].学术月刊,2015,47(03):109-117.

主导并以其授权的部门事业单位对体育职业资格证书制度进行管理,实施行政管理和技术管理相结合、行业管理和属地管理相结合的管理模式。2004 年 6 月,国家体育总局成立了体育职业技能鉴定指导中心;2005 年,国家"体育行业特有工种职业技能鉴定站"揭牌,体育行业推行职业资格证书制度也由此进入具体落实阶段[①]。

二、运动员等级证书

田径项目在奥运会中居于不可替代的地位,常言"得田径者得天下",其主要原因是:一方面,田径中的体能是其他运动项目发展的基础;另一方面,田径在竞技体育中的项目设置较多,专项金牌较多。下面以田径项目为例介绍运动员等级标准。表 7 - 3 所示为男子田径运动员等级标准,表 7 - 4 所示为女子田径运动员等级标准。

(一)国际级运动健将

凡符合下列条件之一者,可申请授予国际级运动健将称号:

(1)在奥运会、青年奥运会、世界锦标赛及世界田径系列赛事、世界田联钻石联赛、洲际巡回赛等一日赛、世界田联标牌路跑赛、世界田联系列挑战赛等世界田联主办或认可的国际比赛中达到成绩标准。

(2)在亚运会、亚洲室内运动会、亚洲青年运动会、亚洲锦标赛等亚田联主办和批准的亚洲比赛中达到成绩标准。

(3)国际单项体育组织承认的世界纪录或亚洲纪录。

(二)运动健将

凡符合下列条件之一者,可申请授予运动健将称号:

(1)在可授予国际级运动健将称号的比赛中达到成绩标准。

(2)在全国运动会、全国青年运动会、全国锦标赛、全国青年锦标赛、全国少年锦标赛、全国室内锦标赛、全国大奖赛、全国冠军赛、全国单项赛和项群赛等中国田径协会主办的田径赛事中达到成绩标准,在中国田径协会主办的全国马拉松赛的比赛中达到成绩标准。

(3)在全国学生运动会、全国中(大)学生锦标赛中达到成绩标准。

(三)一、二级运动员

凡符合下列条件之一者,可申请授予一级运动员、二级运动员称号:

(1)可授予运动健将及以上称号的比赛中达到成绩标准。

(2)在全国体育传统学校联赛或其他由中国田径协会主办、承办、协办以及与其他单位共同主办的比赛中达到成绩标准(马拉松项目除外)。

(3)在省(区、市)体育行政部门主办的综合性运动会、锦标赛(或冠军赛)中达到成绩标准(马拉松项目除外)。

(4)在省(区、市)体育行政部门与教育行政部门共同主办的锦标赛(或冠军赛)中达到成绩标准(马拉松项目除外)。

---

①　郑汉山,商执娜.我国社会体育指导员职业资格准入的现状与发展趋势探析[J].当代体育科技,2013,3(13):101 - 102.

(四)三级运动员

凡符合下列条件之一者,可申请授予三级运动员称号:

(1)在可授予二级运动员及以上称号的比赛中达到成绩标准。

(2)在市(地、州、盟)体育行政部门主办的综合性运动会(或锦标赛)达到成绩标准(马拉松项目除外)。

2021年,国家体育总局更新了《运动员技术等级标准》,规定了各项目运动员技术等级的相关细节。详见本章延伸阅读材料。图7-3所示为运动员等级证书。

图7-3 运动员等级证书

表7-3 男子田径运动员技术等级标准(部分)

项　目		国际级运动健将	运动健将	一级运动员	二级运动员	三级运动员
100米	电计	10.25	10.50	10.93	11.74	12.64
200米	电计	20.62	21.35	22.02	23.84	25.74
400米	电计	45.74	47.60	49.60	53.14	56.64
800米	电计	1:46.30	1:51.00	1:54.50	2:03.00	2:12.40
1500米	电计	3:38.20	03:48.00	3:54.90	4:15.00	4:34.10
3000米	电计	—	—	8:35.00	9:10.00	9:25.90
5000米	电计	13:31.40	14:10.00	14:40.00	16:10.00	17:06.00
10000米	电计	28:19.00	29:45.00	30:50.00	34:00.00	36:12.40
110米栏	电计	13.78	14.20	14.73	16.24	18.24
*110米栏(U18组栏高0.914米,栏间距9.14米)	电计	—	—	13.73	15.04	16.04

续表

项 目		国际级运动健将	运动健将	一级运动员	二级运动员	三级运动员
400 米栏	电计	50.00	51.50	54.14	1:00.14	1:08.14
*400 米栏（U18 组栏高 0.838 米）	电计	—	—	53.00	58.50	1:06.50
3000 米障碍	电计	8:28.80	8:47.00	9:15.00	10:10.00	11:35.30
*2000 米障碍	电计	—	—	6:25.00	6:35.00	7:00.00
马拉松	感应计时	2:13:00	2:20:00	2:32:00	2:53:00	3:02:00
半程马拉松	感应计时	1:03:00	1:06:00	1:12:00	1:18:00	1:22:00
10000 米竞走或 10 公里竞走（场地、公路）	电计			44:00.00	49:00.00	54:00.00
20 公里竞走	感应计时	1:21:20	1:24:00	1:35:20	2:03:30	2:24:30
50 公里竞走	感应计时	3:55:00	4:05:00	4:23:20	4:45:30	5:18:30
跳高		2.27 米	2.20 米	2.05 米	1.85 米	1.70 米
撑竿跳高		5.50 米	5.15 米	4.80 米	4.00 米	3.50 米
跳远		8.00 米	7.80 米	7.30 米	6.60 米	6.00 米
三级跳远		16.85 米	16.40 米	15.35 米	13.80 米	12.80 米
铅球（7.26 千克）		20.10 米	18.00 米	16.20 米	12.50 米	11.00 米
*铅球（U20 组 6 千克）		—	19.60 米	17.80 米	14.00 米	12.50 米
*铅球（U18 组 5 千克）		—	—	19.05 米	15.25 米	13.75 米
铁饼（2 千克）		63.00 米	55.00 米	49.60 米	38.00 米	29.00 米
*铁饼（U20 组 1.75 千克）		—	57.00 米	51.60 米	40.00 米	31.00 米
*铁饼（U18 组 1.5 千克）		—	—	55.00 米	42.50 米	34.50 米
标枪（800 克）		78.00 米	71.00 米	66.10 米	51.00 米	42.00 米
*标枪（U18 组 700 克）		—	—	70.00 米	55.00 米	46.00 米
链球（7.26 千克）		75.30 米	64.00 米	57.00 米	48.00 米	39.00 米
*链球（U20 组 6 千克）		—	67.00 米	60.00 米	52.00 米	44.00 米
*链球（U18 组 5 千克）		—	—	62.00 米	54.00 米	46.00 米
十项全能	电计	7990 分	7000 分	6320 分	4700 分	3400 分

注：标有"*"的标准为青、少年运动员技术等级标准。

表 7 – 4　女子田径运动员技术等级标准（部分）

项　目		国际级运动健将	运动健将	一级运动员	二级运动员	三级运动员
100 米	电计	11.38	11.70	12.33	13.04	14.04
200 米	电计	23.10	24.00	25.42	27.24	29.24
400 米	电计	51.89	54.00	57.3	1:03.10	1:08.10
800 米	电计	2:00.10	2:06.00	2:12.80	2:26.00	2:37.80
1500 米	电计	4:08.00	4:18.00	4:31.00	5:05.00	5:31.60
3000 米	电计	8:55.00	9:20.00	9:50.00	11:00.00	12:03.00
5000 米	电计	15:30.00	16:00.00	17:10.00	20:00.00	20:57.80
10000 米	电计	32:30.00	33:30.00	37:00.00	42:00.00	44:04.10
100 米栏	电计	13.20	13.70	14.33	15.74	17.24
*100 米栏（U18 组栏高 0.762 米,栏间距 8.5 米）	电计	—	—	13.83	15.24	16.54
*100 米栏（U18 乙组栏高 0.762 米,栏间距 8 米）	电计	—	—	14.14	14.94	16.04
400 米栏	电计	55.50	58.50	1:01.00	1:08.00	1:16.00
3000 米障碍	电计	10:00.00	10:08.00	11:10.00	12:30.00	13:20.40
*2000 米障碍	电计	—	—	7:20.00	7:40.00	8:00.00
马拉松	感应计时	2:34:00	2:40:00	3:10:00	3:22:00	3:35:00
半程马拉松	感应计时	1:13:00	1:16:00	1:31:00	1:34:00	1:39:00
5000 米竞走或 5 公里竞走（场地、公路）	电计	—	22:19.80	24:55.00	27:30.00	30:00.00
10000 米竞走或 10 公里竞走（场地、公路）	感应计时	43:27.00	44:43.00	51:28.00	57:30.00	1:02:00
20 公里竞走	感应计时	1:30:00	1:33:00	1:46:00	2:14:00	2:35:00
跳高		1.90 米	1.84 米	1.75 米	1.56 米	1.45 米
撑竿跳高		4.30 米	4.00 米	3.60 米	3.00 米	2.40 米
跳远		6.65 米	6.35 米	5.85 米	5.35 米	4.70 米
三级跳远		14.15 米	13.50 米	12.50 米	11.20 米	10.20 米
铅球（4 千克）		18.30 米	17.30 米	15.30 米	12.50 米	11.00 米

续表

项　目		国际级运动健将	运动健将	一级运动员	二级运动员	三级运动员
＊铅球(U18组3千克)		—	—	16.60米	13.80米	12.30米
铁饼(1千克)		62.00米	56.50米	51.00米	39.00米	36.00米
标枪(600克)		62.00米	56.00米	52.00米	38.00米	35.00米
＊标枪(U18组500克)		—	—	57.00米	42.00米	40.00米
链球(4千克)		66.00米	60.00米	53.00米	40.00米	36.00米
＊链球(U18组3千克)		—	—	57.00米	44.00米	40.00米
七项全能	电计	6000分	5200分	4510分	3500分	3100分

注：标有"＊"的为青、少年运动员技术等级标准。

在表7－3、表7－4中：①需要测风速的项目申请运动等级时，跑进方向风速不得超过2 m/s。②全能项目可凭单项成绩申请运动员技术等级，且各单项均应符合申报单项运动员技术等级条件。③标有"＊"的项目年龄为：U20组(18、19岁)，U18组(16、17岁)，U18乙组(14、15岁)。

三、裁判员证书

运动项目级别不同，裁判员等级也不同。一般地，我国体育裁判员的级别分为国际级裁判员、国家级裁判员、一级裁判员、二级裁判员、三级裁判员。裁判员证书发放与领取要求如下[①]。

1. 证书发放单位

裁判员等级证书由国家体育总局统一制作、发放，任何单位或个人不得制作、发放裁判员等级证书。

2. 证书领取单位

国家级裁判员证书由国家体育总局各运动项目管理中心领取。

一级、二级、三级裁判员证书由各省、自治区、直辖市、行业体协、北京体育大学、西安体育学院等单位统一领取，国家体育总局不再受理其他单位的申请。

3. 证书发放程序

(1)国家级裁判员证书。由国家体育总局各运动项目管理中心收到总局批文后，根据总局批文，到国家体育总局机关服务中心领取相应数量的空白证书，将证书内容填好后，携批文到国家体育总局人事司加盖钢印后发放至裁判员本人。

---

① 国家体育总局.关于调整裁判员等级证书发放方案的通知[EB/OL].(2009－04－16)[2023－06－27].https://www.sport.gov.cn/jts/n4998/c655877/content.html.

（2）一级、二级、三级裁判员证书。证书领取单位将"裁判员等级证书需求表"和一、二、三级裁判员审批文件等材料报送国家体育总局竞技体育司，竞技体育司审核后委托机关服务中心寄出空白证书，证书由审批单位填写并加盖公章后发放至裁判员本人。图7-4所示为裁判员证书。

图7-4　裁判员证书

四、其他证书

1. 救生员证书

游泳救生员等级分为初级、中级、高级。

国家规定游泳场所开放必须配备一定数量的、取得国家职业资格证书的游泳救生员。2012年，国家体育总局发布了《游泳救生员国家职业技能鉴定考核实施细则》。2019年，为适应经济社会发展的需要，国家体育总局职业技能鉴定指导中心与中国救生协会制定了《游泳救生员国家职业技能鉴定考核实施细则（2019版）》[①]。

2. 体育经纪人证书

体育经纪人等级分为国家职业资格一级（最高级）、国家职业资格二级、国家职业资格三级。

体育经纪人等级培训与能力测评系列工作是以提高中国体育经纪人才队伍能力素质为目标，培养一支熟悉体育经纪运作规律，掌握相关法律、营销、赞助、品牌管理等知识与原理，具备体育商业分析、项目策划、市场运作和产业管理能力，具有国际视野的体育经纪人才队

---

① 国家体育总局. 体育总局职鉴指导中心印发《游泳救生员国家职业技能鉴定考核实施细则（2019版）》的通知[EB/OL].（2019-06-13）[2023-06-27]. https://www.sport.gov.cn/rlzx/n5622/c912517/content.html.

伍。2007年,由劳动和社会保障部、国家工商行政管理总局、国家体育总局等部门审定通过的《体育经纪人国家职业标准》将体育经纪人分为三个等级。文件确定了体育经纪人的定义,明确了体育经纪人职业范围、工作内容和具体要求。文件还包括体育经纪人职业概况、基本要求、工作要求和比重表四个方面的内容。

3. 社会体育指导员证书

社会体育指导员技术等级分为三级社会体育指导员、二级社会体育指导员、一级社会体育指导员、国家级社会体育指导员。

2011年颁布的《社会体育指导员管理办法》规定,社会体育指导员技术等级称号由低到高分为[①]三级社会体育指导员、二级社会体育指导员、一级社会体育指导员、国家级社会体育指导员。各级社会体育指导员的批准授予权限为:三级社会体育指导员由县、区体育行政部门批准授予;二级社会体育指导员由地、市体育行政部门批准授予;一级社会体育指导员由省、自治区、直辖市体育行政部门批准授予;国家级社会体育指导员由国家体育总局批准授予。被授予社会体育指导员技术等级称号者,由批准授予的体育行政部门发给证书、证章。证书、证章由国家统一制作。各级体育行政部门及其委托的组织,分级负责社会体育指导员的培训、考核、评审以及其他管理工作。对社会体育指导员按批准权限实行分级管理。

4. 健身健美证书

健身教练等级分为初级、中级和高级。表7-5所示为各级别健身教练职业能力的具体要求。

表7-5 各级别健身教练职业能力[②]

级别	职业能力要求
初级	在掌握基本理论、基本知识与基本技能的基础上,为健康的个体提供运动健身指导;常见器械(固定器械、杠铃、哑铃)的熟练使用;能够初步完成健康体适能测试与评估,并根据客户的健康与体适能水平以及运动目标制订个性化的运动计划,指导、监督客户完成运动计划
中级	在履行初级职责的基础上,能够进行健康相关的运动测试执行、分析评估和更全面的运动技术指导;常见器械(固定器械、杠铃、哑铃)及多样化器械(弹力带、泡沫轴、悬吊带、绳索等)的熟练使用;根据客户的健康与体适能水平以及运动目标制订个性化的、周期性的运动计划,指导、监督客户安全、有效地完成运动计划,必要时调整运动计划
高级	在履行中级职责的基础上,进行竞技体适能训练的动作运动技术指导,包括爆发力、灵敏性、速度、平衡性训练的动作技术,以及动态伸展练习的动作技术;多样化器械的熟练使用;利用运动、放松手段进行运动损伤预防、体态纠正、功能障碍改善、动作模式的重新建立、运动控制的增强;能够为青少年、特殊时期的女性以及老年人制订运动计划并指导、监督实施;掌握常见运动损伤的预防与处理方法

① 国家体育总局.社会体育指导员管理办法[EB/OL].(2011-11-03)[2023-06-27]. https://www.sport.gov.cn/n315/n331/n402/c573877/content.html.

② 国家体育总局.体育总局人力中心关于持续开展健身教练职业能力培训测评工作的通知[EB/OL].(2022-05-12)[2023-06-27].https://www.sport.gov.cn/rlzx/n5622/c24277447/content.html.

国家体育总局围绕健身教练职业能力设置了相应的理论知识和专业技能培训和测评内容。两项成绩合格者,由体育总局人力资源开发中心、职鉴指导中心颁发体育职业技能培训证书(健身教练)[①]。《2016年健身教练职业发展研究报告》《健身教练职业能力培训大纲与测评》详见本章延伸阅读材料。

据《2016年健身教练职业发展研究报告》数据,截至2016年,我国持有国家职业资格证书的健身教练数量达到34 560名。报告提出:健身房单店面积减少;为健身用户提供有特色的、更加精细化和专项化服务的工作室涌起;数字化健身兴起;跑步、普拉提等专项教练增多;小器械(壶铃、悬挂训练系统、哑铃)健身人群类型在不断扩大。该次调研访问的健身教练以男性居多,占到84%,其中大部分在20~29岁之间。此外,某些健身机构的教练培训引进美国运动委员会ACE教练认证、体能协会NSCA私人教练认证等[②]。

除了上述证书外,还有体育竞赛获奖证书、大学生创新创业比赛获奖证书、英语四六级证书、计算机二级证书等,以及与职业相关的教师资格证、普通话证书、体能教练员(初中高级)、网球教练员(ITF)、跆拳道等级证书等。

第三节　体　育　礼　仪

一、礼仪概述

我国作为四大文明古国中唯一优秀传统文化未中断的国家,几千年来孕育了悠久的文明,创造和积累了灿烂的文化,同时也形成了高尚的道德准则和一系列完整的礼仪规范,被世人称为"文明古国,礼仪之邦"。

(一)礼仪的概念

礼仪是指人与人在社会交往活动中形成的行为规范与准则。礼仪包括礼貌、仪表、仪式等。礼貌是指人们在交往过程中应具有的敬意、友好、得体的气度和风范。仪表是指人的外表,如容貌、服饰、姿态等。仪式是指在一定场合举行的、具有专门程序、规范化的活动,如颁奖仪式、签字仪式、开幕式等。有学者认为礼义是礼文化的精神统率,礼仪则是礼的行为表达与仪式表现[③]。

(二)礼仪的意义

公民文明礼仪蕴含着个人、地区乃至国家的形象。对社会来说,礼仪体现社会开化程度,礼仪能够反作用于人们的思想观念,净化社会风气。对个人来说,礼仪可以体现自律与自信,彰显自身修养,利于形成良好的人际关系。

此外,礼仪礼节也是道德建设的重要方面。2019年,中共中央、国务院印发了《新时代

---

①　国家体育总局.健身教练职业能力培训测评覆盖20个省区市[EB/OL].(2023-07-19)[2024-06-27].https://www.sport.gov.cn/rlzx/n5631/c25805277/content.html.

②　冯之凌,张毅.上海健身培训业现状及对策探究[J].当代体育科技,2018,8(18):210,212.

③　盛邦和.《礼记》与中国礼文化[J].江苏社会科学,2009,(1):204-208.

公民道德建设实施纲要》,指出要充分发挥礼仪礼节的教化作用,要制定国家礼仪规程,强化仪式感、参与感、现代感,增强人们对党和国家、对组织集体的认同感和归属感,制定继承中华优秀传统、适应现代文明要求的社会礼仪、服装服饰、文明用语规范,引导人们重礼节、讲礼貌。在实际操作中需礼貌待人,克己慎重、自我约束,言行得体,既不妄自尊大,也不妄自菲薄。

(三)学生礼仪

学生是学校教育工作的中心,学生礼仪是学校教育的重要组成。常见学生礼仪有课堂礼仪、服饰仪表礼仪、尊师礼仪、同学之间的礼仪、集会礼仪、校内公共场所礼仪等。

二、体育礼仪

古人说"不学礼,无以立""德辉动于内,礼发诸外"。国内外体育活动多种多样,赛事规格越高,对参赛和观赛人员的(礼仪)要求也越高。体育专业学生是体育文化的传承者,掌握必要的体育礼仪,对促进大众体育礼仪水平提升有着积极的引领示范作用。

1.概念

体育礼仪是指人们在体育交往中友好相处、相互尊重的行为规范。体育礼仪是在体育活动中,以约定俗成的程序或方式来表现律己敬人的活动,是体育文化在礼仪层面上的表现。体育礼仪与运动项目关系密切。

2.体育礼仪的功能

(1)体育礼仪有助于提高学生思想道德品质与文明素质。体育礼仪既是我国传统礼仪的重要组成,也是我国当前精神文明建设的重要组成部分。顾拜旦认为"为了人类的日新月异,躯体和精神的改善要同时抓起",体育礼仪教育是良好的道德教育载体。在校内外的诸多体育赛事中,尊重裁判、尊重对手等体育礼仪利于提升学生的综合素质。

(2)体育礼仪可以塑造良好个人形象,促进人际和谐。礼仪教育可以增进学生之间的沟通,形成良好的人际关系,有利于学生社会适应能力的形成。体育礼仪还可以使人的言谈、举止、服饰等更符合大众审美与社会规范,有利于塑造个人良好形象,增进人际和谐。

(3)体育礼仪教育有助于传承中华民族优秀文化。我国古代体育在发展过程中形成了独具特色的规范和制度,这些规范、制度与文化等元素结合形成了古代的体育礼仪。周代以后,射礼成为典型的体育礼仪,体现在帝王祭祀、地方的乡射礼、乡饮酒礼中。后继又催生了武术礼仪、养生礼仪、江湖体育礼仪(如拜师礼)等,至今仍体现在舞龙、舞狮、秧歌等节庆体育中。丰富多彩的体育礼仪文化是中华礼仪文化的载体之一。

(4)体育礼仪可以维持社会秩序,促进和谐社会建设。礼仪有利于团结同学,增进学生间的关系,体育鼓励合作与团队精神,可以使每位参与者体会到归属一个集体的感受——呈现出身份认同的力量,鼓励参与者追求一个更加积极奋进的自我,从而可以为其踏入社会奠定良好的基础。

体育礼仪还有校园文化建设等功能。体育文化是校园文化的重要组成部分,丰富多彩的体育运动不仅丰富了校园文化活动,而且成为和谐校园建设的重要载体。体育礼仪教育有助于和谐校园建设,有利于形成良好道德风气。

3.体育比赛礼仪

(1)观众观赛礼仪。

1)比赛前。比赛前,从正规渠道购票,排队有序进场,按号就座。

2)比赛中。精彩的体育比赛往往振奋人心,为自己所喜欢的运动员欢呼和呐喊是可以理解的,但是起哄、向场内扔东西、喝倒彩、辱骂等行为是不礼貌的,是不可取的。体育场馆属公共场所,一般是禁止吸烟的,同时观众观看比赛需穿着得体。不同级别比赛对观众的要求也不同,其中要求最高的是"三无",即"无动、无光、无声"。"无动"是指观众不能在场内随意走动。"无光"是指不能开闪光灯拍照。"无声"是指不宜鼓掌加油,甚至不能发出声音。比如:田径和游泳比赛发令时,赛场必须安静;射击等比赛中运动员需要镇定,不宜受到外界噪声干扰;在马术比赛中,大声喊叫可能会让马受到惊吓;举重比赛运动员握举瞬间要保持肃静等[1]。

3)比赛后。排队有序离场,随手带走水瓶、废纸等垃圾,保持场地、通道内的整洁与卫生。

(2)参赛选手礼仪。对比赛的态度:不服用违禁药品,积极认真比赛,赛出风格和水平,不弄虚作假。对竞争对手的态度:尊重、有礼貌。对观众的态度:尊重观众,上场下场答谢观众。对裁判的态度:服从裁判,遵纪守法。对记者的态度:有礼貌,不卑不亢。

4.体育礼仪的分类

体育礼仪按照不同运动项目可以分为田径项目观赏礼仪、篮球项目观赏礼仪、排球项目观赏礼仪、足球项目观赏礼仪、乒乓球项目观赏礼仪、羽毛球项目观赏礼仪、网球项目观赏礼仪、跳水项目观赏礼仪、摔跤项目观赏礼仪、射箭项目观赏礼仪、体操项目观赏礼仪、举重项目观赏礼仪、击剑项目观赏礼仪、跆拳道项目观赏礼仪等。

5.学生缺乏体育礼仪的原因

(1)认识的误区。第一,对礼仪文化的误解。作为四大文明古国之一,我国较早就进入了重礼仪、守礼规的文明社会。但是我国传统礼仪中精华与糟粕并存,在传承过程中应"取其精华,去其糟粕",盲目走极端全盘否定要不得。第二,对西方文化的盲目崇拜。一些学生盲目崇拜西方文化,丧失文化自信。第三,缺乏长远认识。部分学校教育存在重眼前轻长远、重学习(训练)轻德育的倾向。部分学生在学习过程中仅重视运动成绩产出,忽视了自身体育礼仪的培养。

(2)学校礼仪教育缺失。受应试教育的影响,人们曾一度将学习成绩作为评价学生优秀与否的唯一标准,学校教育注重智力教育而忽略了学生的礼仪知识和行为的教育。在提倡素质教育的当下,人们这种观念尚难在短时间内全部扭转。有学者调查发现:部分学生受社会不良风气的影响,抵制不住金钱的诱惑,变得势利虚荣;有的学生凡事以自我为中心,不顾及他人的感受,存在为了实现自己的利益不惜以牺牲他人的利益的现象[2];部分高校对学生

① 刘娜,伊周.观众的文明素质比多拿几块金牌更重要:专访奥运手势设计推广专家、全国政协委员张晓梅[J].中国商界(上半月),2008(9):34-35.

② 黄美琼.新时期大学生礼仪素质现状调查及对策:以集美大学为例[J].集美大学学报(教育科学版),2013,14(4):74-77.

的礼仪教育不够重视、缺少完善的礼仪教育内容、礼仪教育方式过于单一、缺少优良的礼仪教育氛围[1]。

（3）家庭礼仪教育的缺失。家庭教育对人的成长不可或缺。家长对孩子的过度溺爱，容易使孩子习惯以自我为中心，不知道关心和尊重他人，当孩子出现失礼行为时，家长若不能及时地予以正确的引导，就会导致孩子失去礼仪养成的早期机会。部分学生家庭（礼仪）教育的缺位使得他们缺少人际交往技巧，不善于解决同学之间的矛盾，易产生心理问题，出现纠纷，甚至诱发校园暴力。

6.提升体育专业学生体育礼仪方法

（1）深化认知，发挥榜样作用。一方面，对受教育者而言。对体育专业大学生进行礼仪教育，有助于其健全人格、培养自信，这是体育专业大学生走向成功的条件之一。在传承礼仪文化的过程中，学生应学习传承中华优秀传统文化，深化礼仪对人发展作用的认知，坚持用长远眼光看待问题，坚定理想与信念，坚守道德情操，增强文化自信。另一方面，对教育者而言。教师要加强自身体育礼仪修养，学高为师，身正为范，在传授体育礼仪的同时，规范自身礼仪行为，言传身教，以身作则，在潜移默化中影响学生。对表现优秀的学生要给予肯定与表扬。首先，体育教师应持严谨治学的态度，严格规范自身的言行，为学生做好表率。其次，体育教师要注重自身仪容仪表。衣着和外表是体育教师给学生的第一印象，必须给学生正面的信息反馈。最后，教学辅导要有耐心。学生学习过程中教师须多指导、多关心，使得学生在耳濡目染的良好氛围中内化并生成体育知识、能力、礼仪。

（2）强化学校礼仪教育。通过课堂内外实践普及礼仪。课内加强体育教学过程中体育礼仪的传授，传播体育礼仪文化；课外加强体育礼仪宣传活动，以学校运动会、年级体育竞赛等体育活动为契机，通过现场展示、展板和海报等形式宣传体育礼仪知识，进一步规范体育礼仪行为。学校尽可能多地为学生举办相关的活动，如礼仪专题讲座、礼仪知识竞赛、礼仪风采大赛等。同时，还可以通过校园网络设置文明礼仪专栏，普及礼仪知识和宣传礼仪模范人物。通过第二课堂活动、校园精品活动，结合就业创业指导提升学生的礼仪素养、深化礼仪教育，引导学生将礼仪知识应用到实际生活中，形成良好习惯。

体育院系应开设体育礼仪课程，加强相关教材建设。例如为低年级学生开设常规礼仪课程，宣讲校园礼仪、日常行为举止礼仪、传统节日礼仪等，让学生了解基本的个人礼仪规范；为高年级学生开设面试礼仪、社交礼仪、体育礼仪等课程（讲座）。同时，在公共体育教学过程中，要注重礼仪教育，与专业体育共同助力校园礼仪文化建设；在专业建设过程中应重视礼仪知识进教材。

（3）加强家庭教育与社会教育的监督和管理。加强家庭教育与社会教育，治理不文明行为。礼仪养成不能仅仅依赖于教育和道德舆论，还要建立健全礼仪规章制度，强化信息普及与传播，给文明失范者必要的惩罚，使其强化自我约束，减少不文明行为的发生。在这个过程中，信息分享、强化监督与管理不可或缺。

高校在注重学生体育专业知识与技能习得的同时，应加强学生非智力因素的培养，这不仅是学生自身发展的需要，还是社会发展的实际需要。

---

① 赵九而.高校加强大学生礼仪教育的实施路径探索[J].大学,2022(20):161-164.

思 考 题

1.结合专业实际,调查本校专业特色实践有哪些?

2.简述体育专业技能比赛与体育教师资格证考试之间的关系。

3.试分析体育专业学生体育礼仪缺失的原因与对策。

延伸阅读材料

1.马建华,李志忠.竞技体育科学研究的开拓者:北京体育大学教授田麦久访谈[J].科学观察.2007(3):45-46.

2.吴忠义,高彩云.我国高校体育教学改革30年回顾与思考[J].成都体育学院学报,2010,36(1):87-90.

3.方爱莲,陈亮,陈洪,秦增保.体育教育专业"全程实践教学"培养模式的构建[J].北京体育大学学报,2010,33(1):80-84.

4.国家体育总局.体育总局人力中心关于持续开展健身教练职业能力培训测评工作的通知[EB/OL].https://www.sport.gov.cn/rlzx/n5631/c24277447/content.html.

5.国家体育总局.体育总局职鉴指导中心印发《游泳救生员国家职业技能鉴定考核实施细则(2019版)》的通知[EB/OL].https://www.sport.gov.cn/n315/n20001395/c20017196/content.html.

6.国家体育总局.2016年健身教练职业发展研究报告[EB/OL].https://www.sport.gov.cn/n322/n382/c785290/content.html.

第八章 体育专业学生学业规划与就业

学习目标

学习目标

(1)理解制定学业规划的意义,了解制定学业规划常见的问题,掌握学业规划的制定步骤。

(2)了解研究生教育概况,掌握体育研究生分类,理解考研的主要流程。

(3)了解体育专业学生就业对策。

学习目标

讲授法、案例教学法、讨论法、练习法。

第一节 体育专业学生学业规划

大学生学业规划是人生规划在大学阶段的体现,前者与后者是部分与整体的关系。美国学者称之为学生的生涯规划,日本学者称之为进路教育[①]。学业规划就是通过解决求学者学什么、怎么学、什么时候学、在哪里学等问题,以确保用最小的求学成本,最大限度地提高求学者的人生职业(事业)发展效率[②]。本节主要介绍本科阶段学生的学业规划。

一、学业规划的概念

规划是指比较全面的、长远的发展计划。规划有不同的分类,按内容性质可分为总体规划和专业规划,按时间范围可分为近期发展规划、中期发展规划、远期发展规划,按照国家(经济)发展建设周期可分为"十三五"规划、"十四五"规划等。

当前我国处于"十四五"规划阶段。"五年规划"(原称"五年计划")是中国国民经济计划的重要部分,主要对国家重大建设项目、生产力分布和国民经济重要比例关系等作出规划。自1953年开始制定第一个"五年计划"以来,中国已发布十四个"五年规划(计划)"。循着这条路径,人们既能看到新中国成立以来社会经济发展的主要脉络,也能从中探寻发展规律与经验,用于指导未来。

---

① 温多红,姚苗苗.大学生学业规划的国际借鉴及目标有效性分析[J].黑龙江高教研究,2007(10):76-78.

② 周西安,王立军.高校大学生学业规划研究[J].教育探索,2012(4):83-86.

学业规划是指为了提高求学者的人生职业(事业)发展效率,而对与之相关的学业所进行的筹划和安排①。

大学生学业规划是指大学生在知己知彼的基础上,从自身特点和兴趣出发,结合实际情况和社会需求,确定职业发展的方向,制定大学学习的总体目标和阶段性目标,以及实现目标的步骤和实施方法②。

职业是指劳动者能够相对稳定地承担某项社会劳动,或者稳定地从事某类专门的社会工作并从中获得收入。美国学者赛尔兹认为职业是一个人为了不断取得个人收入而连续从事的具有市场价值的特殊活动,这种活动决定着从业者的社会地位。职业生涯规划是指个人(组织)结合客观条件,在兴趣、能力、优缺点、倾向等方面进行分析并确定职业奋斗目标,为实现这一目标而做出的安排。职业生涯规划的内容包括两方面:一是个人对自己进行个人职业生涯规划,二是组织对内部成员进行的职业生涯规划和管理③。

二、制定学业规划的意义

(1)有利于大学生情绪稳定、较好地适应学习与环境。切实可行的学业规划可以较好地利用余暇时间,帮助规划者按照既定目标从事与学习、生活相关的活动,降低焦虑感、盲目感、空虚感,丰富大学的学习与生活。

(2)有利于提升自我管理能力。大学生职业生涯规划是加强大学生自我管理的有效载体,对培养大学生的自我管理能力具有认知、导向、激励功能④。工欲善其事,必先利其器。养成"预则立"习惯是成功的条件之一,其过程可以提升学生自身的执行力、应变力与抗压能力,当这种"利其器"习得养成后,再"善其事"就容易多了。人生的道路虽然漫长,但要紧处常常只有几步,特别是当人年轻的时候。没有一个人的生活道路是笔直的,没有岔道的。有效的学业规划有助于学生合理定位,提高自我管理能力,提升成才的可能性。

(3)有利于大学生提升学业成绩,增加就业概率。有学者研究发现,学业规划与学习绩效存在正相关,且学生学业规划水平越高,学习绩效水平就越高,学业规划对学习绩效产生积极影响⑤。制定学业规划是做好职业生涯设计的前提和基础⑥。切实有效的学业规划为学生顺利就业或创业增加更多选择与可能。

三、学业规划分类与制定步骤

(一)学业规划的分类

(1)根据学生毕业后意向的不同,大学生学业规划可分为三类:求职就业类、学业深造

---

① 张恒亮.学业规划:筹划未来[M].西安:电子科技大学出版社,2003.

② 温多红,姚苗苗.大学生学业规划的国际借鉴及目标有效性分析[J].黑龙江高教研究,2007(10):76-78.

③ 姜浪.北京体育大学管理专业本科生职业生涯规划研究[D].天津大学,2015.

④ 屈善孝.探析加强大学生自我管理的有效途径[J].国家教育行政学院学报,2010(03):68-72.

⑤ 汪小布.大学生学业规划与学习绩效相关性研究:基于学生投入的视角[J].教育学术月刊,2016(8):67-73.

⑥ 张晓霞.大学生学业规划模式研究[J].中北大学学报(社会科学版),2011,27(02):90-93,97.

类、自主创业类。其中,求职就业类需要扎实学业＋专业技能,学业深造类需要扎实学业＋研究项目(科研)技能,自主创业类需要广泛实践＋完成学业＋通用技能。

(2)根据规划时间的不同,大学生规划可分为长期规划、中期规划、短期规划,如长期规划(四年)、中期规划(一年)、短期规划(一学期)。

以体育专业为例,根据内容维度的不同,大学生规划可划分为外语(思政)学习规划、专业理论学习规划、专业技能学习规划、综合能力(赛事组织)学习规划等。无论哪种规划,最终都需要落地可行。执行者要针对不同目标进行具体的细化和分解,直至为了实现目标而应考虑到的每周和每天应完成的任务[①]。

(二)学业规划的制定步骤

制定学业规划要符合外部环境和个人兴趣、特长,把个人志向与国家和社会的需要有机地结合起来,做到切实可行。系统职业生涯规划步骤:觉知与承诺→认识自己→认识工作世界→决策→行动→再评估。据此,有学者将学业具化为学业规划、学业督导、学业再规划、学业目标、学业行动、学职对接六个子项目[②]。下面以四年体育专业本科为例,对学业规划要点进行简单介绍。

(1)一年级为热身预备期。大学生在此阶段的主要任务是认识自己,了解自己的兴趣、特长、短板与性格等,通过各种历练,收集多方面(教师、同学等)的反馈信息,力图客观地评价自己。适应新环境,养成良好的习惯。同时,进一步了解自己的专业,自己可能从事的职业,便于结合目标职业的要求进行学业规划与安排。具体而言:①要努力适应大学学习,掌握适合自己的学习方法。大学的自主学习与高中学习模式存在显著差异,即大学期间体现"我要学"主体感更加鲜明,自由时间多,需培养自主学习习惯,夯实学业基础。②避免考试挂科,特别是英语、体育概论、运动解剖学等课程。③培养沟通、适应、协作和交往能力,参加1～2项社团或社会实践活动。④坚持锻炼身体,练好基础体能。基础体能的提升有利于运动专项的学习。

(2)二年级为定向加速期。大学生在此阶段的主要任务是扬长避短,检验自己的知识与运动技能存量,可以尝试在课余时间从事与专业相关的实践活动。同时,要准备英语四级考试,学有余力者开始有选择地辅修其他专业的知识。重视专业基础课的学习,有选择地考证、考级,良好的学习与生活习惯逐渐养成。师生、同学人际关系良好,见贤思齐,持续提升自己的综合素质。在实践(创新创业比赛等)中学习,锻炼和提升"内力"。

(3)三年级为中途快跑期。凡事预则立,确定参加研究生考试、事业编考试的学生要全身心准备与执行。计划毕业就业的同学要在"一专"基础上苦练"多能",适时参加招聘会积累经验,进入相关企业实习或兼职。

(4)四年级为冲刺分化期。完成毕业论文写作并顺利通过答辩。通常毕业论文是阶段学习成果的检验,通过写作论文熟悉论文写作程序和规范。准备考研的学生,要研究报考行业、院校、专业的具体信息,认真备考;准备就业的学生,要广泛搜集招聘信息、联系工作单位实习,

---

① 周西安,王立军.高校大学生学业规划研究[J].教育探索,2012(4):83-86.
② 遇言.高校辅导员学业指导模式创新性探索与实践[J].吉林广播电视大学学报,2017(7):84-85,106.

积累工作经验,精心制作简历,谋求与专业对口或相近、能实现自我价值的职业[①];准备创业的学生,修改完善创业计划,分析收支点,物色合适的地段与办公场所,宣传与试运营……

大学时间很短,在完成一轮短跑后,人生又会迎来新的机遇与挑战,需要学生做好下一轮的冲刺准备。有了前面的应激积累,再面临挑战时身体和心理适应得更好。类似力量练习,积累产生质变,一般经过两个月以上的刺激,肌肉形态才会发生显著变化。此外,专业方向、定位和稳定性等也很重要,有学者称之为学业锚。学业锚确定的流程是:做出正确的评价,做到知己知彼→确定有效的目标→制定实现目标的步骤和措施→及时进行调整→逐步确定学业锚[②]。知晓什么对自己是重要的,这对制定切实可行的规划很重要。

四、制定学业规划常见的问题与建议

(一)常见问题

(1)学习目标不清,动机不足,不能客观评价自己。学习内驱力不足、盲目被动,个别学生抱着"60分万岁,61分浪费"的心态学习,只求顺利毕业。学业规划存在对本专业就业现状、就业政策、就业形势了解不全面的问题。据调查,有40%被调查者的职业生涯规划不强,对自己缺乏较为清晰的职业发展目标和规划。还有学者调查发现,大学生在制定学业规划时存在自我奋斗目标不明确,主体意识淡薄;期望值过高,心理承受及调节能力弱等问题[③]。

客观地认识与评价自己显得尤为重要。比如,在企业竞争中要清楚双方的情况:优势劣势、组织结构、核心人才、产品情况、管理状况、营销手段、客户资源、最新动态、财务数据等。知己知彼者,百战不殆。

(2)学业规划可操作性不强,心态不稳,学习成本增加。学生的学业规划存在落实不力,心理承受及调节能力弱,遇到困难或阻力就放弃目标等问题[④]。有学者认为,学生还存在急于求成等心态问题,学业规划存在盲目跟风现象[⑤]。数据显示体育院校毕业生初次就业率仅为28.1%[⑥]。《2011年中国大学生就业报告》数据显示体育专业就业率仍在毕业生就业率最低的十名之内[⑦]。专业选择的盲目性,使学生的机会成本增加,长时间处于职业探索时期,影响职业发展的时机。比如研究生教育担负着发展尖端技术重任,需要学生静下心来做学术研究,但是很多学生的性格特征和思维逻辑能力并不适合这项学习任务,致使他们在研究生阶段无法找到自己的优势和可发展的空间,这对于他们的成长和国家培养都是不利的。因此,进行合理的规划显得尤为重要。

① 张晓霞.大学生学业规划模式研究[J].中北大学学报(社会科学版),2011,27(2):90-93,97.
② 温多红,姚苗苗.大学生学业规划的国际借鉴及目标有效性分析[J].黑龙江高教研究,2007(10):76-78.
③ 董元,白春乐.大学生学业规划现状及对策分析[J].教育理论与实践,2008,28(增刊2):25.
④ 张晓霞.大学生学业规划模式研究[J].中北大学学报(社会科学版),2011,27(2):90-93,97.
⑤ 董秀娜,曹静艳,尹航.大学生学业规划实施效果满意度调查及对策思考:以江苏大学为例[J].科技视界,2015(2):44-45.
⑥ 郎银雪.浅谈体育教育专业的职业生涯规划[J].新西部,2014(15):129.
⑦ 李凤威,赵乐发.体育专业学生就业模式探索与研究[J].理论界,2012(1):193-195.

（3）其他。职业生涯规划课程仅仅作为选修课开设，通常在大三或大四开设，开课的滞后性使学生错过了"主动准备"的时期，同时在专业能力与个人能力职业生涯的各种资质准备方面，考取专业证书的人数比例小。学生了解学业规划有关理论的途径有限，学校的学业导师制度仍有待完善。学生缺乏正确的学业指导，是不满意学业规划制度的根源之一。现阶段，学校尚未形成完善的学业规划的监督与评价机制[①]。此外，教育的过程需重视学生的德才兼修。

（二）制定学业规划的建议

第一，学生方面。首先，学生在制定学业规划时，应考虑到学业、专业、职业、事业、就业间的关系，做好顶层设计。设置合理的学业目标，根据自己的能力、特点、偏好，量力做学业规划。其次，学业目标要有针对性，多与老师、同学交流，培养自己坚持不懈、吃苦耐劳的品质。最后，把握机会。要有长远眼光，一方面，机遇稍纵即逝，抓住机会的能力很重要。另一方面，辨别机会，任何事物都有两面性。可将能否持续体现社会价值与个体价值作为评价指标，因为可持续增长的见识与经历更有助于人的发展。合理的规划有助于学生人生的完整与层次体验。

第二，学校方面。高校可以从三方面着手。一是建立健全反馈评价机制。大学生的健康成长不仅需要学业系统的评价，而且需要老师、同学等外部的评价（提醒），这有助于学生更清楚地认识、评价自己。二是配备学业导师、班主任。专业老师可以对学生学习兴趣、专业结构、学习方法、阅读书目等方面进行指导，辅导员则可以对学生进行生活和心理上的指导。班主任的主要工作是促进班级建设与学风建设，并在此过程中促进学生成长进步，营造积极向上的班级氛围。比如在学风建设方面，可采取"1对1"谈话＋个人规划案例推介＋小组内学业辅导模式；在班级建设方面，采取班委筛选与"冶炼"＋班集体活动或竞赛＋班会或小组研讨模式。三是举办相关活动。比如开展学业规划指导讲座、简历大赛、个人学业规划设计大赛等一系列活动[②]。

第二节　体育研究生教育

一、研究生教育概况

研究生教育是我国四等七级（直旁系齐全）教育体系的一部分。研究生分为硕士学位研究生及博士学位研究生。据教育部统计数据[③]，2023年，全国高等教育学校3074所，各种形式的高等教育在学总规模4763.19万人。其中普通本科学校1242所，普通本科在校生19 656 436人。在学研究生388.29万人（博士生61.25万人，硕士生327 05万人）。

---

① 董秀娜，曹静艳，尹航.大学生学业规划实施效果满意度调查及对策思考：以江苏大学为例[J].科技视界，2015（2）：44－45.

② 董秀娜，曹静艳，尹航.大学生学业规划实施效果满意度调查及对策思考：以江苏大学为例[J].科技视界，2015（2）：44－45.

③ 教育部发展规划司.2023年全国教育事业发展基本情况[EB/OL].（2024－03－01）[2024－06－27].http://www.moe.gov.cn/fbh/live/2024/55831/sfcl/202403/t20240301_1117517.html.

2018 年教育部颁布的《普通高等学校本科专业类教学质量国家标准》指出,体育本科培养目标是:培养德智体美劳美全面发展,具有高度的社会责任感、较好的科学和文化素养,具备现代教育、健康理念、系统掌握体育学基本理论、基本技能和基本方法,富有创新精神,具备一定的体育科学研究能力,具有创业意识,具备一定的创业素质和创业能力,能够从事群众体育事业、竞技体育事业、体育产业相关工作的应用型人才。

相较本科,研究生的培养更侧重于学术研究。体育研究生教育的目标为培养具有高度创新能力和实践能力的体育高层次人才,这需要研究生具备独立学术研究等多方面的能力。研究生教育注重培养学生的学术素养和科研能力,学生在完成学业后,应具备独立进行科学研究、解决复杂问题的能力。

二、近几年我国研究生教育报考情况

1. 全国硕士研究生报考人数呈增长趋势

随着经济发展,国民综合素质提升需求加强。在个体对自身文化提高意愿强烈、本科毕业生就业压力较大、非全日制研究生考试纳入统考以及研究生招生人数扩大等因素的共同影响下,全国硕士研究生报考人数呈现了逐年上升的态势。2023 年高等教育毛入学率达到60.2%[①]。图 8-1 所示为 2016—2023 年全国硕士研究生报考人数。

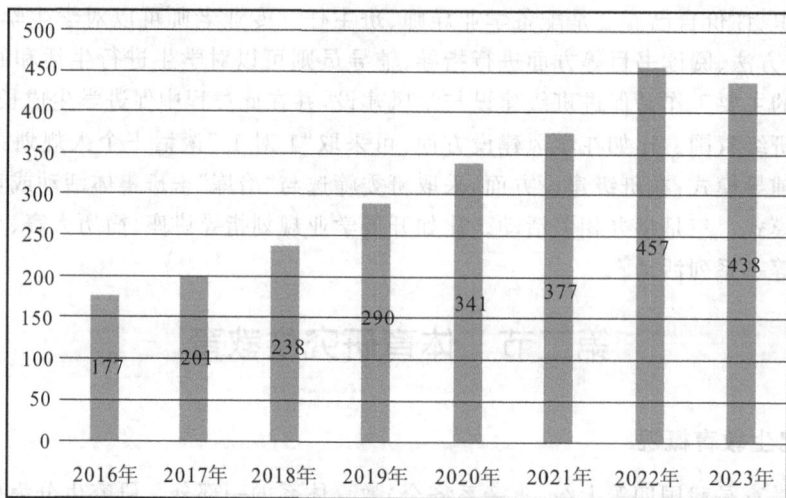

图 8-1 2016—2023 年全国硕士研究生报考人数(单位:万人)

2. 报考专业学位硕士的人数增多

近几年,报考专业学位硕士考生的人数超过了学术型硕士报考人数。究其原因主要有:首先,专业学位硕士是偏向应用型的学科,专业领域对高级专门人才的需求越来越强烈,专业学位硕士社会认可度不断提升。其次,专业学位硕士的学习和考查内容更加侧重考生多方面能力,学制更具有优势,学历、实用兼顾。

---

① 教育部发展规划司.2023 年全国教育事业发展基本情况[EB/OL].(2024-03-01)[2024-06-27].http://www.moe.gov.cn/fbh/live/2024/55831/sfcl/202403/t20240301_1117517.html.

3. 其他

2017 年往届考生占报考总数 43.78％,2018 年往届考生占报考总数 44.96％,考研学生中往届生比例上升①。往届生考研的优势是更熟悉考研的流程,考研目标明确,决心大,缺点是复习时间不充裕、影响因素多等。该类人群的特点:现有学历已经不再满足工作上的需求,研究生学历的就业优势高于本科,研究生的起薪高于本科生。

此外,以研招网 2019 年考研调查结果为例②,在调查考研原因的选项中,选择"个人发展与就业前景"选项的占 39.96％,居首位。在进行报考专业情况选项调查时,考生选择相关专业占 80％;"如一志愿未录取,是否考虑参加调剂",87.96％ 的考生选择调剂;等等。

三、体育研究生分类

(1)按培养层次与学位划分,可分为体育硕士学位研究生、体育博士学位研究生。

(2)按照学位类型划分,可分为学术型研究生及专业型研究生两种。学术型研究生一般是以学术研究为导向,偏重理论和研究,以培养大学教师和科研机构的研究人员为主。专业型研究生是培养具有扎实理论基础,并适应特定行业或职业实际工作需要的应用型高层次专门人才。学术型硕士学习时间一般为 3 年,专业型硕士学习时间一般在 2～3 年。

(3)按二级学科划分,可分为体育人文社会学、运动人体科学、体育教育训练学、民族传统体育学专业研究生等。

(4)按学习方式划分,可分为全日制研究生、非全日制研究生和同等学力在职研究生。全日制研究生和非全日制研究生,是通过全国硕士研究生和博士研究生统一招生考试或推荐免试、申请考核制等方式来进行招生的,又称统招研究生;同等学力在职研究生主要通过联考、同等学力申硕等方式进行招生。

四、考研流程

硕士研究生入学考试主要分为初试和复试,初试通过以后才有资格参加复试。

(一)考研准备与初试

2012 年起,考研分数线全国可以分为两个区(之前分三个区)。一区包含北京、天津、河北、山西、辽宁、吉林、黑龙江、上海、江苏、浙江、安徽、福建、江西、山东、河南、湖北、湖南、广东、重庆、四川、陕西等省(市);二区包含内蒙古、广西、海南、贵州、云南、西藏、甘肃、青海、宁夏、新疆等省(区),通常一区考研分数线要比二区高一些。

以体育类为例,考试科目通常包括外语、政治、体育理论专业课(专业考试科目因校而异)。考研准备要点:第一,确定报考学校与专业,这需要根据个人情况与需求做好信息收集与分析;第二,制订可行复习计划。

有学者将考研影响因素分为考前基本因素、考研心理因素、考研复习因素以及报考因

---

① 中国研究生招生信息网.研招网 2019 年全国硕士研究生招生数据报告[EB/OL].(2019-03-01)[2023-06-27].https://yz.chsi.com.cn/yzzt/fxbg2019.

② 中国研究生招生信息网.研招网 2019 年全国硕士研究生招生数据报告[EB/OL].(2019-03-01)[2023-06-27].https://yz.chsi.com.cn/yzzt/fxbg2019.

素,并给出提高考研成功率建议:注重本科基础,加强专业学习(多数考生平均成绩在 80 分以上),保证学习时间(75.5% 的考生每天的学习时间都在 10 小时以上),掌握复习方法(考研复习分起步、强化和冲刺 3 个阶段),保持情绪乐观,注意心态调整,报考跨度适中,切勿好高骛远,尽量提前联系导师,保持信息畅通,等等①。

(二)复试

1. 流程

初试(笔试)考研分数超过国家录取线称上线,上线后分两种情况:一是初试(笔试)达到国家线同时达到报考学校录取线,按录取学校要求参加复试(面试)后通过,被录取,参加体检即可入学;二是初试(笔试)达到国家线但未达到报考学校录取线,需考生自己联系调剂院校,一般是向尚有余额的学校调剂。若调剂不成功,考生需找工作或来年再考。图 8 - 2 所示为考研上线后的流程图。

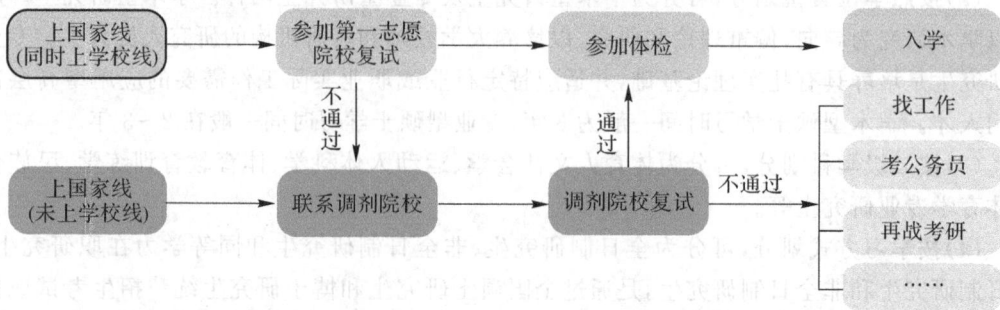

图 8 - 2　考研上线后的流程图②

2. 主要内容

复试有外语口语测试、专业课(理论或技术)测试等。

一方面,初试参考书目的理论核心仍是考查的重点内容;另一方面,专业知识复试对专业知识的考查更灵活,可能会涉及行业热点,面试考官可能要求考生根据自己所学来谈谈对热点问题或者现象的理解。在表达过程中注意将理论与实践结合起来,体现自身应用能力。考生要对所选导师的研究方向、学术观点、论文、专著有一定了解,系统阅读专业经典书籍。笔试时也会涉及专业著作相关内容,考生在笔试中引用一些专业著作中的观点会增色添彩。

3. 其他

首先,考生可以在网站查找专业设置与招生数量,导师信息与院系学术等情况。其次,可以到学校论坛、贴吧或学长处了解导师信息。最后,可以通过论文、著作了解导师信息。可以使用电子邮件(或短信、微信等)联系导师。电子邮件的优点是信息量大,可组织好语言再向导师介绍自己,如研究兴趣、特长等(个人所获奖励、课题、论文可以附件形式发送),行

---

① 王学颖,张楠楠.大学生考研关键因素分析研究[J].沈阳师范大学学报(自然科学版),2014,32(01):111 - 119.

② 中国研究生招生信息网.2019 复试闯关攻略　助你一举上硕[EB/OL].(2019 - 03 - 12)[2023 - 06 - 27].https://yz.chsi.com.cn/yzzt/fszn2019/.

文表述要简明扼要,实事求是。做学术研究要做好"板凳球员"的准备,学术的积累非朝夕而就。坚持学术的使命与担当,创造知识增量,促进文化交流,个人的学术积累终究会有开花结果的时刻。

案例与讨论

考研成功学长们的经验与体会[①]

案例1:为什么考研?——考研的心态与观念

WY同学考研的理由,本科参加工作继续教育也是需要更高学历的,同时通过研究生阶段的学习,不仅自己的整体素质得到提升,人际关系也会提升一个档次,还可以为参加工作做更好准备。HZZ同学认为考研对大多数人来讲,并不是一件必须去做的事情,但本科学历在现行社会中奋斗是不容易的,如果你真想要认真干一件事情,考研是一种优选路径,考研可拓宽自己的眼界,专业精益求精,同时备考期间内心会承受多方面的压力,在此过程中逐渐学会取舍,炼出更强的自己。

种一棵树最好的时间是十年前,其次是现在。WWD同学认为考研最不缺的就是努力的人,凭什么最后是你?这需要找到最适合自己的、简单、高效的学习方法,如果备考过程中自己学得很痛苦又收效甚微,就应调整复习方式与方法。YK同学认为高考有老师和同学一起努力和交流,而考研几乎是孤军奋战,考验的是个人的自学能力。MXL同学认为一旦决定了考研,就要一心一意去准备,把外面的兼职都辞掉,把手机上的游戏都卸载了,全力冲刺考研。在备考期间难免有心态崩的时候,不要放弃,学会给自己减压,发扬坚持不懈、不断拼搏的体育精神,就一定会成功!初试总分380分(政治64分、英语61分、专业课255分)的TR同学认为考研要劳逸结合,他是2~3天进行一次晨跑。人会有疲劳的时候,当学不进去的时候可以打篮球、羽毛球,该学习的时候认真学,该休息的时候认真放松。注意是适当休息而不是频繁休息!学会调节自己的情绪,善于与他人沟通和倾诉,考研前一周养成规律的睡眠时间,以轻松应对考试。初试取得392分的ZZL同学认为考研的道路孤独是常态,压力也非常大,自己很多次在教室中学着学着就哭了,甚至考完试很久自己都不愿意回头看走过的路,但熬过来了就一切都好了。

案例2:复习时间分配与节奏

LL同学认为早上考政治,下午考英语,第二天考专业课,所以他觉得按考试顺序来安排学习进度比较好。当时没有意识到这一点,导致自己在考英语的时候十分不在状态。XS同学认为备考期间制定每科的目标需细分,例如,英语总分具体分配到完形填空、阅读理解、翻译、作文中应该各占多少分。初试总分多少才能进复试。具体到每月、周、天目标,几点起床,上午、午休、下午、晚上怎么安排等。有研究发现考研学生饮食方面存在膳食结构、三餐供能和营养素摄入不合理等问题[②]。LL同学认为,保证学习效率要有充足的精神,需注意均衡营养、按时吃三餐,因为学习是双重消耗!同时,当学习疲惫的时候,练练自己的专项,这样既达到放松效果,还对复试技术有帮助。初试382分,专业课是某体育大学第一名的

---

① 本案例选自西安工业大学2019届、2020届体育专业学生作业,有改动。
② 荀瑞珑.考研学生营养膳食存在的问题分析与指导建议[J].食品安全导刊,2020(33):47-49.

WWD 同学的复习时间表如下(仅供参考):

6:00~6:30　　起床洗漱(吃早饭,早饭必吃,学习是心脑双重消耗);

7:00~9:00　　图书馆背书(0.5 小时的单词,0.5 小时的政治,1 小时的专业课);

9:10~10:30　　复习政治,以看网课和做选择题为主,错的题目做好笔记;

10:30~11:40　　背专业课知识;

11:50~13:00　　吃午饭和午休(在桌上趴一会儿);

13:10~15:10　　复习英语,以做阅读为主,并整理生词;

15:20~17:30　　背一篇小作文或者大作文,之后背专业课;

17:40~18:00　　将背的小作文默写一遍;

18:10~18:50　　吃晚饭、休息;

19:00~20:00　　背政治(错题笔记),增强记忆;

21:00~22:00　　背专业课知识;

22:10~22:40　　背下午英语阅读整理的生词,复习下午背的作文。

被某部属师范大学录取的 ZLB 同学认为一定要好好利用自己的暑假,把暑假时间充分利用好了,考研基本就成功一半了。与舍友或同学组团复习备考是一种不错的方法。LD 同学认为可以寻找合适研友,3 人最佳,随时与研友交流复习经验,苦中作乐,相互鼓励,同时要制定过程目标,勿追赶他人而乱了自己阵脚。YK 同学认为组成考研组可互通有无、参考借鉴,少走很多弯路,既埋头拉车也抬头看路,节省了很多时间。

讨论:

(1)对于技术不错,文化课成绩也不错的同学来说,毕业可选择的路有很多。对于考研这个问题,如同小马过河,你如何看待? 你认为考研成功的首要法宝是什么?

(2)看完 WWD 同学的复习时间表,你对"学习是双重消耗"如何理解呢?

第三节　体育专业学生就业

教育部"新世纪优秀人才支持计划"入选者、知名体育学者曾寄语青年学子:珍惜当下,不负新时代。现在青春是用来奋斗的,将来青春是用来回忆的。青年时代,选择了付出也就选择了收获,选择了拼搏也就选择了无悔。

一、学生毕业后去向

1.体育教师

《礼记·大学》提到八目,即格物、致知、诚意、正心、修身、齐家、治国、平天下,阐述了古人心目中读书人的发展之路。2021 年我国教师约 1800 万人[①],教师队伍是国家可持续发展的重要组成,承担着为国育人的光荣使命。2018 年 1 月,中共中央、国务院《关于全面深化新时代教师队伍建设改革的意见》指出,到 2035 年,教师综合素质、专业化水平和创新能力

---

① 教育部.全国教师总数已达 1792.97 万人[EB/OL].(2021 - 09 - 08)[2023 - 06 - 27].http://www.moe.gov.cn/fbh/live/2021/53730/mtbd/202109/t20210908_560799.html.

大幅提升,培养造就数以百万计的骨干教师、数以十万计的卓越教师、数以万计的教育家型教师。那么,成为合格(优秀)体育教师需具备哪些条件呢?

(1)知识与素养方面。

掌握扎实的体育理论不仅可以丰富自己内心、深化认知、衬托人格,还可以为后期晋升考试等提供智力与习惯支持。学问先博大然后能精深。从事教师职业后,要有高度的社会责任感与积极的学生观,关爱并平等看待每一位学生,善于挖掘学生的闪光点。有学者从学生视角分析优秀体育教师应包括 4 个维度:人格魅力(外在形象、个人特质)、教学素养(专业知识与技能、教学内容、教学方法)、课堂效应(学生反馈、教师指导行为)与和谐师生(良师益友、师生互动)[①]。

体育专业学生需要精通常见体育项目的规则、技术、战术等,如中小学生长跑技巧等。在校期间最少掌握 1~2 项运动技能。调查发现,46.8%的优秀体育教师在工作中自学掌握了 3~5 种体育技能。教师自身要具备较高的运动技能水平,才能更好地给学生进行动作示范。

(2)教学能力方面。

注重教学方法与因材施教,认真备课。根据教学大纲和学生实际情况,精心设计教学环节和内容。合理安排教学内容与流程,避免课堂随意性。加强学生课堂行为规范管理,调动学生学习积极性,避免过于严肃死板。及时记录授课问题反馈、心得等。

有学者认为优秀毕业生的能力包括:组织教材、教学设计能力;洞察学生心理能力;良好的语言、形体表达能力;准确示范能力;教育研究能力;控制教育环境能力;理解他人和与他人交往的能力;组织管理能力;教育应变能力[②]。

(3)认知与沟通方面。

不断学习,提升认知水平。一方面,要关注体育教学新动向,教研相结合,及时解决实践中出现的问题,如在全面深化新时代教师队伍建设改革背景下,以学生为主体的教育方式逐渐成为教学改革的重点。有学者提出,优秀体育教师会经历适应准备期(约 4.06 年)、适应发展期(约 6.14 年)、创造提高期(约 8.81 年)、稳定发展期 4 个阶段,他们表现出中年成才的特征,并具有教学、训练、科研相结合的综合优势[③]。另一方面,多向优秀教师学习,认真听取督导、专家、同事、学生等的意见与建议,探索上好体育课的路径与方法。

优秀体育教师专业成长的经验是始终葆有坚定的职业信念、始终践行高度的专业自觉、精于淬炼优质的体育教学内容及善于寻求基于专业认同的人际关系[④],力争成为党和国家所要求的新时代"有理想信念、有道德情操、有扎实学识、有仁爱之心"的"四有"好老师,扎实培养德智体美劳全面发展的社会主义建设者和接班人。

---

① 张和平,谭娟,何素艳.优秀体育教师维度、概念模型与评价体系:基于学生视角的质性研究[J].武汉体育学院学报,2021,55(10):86-92,100.

② 陈舒.高师体育教育专业优秀毕业生职业素质追踪调查[J].山西师大体育学院学报,2002,(03):24-25.

③ 周登嵩.我国优秀体育教师成才的阶段性规律与促进因素的研究[J].体育科学,1994,(06):10-15.

④ 王先茂,凌晨,董国永,等.污名化背景下优秀体育教师专业成长的经验与启示[J].体育学研究,2021,35(06):25-33.

2.考研

学生应通过学习具备分析与独立思考的能力、研究和发现真理的经验,以及科学家的胸怀。学习成绩是表象,学习能力才是伴随人一生的能力。在这个层次上亦即"沉淀下来的才是教育"。

有调查发现:考取综合类院校的人数逐年增加,而考取体育类院校的人数逐年减少;复习阶段,女生相对更能坚持、更勤奋、更愿意花长时间学习枯燥但变化性和挑战性小的理论知识[①]。对于本科毕业来说,接受研究生教育不仅可以丰富理论知识,拓宽学科视野,提升科研水平,还能提高就业水平和层次。进而对"研究生",有学者认为,从事学术研究需有四真:一是真诚,要有一种抑制不住的渴望;二是真实,要有一种水滴石穿的积累;三是真切,要有一种举重若轻的洞见;四是真理,要有一种剥茧抽丝的论证。还有学者主张将对研究生的初始要求和过程关注结合起来,引导研究生正确地认识社会和世界,树立起科学的世界观、价值观和人生观,习得学术研究的规范,具备专业思维,养成专业精神[②]。

3.行业培训:健身、健美、拓展等行业教练

行业培训的方式多元,相对而言体育培训形式较为一致,多以课外培训的样式进行。课外体育培训是指以传授和提升某种体育技能为目的,面向儿童青少年开展的课外体育指导、培养和训练活动。课外体育培训主体包括青少年体育俱乐部、体育培训机构、体育运动学校、学校体育社团等[③]。国家体育总局为进一步完善课外体育培训治理,促进体育培训市场形成良好生态、健康有序发展,根据相关法律法规、规范性文件的规定,陆续出台了《课外体育培训行为规范》等文件,对体育培训做出了进一步的规范。

4.其他

参军、考事业编制、自主创业等。

二、体育专业学生就业问题与对策

(一)体育专业毕业生面临的问题

1999 年全国高校毕业生人数仅有 84.76 万,而 2019 年高校毕业生达到 758.53 万,2024 年高校毕业生达 1179 万人[④]。截至 2015 年底,全国共有 446 所高校开设 852 个体育学类本科专业点,每年毕业生近 8 万人。当前体育类专业高校毕业生就业现状:就业形势越发严峻,传统就业方式难度加大;就业正逐渐走向多元化;创业创新存在较大潜力;就业观念待转变。有学者在对体育类专业大学毕业生的就业意愿调查中发现,有 89.4% 的毕业生选择了留在大中城市,有 76.4% 选择发达地区县、市,只有 12.1% 的被调查者愿意回到家乡或

① 吴雪影.关于体育专业大学生就业观的调查与思考:基于阜阳师范学院在校本科生的调查报告[J].赤峰学院学报(自然科学版),2012,28(13):180-181.

② 朱从兵.十五年来的探索:研究生培养的初始要求和过程关注[J].学位与研究生教育,2012,(8):1-4.

③ 国家体育总局.关于印发《课外体育培训行为规范》的通知[EB/OL].(2021-12-17)[2023-06-27].http://www.gov.cn/zhengce/zhengceku/2021-12/20/content_5662058.htm.

④ 别敦荣.内外用力实现高校毕业生高质量充分就业[J].中国大学生就业,2024,(11):3-10.

者到欠发达地区创业就业。体育类专业高校毕业生对职业类别选择:有91.9%选择大专院校,有55.6%选择党政机关和事业单位,有12.7%选择国营大中型企业,只有7.2%的人选择体育俱乐部和私营企业[①]。这一情况表明部分体育专业毕业生"树立正确的就业观和成才观,自觉把自己的前途和国家的需要紧密结合起来"意识有待提高。此外,调查显示甘肃省社会体育专业学生就业的专业相关度在2014年是57%,2015年是61%,2016年是65%,2017年是68%,有较大比例的毕业生选择了与本专业无多大关联的职业,在就业后的短时间离职现象也较多[②]。

(二)体育专业学生就业对策

1.自我层面

大学生就业涉及专业、性格、能力、心理等诸多因素。由于生活水平的提升,人们越来越关注健康,所以除了传统的体育教师、教练岗位之外,在社会领域中也催生了诸多体育相关岗位。专业对口是多数毕业生的工作理想,但社会需求的现实要求毕业生不能再抱着专业不放,需要及时转变就业观念。对于刚刚步入社会的毕业生来讲,不切实际地追求高工资、好环境,势必造成自身就业难。

体育专业学生面临着训练和学习的双重压力。学生在学习期间应当加强专业技能学习,结合实际情况,明确自身发展以及就业方向,苦练内功,在提高自身素养的同时有正确的自我认识。尽管世界是不依照人们的意志存在的,但是对于世界的理解和赋予世界的意义则是人的决定——人是以自己的经验为基础来理解客观事实,在自己的大脑中创建自己的个人世界。一方面,体育类专业大学生要充分利用学校的资源不断充实和提高自己,努力使自己在某一方面有较突出的技能表现。另一方面,要对自己的专业素质有客观的认识,以避免找工作时的盲目性,从而提高就业的概率。此外,做好就业"攻略",及时、多渠道收集就业信息,了解市场需求,明确求职方向,减少求职的盲目性,缩短求职时间,做到既能就业,又能实现专业理想[③]。

2.学校层面

学校应加强体育类专业大学生就业指导力度,优化人才培养体系,不断提高人才培养质量。

(1)加强体育专业建设。学与训、理论与实践的矛盾长期存在于体育界。首先,在目前课程结构的层次配置上,要避免"重实践、轻理论,重术科、轻学科,重自然科学、轻社会科学,重传统竞技项目、轻非竞技项目,重知识传授、轻能力培养,重直接经验、轻间接经验,重课程深度、轻广度,重必修课、轻选修课"。其次,针对"人才培养目标单一、专业特色不明显"等问题,结合学校特点进一步优化或改进专业培养方案。体育院(系)不仅肩负着培养体育专业

---

①　吴晓涓.高等院校体育专业毕业生就业状况及对策研究[J].西安体育学院学报,2005(5):108-110,117.

②　秦秀红.甘肃省高校社会体育专业毕业生就业现状调查研究[J].中国大学生就业,2019,(5):50-54.

③　罗代华,杜华,彭彦铭.社会体育专业毕业生就业现状分析与对策[J].湖北师范学院学报(自然科学版),2013,33(2):47-51.

人才的重任，还是体育科研与运动训练、体育教学活动开展的主阵地，是体育产业开发的重要力量。因此，要充分顾及学生的就业情况和未来发展，以社会对体育人才的需要为专业建设原则，确定办学方向。最后，增加教学硬件与师资投入。调查资料显示，有34％的体育院（系）设施不能满足教学需要，有42％的体育院（系）教师年龄、学历等结构跟不上形势发展[1]。因此，要整合体育院（系）资源，通过资源联合，实现资源共享，发挥系统优势。

（2）科学引导，切实提升学生的实践能力。引导学生树立正确的就业理念，帮助他们不断调整自我、学会选择，树立积极的职业追求。许多用人单位在录用员工时，提出有相关工作经验或有相关工作经历者优先考虑。这需要学生在注重学习理论知识的同时，注意实践能力的培养。院校应建立专业的实习实践基地，为学生提供更多的实践实习机会。

（3）提供就业指导及招聘信息服务。加强就业信息服务。类似文化堕距，求职者和用人单位之间也因各种原因存在信息差，有些学生甚至不知道从哪里获取招聘信息，对各地区的招聘要求和组织形式不了解，等等。学校应加强这方面的指导，在组织校园招聘的同时，及时推送各级各类招聘信息，如招聘公众号、招聘网站等。随着高校毕业生就业深化改革，学校要定期召开大中小型招聘会，以自办为主，社会招聘会为辅[2]，为学生提供更多、更广泛的就业信息与资料。学校应运用现代化信息技术建立和完善网络人才市场，促进人才市场的健康发展，持续健全毕业生就业服务系统，等等。

3．社会层面

完善市场运行机制，创建良好就业环境。完善的人才市场体系是实现人才有效供给的保证。加强就业市场组织管理与服务体系建设，提升人才交流中心和中介公司的功能，让其真正成为高校与社会人才交流的有效平台，使市场机制在毕业生人才资源配置方面真正起到基础性作用[3]。同时，加强就业保障体系建设，打破地区、行业限制，促进用人市场机制的形成，保障毕业生就业市场的稳定、有序、可持续发展。国家和地方政府出台的涉及融资、开业、税收、创业培训、创业指导等方面的相关创业政策，尤其是关于融资、税收方面的优惠政策体现了当前对创新创业活动的支持。后期，政府仍需加强大学生就业指导与扶持力度。

案例与讨论

就业成功学长们的经验与体会[4]

案例1：W同学被某中学录为体育教师的经历

☞准备与思考：W同学前期了解发现招聘小学体育老师的单位，专项大多要求武术、跆拳道、体育舞蹈、健美操、啦啦操。招聘中学体育老师的单位，专项大多要求田径或高考体育

① 王西军.体育教育专业学生就业趋势与教育改革研究[J].中国市场,2007(35):92-93.

② 刘丙权.体育教育专业学生就业现状及对策研究[J].沈阳体育学院学报,2005(2):34-36.

③ 吴玲敏,刘丽珍.基于体育人才需求的湖南省体育类大学生就业促进的对策研究[J].湖南工程学院学报(社会科学版),2016,26(01):111-114.

④ 本案例选自西安工业大学2019届、2020届体育专业学生作业,有改动.

必考项目①,一专多能的同学受欢迎。该同学的就业信息来源是陕师大就业信息网。一般中小学招聘体育教师看重的是个人能力,如在校能带队训练、出去可打比赛的教师。

☞初试、复试:①准备一份1分钟的自我介绍:为什么聘用自己是双赢?你能给学校带来什么?②体育课常见口令与集合整队。③技能展示。某校招聘田径教师要求专项测试跨栏、立定跳远、实心球,应聘田径的有4人,其中3人是研究生,W同学是本科生,感觉压力巨大。在测试第一项立定跳远时,只有W同学跳过2.8米。第二项是实心球,每人两次机会,考官要求按推铅球姿势展示。他第一次用原地推铅球,第二次是背向滑步推铅球,成绩是最远的。进行第三项跨栏时,只有W同学一个人会跨0.914米的栏。一周后通知复试,试讲对象是初一年级的学生,时间地点未知。W同学分别准备了10分钟和45分钟的立定跳远试讲。复试后,W同学和另一位研究生被录用了。

☞心得:①备课上课时一定要注意自己的教案规范,比如开始部分(课堂常规、课堂导入、准备部分)、基本部分、结束部分。②在讲课的时候,要清晰表达;在做示范时,要注意什么样的示范学生能看得更清楚、更仔细。③做准备活动时要有趣味性,这样才能提高学生对本节课的兴趣和积极性,在做完趣味性的准备活动后,再做专项性准备活动。④进入基本部分后,教师一定要有纠错环节,要及时反馈给学生,与学生在课堂上多互动,提高其学习的积极性。⑤结束部分,做放松练习,教师总结本节课的情况,归还器材,宣布下课。W同学认为体育类专业学生应大一大二期间好好练一个适合自己的专项技能,多参加比赛,能获得名次最好,获得不了也是累积经验;到了高年级,要多实践,在实践教学中注重教学环节、规范教学细节。到了大四,找工作时要自信。

案例2:F同学练就"一技之长"的故事

F同学在尝试众多体育项目后,在大二时找到了一项适合自己的项目——羽毛球。刚开始训练枯燥,累,很累,但是目标明确,不服输的体育精神让他坚持了下来,通过一年多努力训练,F同学开始看到了自己成长,就这样,他兴趣愈加浓厚,羽毛球技术、教学方法、裁判法等知识取得了显著进步。到大三的时候,F同学信心满满地报名参加了西安市的一项业余比赛,坐公交、倒地铁、骑单车,经过两小时终于赶到赛场。首场比赛他的对手是一位高中生,试了两球后心想赢对方不是张飞吃豆芽——小菜一碟么!然而事实并非如此,对方节奏控制得很好,假动作使F同学各种被骗,终以0∶2输掉了比赛。自己还没热身就被KO了,对方还是高中生!F同学大受刺激,回校痛定思痛好久,觉得还是训练不够,比赛经验少,就这样不断地训练、参加各种业余比赛,与好多高手过招后,到大四第一学期的时候F同学终于可以不被一轮游了,甚至还可以打进西安市业余比赛前八了。他总结到:训练提升技术需有耐得住寂寞、肯吃苦、自我革新的精神。后该同学被某建安集团录取。

---

① 以2023年陕西省体育中考为例,满分60分,其中:平时考核成绩占15分(体育与健康课成绩6分,《国家学生体质健康标准》测试成绩9分);统一考试成绩45分,包括项目一(耐力、心肺功能,包括男1000米与女800米跑、200米游泳,选一)、项目二(速度、爆发力,包括立定跳远、50米跑,选一)、项目三(力量,包括男子引体向上、女子仰卧起坐、前掷实心球,选一)和项目四(技能,包括篮球、足球、排球,选一),统一考试总分(满分45分)=[项目1(满分100分)+项目2(满分100分)+项目3(满分100分)+项目4(满分100分)]÷4×45%。

讨论：

(1)技能学习中的"高原现象"是什么原因？你的"一技之长"形成过程中出现此类问题该怎么办？

(2)看完 W 同学的经历,除了掌握较强的运动技能以外,体育教师还需要掌握哪些本领？体育教练要掌握哪些本领？

✳ 思 考 题 ‹‹‹‹

1.结合自身实际,制定一份可行的学业规划。

2.结合专业实际,谈谈你对提高体育专业学生自身就业能力的想法与建议。

3.如果准备考研,结合学长们的建议,你将从哪些方面做准备？

4.常见体育研究生有哪些分类？

5.体育专业考研的主要流程是什么？

✳ 延伸阅读材料 ‹‹‹‹

1.王天生,程致屏,夏玉兰.中英体育专业研究生教育特点的比较研究[J].体育科学,1997(1):28-32.

2.赵志英.高等体育院校体育专业学生实践能力与培养[D].北京体育大学,2011.

3.贾儒.社会体育专业学生职业生涯规划研究[J].南京体育学院学报(自然科学版),2011,10(3):112-114.

4.曾剑斌.我国体育教育专业毕业生就业现状与期望的调查研究:以华东地区 11 所高等师范院校为例[J].北京体育大学学报,2011,34(2):107-109.

5.张学研,王崇喜.对普通高校体育教育专业学生能力培养与评价的研究[J].体育科学,2000(6):15-18.

6.吕青,尹军,丛林,等.中美日英俄德体育研究生培养比较研究[J].体育文化导刊,2010(05):96-99,107.

7.中国研究生招生信息网 https://yz.chsi.com.cn/

附　　录

附录1　中华人民共和国体育法^①

（1995 年 8 月 29 日第八届全国人民代表大会常务委员会第十五次会议通过　根据 2009 年 8 月 27 日第十一届全国人民代表大会常务委员会第十次会议《关于修改部分法律的决定》第一次修正　根据 2016 年 11 月 7 日第十二届全国人民代表大会常务委员会第二十四次会议《关于修改〈中华人民共和国对外贸易法〉等十二部法律的决定》第二次修正　2022 年 6 月 24 日第十三届全国人民代表大会常务委员会第三十五次会议修订）

目　　录

第一章　总　　则

第一条　为了促进体育事业,弘扬中华体育精神,培育中华体育文化,发展体育运动,增

---

①　中国政府网. 中华人民共和国体育法[EB/OL]. (2022 - 06 - 25)[2023 - 06 - 27]. https://www.gov.cn/xinwen/2022 - 06/25/content_5697693.htm.

强人民体质,根据宪法,制定本法。

第二条　体育工作坚持中国共产党的领导,坚持以人民为中心,以全民健身为基础,普及与提高相结合,推动体育事业均衡、充分发展,推进体育强国和健康中国建设。

第三条　县级以上人民政府应当将体育事业纳入国民经济和社会发展规划。

第四条　国务院体育行政部门主管全国体育工作。国务院其他有关部门在各自的职责范围内管理相关体育工作。

县级以上地方人民政府体育行政部门主管本行政区域内的体育工作。县级以上地方人民政府其他有关部门在各自的职责范围内管理相关体育工作。

第五条　国家依法保障公民平等参与体育活动的权利,对未成年人、妇女、老年人、残疾人等参加体育活动的权利给予特别保障。

第六条　国家扩大公益性和基础性公共体育服务供给,推动基本公共体育服务均等化,逐步健全全民覆盖、普惠共享、城乡一体的基本公共体育服务体系。

第七条　国家采取财政支持、帮助建设体育设施等措施,扶持革命老区、民族地区、边疆地区、经济欠发达地区体育事业的发展。

第八条　国家鼓励、支持优秀民族、民间、民俗传统体育项目的发掘、整理、保护、推广和创新,定期举办少数民族传统体育运动会。

第九条　开展和参加体育活动,应当遵循依法合规、诚实守信、尊重科学、因地制宜、勤俭节约、保障安全的原则。

第十条　国家优先发展青少年和学校体育,坚持体育和教育融合,文化学习和体育锻炼协调,体魄与人格并重,促进青少年全面发展。

第十一条　国家支持体育产业发展,完善体育产业体系,规范体育市场秩序,鼓励扩大体育市场供给,拓宽体育产业投融资渠道,促进体育消费。

第十二条　国家支持体育科学研究和技术创新,培养体育科技人才,推广应用体育科学技术成果,提高体育科学技术水平。

第十三条　国家对在体育事业发展中做出突出贡献的组织和个人,按照有关规定给予表彰和奖励。

第十四条　国家鼓励开展对外体育交往,弘扬奥林匹克精神,支持参与国际体育运动。

对外体育交往坚持独立自主、平等互利、相互尊重的原则,维护国家主权、安全、发展利益和尊严,遵守中华人民共和国缔结或者参加的国际条约。

第十五条　每年8月8日全民健身日所在周为体育宣传周。

第二章　全民健身

第十六条　国家实施全民健身战略,构建全民健身公共服务体系,鼓励和支持公民参加健身活动,促进全民健身与全民健康深度融合。

第十七条　国家倡导公民树立和践行科学健身理念,主动学习健身知识,积极参加健身活动。

第十八条　国家推行全民健身计划,制定和实施体育锻炼标准,定期开展公民体质监测和全民健身活动状况调查,开展科学健身指导工作。

国家建立全民健身工作协调机制。

县级以上人民政府应当定期组织有关部门对全民健身计划实施情况进行评估,并将评估情况向社会公开。

第十九条　国家实行社会体育指导员制度。社会体育指导员对全民健身活动进行指导。

社会体育指导员管理办法由国务院体育行政部门规定。

第二十条　地方各级人民政府和有关部门应当为全民健身活动提供必要的条件,支持、保障全民健身活动的开展。

第二十一条　国家机关、企业事业单位和工会、共产主义青年团、妇女联合会、残疾人联合会等群团组织应当根据各自特点,组织开展日常体育锻炼和各级各类体育运动会等全民健身活动。

第二十二条　居民委员会、村民委员会以及其他社区组织应当结合实际,组织开展全民健身活动。

第二十三条　全社会应当关心和支持未成年人、妇女、老年人、残疾人参加全民健身活动。各级人民政府应当采取措施,为未成年人、妇女、老年人、残疾人安全参加全民健身活动提供便利和保障。

第三章　青少年和学校体育

第二十四条　国家实行青少年和学校体育活动促进计划,健全青少年和学校体育工作制度,培育、增强青少年体育健身意识,推动青少年和学校体育活动的开展和普及,促进青少年身心健康和体魄强健。

第二十五条　教育行政部门和学校应当将体育纳入学生综合素质评价范围,将达到国家学生体质健康标准要求作为教育教学考核的重要内容,培养学生体育锻炼习惯,提升学生体育素养。

体育行政部门应当在传授体育知识技能、组织体育训练、举办体育赛事活动、管理体育场地设施等方面为学校提供指导和帮助,并配合教育行政部门推进学校运动队和高水平运动队建设。

第二十六条　学校必须按照国家有关规定开齐开足体育课,确保体育课时不被占用。

学校应当在体育课教学时,组织病残等特殊体质学生参加适合其特点的体育活动。

第二十七条　学校应当将在校内开展的学生课外体育活动纳入教学计划,与体育课教学内容相衔接,保障学生在校期间每天参加不少于一小时体育锻炼。

鼓励学校组建运动队、俱乐部等体育训练组织,开展多种形式的课余体育训练,有条件的可组建高水平运动队,培养竞技体育后备人才。

第二十八条　国家定期举办全国学生(青年)运动会。地方各级人民政府应当结合实际,定期组织本地区学生(青年)运动会。

学校应当每学年至少举办一次全校性的体育运动会。

鼓励公共体育场地设施免费向学校开放使用,为学校举办体育运动会提供服务保障。

鼓励学校开展多种形式的学生体育交流活动。

第二十九条 国家将体育科目纳入初中、高中学业水平考试范围,建立符合学科特点的考核机制。

病残等特殊体质学生的体育科目考核,应当充分考虑其身体状况。

第三十条 学校应当建立学生体质健康检查制度。教育、体育和卫生健康行政部门应当加强对学生体质的监测和评估。

第三十一条 学校应当按照国家有关规定,配足合格的体育教师,保障体育教师享受与其他学科教师同等待遇。

学校可以设立体育教练员岗位。

学校优先聘用符合相关条件的优秀退役运动员从事学校体育教学、训练活动。

第三十二条 学校应当按照国家有关标准配置体育场地、设施和器材,并定期进行检查、维护,适时予以更新。

学校体育场地必须保障体育活动需要,不得随意占用或者挪作他用。

第三十三条 国家建立健全学生体育活动意外伤害保险机制。

教育行政部门和学校应当做好学校体育活动安全管理和运动伤害风险防控。

第三十四条 幼儿园应当为学前儿童提供适宜的室内外活动场地和体育设施、器材,开展符合学前儿童特点的体育活动。

第三十五条 各级教育督导机构应当对学校体育实施督导,并向社会公布督导报告。

第三十六条 教育行政部门、体育行政部门和学校应当组织、引导青少年参加体育活动,预防和控制青少年近视、肥胖等不良健康状况,家庭应当予以配合。

第三十七条 体育行政部门会同有关部门引导和规范企业事业单位、社会组织和体育专业人员等为青少年提供体育培训等服务。

第三十八条 各级各类体育运动学校应当对适龄学生依法实施义务教育,并根据国务院体育行政部门制定的教学训练大纲开展业余体育训练。

教育行政部门应当将体育运动学校的文化教育纳入管理范围。

各级人民政府应当在场地、设施、资金、人员等方面对体育运动学校予以支持。

第四章 竞 技 体 育

第三十九条 国家促进竞技体育发展,鼓励运动员提高竞技水平,在体育赛事中创造优异成绩,为国家和人民争取荣誉。

第四十条 国家促进和规范职业体育市场化、职业化发展,提高职业体育赛事能力和竞技水平。

第四十一条 国家加强体育运动学校和体育传统特色学校建设,鼓励、支持开展业余体育训练,培养优秀的竞技体育后备人才。

第四十二条 国家加强对运动员的培养和管理,对运动员进行爱国主义、集体主义和社会主义教育,以及道德、纪律和法治教育。

运动员应当积极参加训练和竞赛,团结协作,勇于奉献,顽强拼搏,不断提高竞技水平。

第四十三条　国家加强体育训练科学技术研究、开发和应用,对运动员实行科学、文明的训练,维护运动员身心健康。

第四十四条　国家依法保障运动员接受文化教育的权利。

体育行政部门、教育行政部门应当保障处于义务教育阶段的运动员完成义务教育。

第四十五条　国家依法保障运动员选择注册与交流的权利。

运动员可以参加单项体育协会的注册,并按照有关规定进行交流。

第四十六条　国家对优秀运动员在就业和升学方面给予优待。

第四十七条　各级人民政府加强对退役运动员的职业技能培训和社会保障,为退役运动员就业、创业提供指导和服务。

第四十八条　国家实行体育运动水平等级、教练员职称等级和裁判员技术等级制度。

第四十九条　代表国家和地方参加国际、国内重大体育赛事的运动员和运动队,应当按照公开、公平、择优的原则选拔和组建。

运动员选拔和运动队组建办法由国务院体育行政部门规定。

第五十条　国家对体育赛事活动实行分级分类管理,具体办法由国务院体育行政部门规定。

第五十一条　体育赛事实行公平竞争的原则。

体育赛事活动组织者和运动员、教练员、裁判员应当遵守体育道德和体育赛事规则,不得弄虚作假、营私舞弊。

严禁任何组织和个人利用体育赛事从事赌博活动。

第五十二条　在中国境内举办的体育赛事,其名称、徽记、旗帜及吉祥物等标志按照国家有关规定予以保护。

未经体育赛事活动组织者等相关权利人许可,不得以营利为目的采集或者传播体育赛事活动现场图片、音视频等信息。

第五章　反 兴 奋 剂

第五十三条　国家提倡健康文明、公平竞争的体育运动,禁止在体育运动中使用兴奋剂。

任何组织和个人不得组织、强迫、欺骗、教唆、引诱体育运动参加者在体育运动中使用兴奋剂,不得向体育运动参加者提供或者变相提供兴奋剂。

第五十四条　国家建立健全反兴奋剂制度。

县级以上人民政府体育行政部门会同卫生健康、教育、公安、工信、商务、药品监管、交通运输、海关、农业、市场监管等部门,对兴奋剂问题实施综合治理。

第五十五条　国务院体育行政部门负责制定反兴奋剂规范。

第五十六条　国务院体育行政部门会同国务院药品监管、卫生健康、商务、海关等部门制定、公布兴奋剂目录,并动态调整。

第五十七条　国家设立反兴奋剂机构。反兴奋剂机构及其检查人员依照法定程序开展检查,有关单位和人员应当予以配合,任何单位和个人不得干涉。

反兴奋剂机构依法公开反兴奋剂信息,并接受社会监督。

第五十八条　县级以上人民政府体育行政部门组织开展反兴奋剂宣传、教育工作,提高体育活动参与者和公众的反兴奋剂意识。

第五十九条　国家鼓励开展反兴奋剂科学技术研究,推广先进的反兴奋剂技术、设备和方法。

第六十条　国家根据缔结或者参加的有关国际条约,开展反兴奋剂国际合作,履行反兴奋剂国际义务。

第六章　体育组织

第六十一条　国家鼓励、支持体育组织依照法律法规和章程开展体育活动,推动体育事业发展。

国家鼓励体育组织积极参加国际体育交流合作,参与国际体育运动规则的制定。

第六十二条　中华全国体育总会和地方各级体育总会是团结各类体育组织和体育工作者、体育爱好者的群众性体育组织,应当在发展体育事业中发挥作用。

第六十三条　中国奥林匹克委员会是以发展体育和推动奥林匹克运动为主要任务的体育组织,代表中国参与国际奥林匹克事务。

第六十四条　体育科学社会团体是体育科学技术工作者的学术性体育社会组织,应当在发展体育科技事业中发挥作用。

第六十五条　全国性单项体育协会是依法登记的体育社会组织,代表中国参加相应的国际单项体育组织,根据章程加入中华全国体育总会、派代表担任中国奥林匹克委员会委员。

全国性单项体育协会负责相应项目的普及与提高,制定相应项目技术规范、竞赛规则、团体标准,规范体育赛事活动。

第六十六条　单项体育协会应当依法维护会员的合法权益,积极向有关单位反映会员的意见和建议。

第六十七条　单项体育协会应当接受体育行政部门的指导和监管,健全内部治理机制,制定行业规则,加强行业自律。

第六十八条　国家鼓励发展青少年体育俱乐部、社区健身组织等各类自治性体育组织。

第七章　体育产业

第六十九条　国家制定体育产业发展规划,扩大体育产业规模,增强体育产业活力,促进体育产业高质量发展,满足人民群众多样化体育需求。

县级以上人民政府应当建立政府多部门合作的体育产业发展工作协调机制。

第七十条　国家支持和规范发展体育用品制造、体育服务等体育产业,促进体育与健康、文化、旅游、养老、科技等融合发展。

第七十一条　国家支持体育用品制造业创新发展,鼓励企业加大研发投入,采用新技术、新工艺、新材料,促进体育用品制造业转型升级。

国家培育健身休闲、竞赛表演、场馆服务、体育经纪、体育培训等服务业态,提高体育服务业水平和质量。

符合条件的体育产业,依法享受财政、税收、土地等优惠政策。

第七十二条　国家完善职业体育发展体系,拓展职业体育发展渠道,支持运动员、教练员职业化发展,提高职业体育的成熟度和规范化水平。

职业体育俱乐部应当健全内部治理机制,完善法人治理结构,充分发挥其市场主体作用。

第七十三条　国家建立健全区域体育产业协调互动机制,推动区域间体育产业资源交流共享,促进区域体育协调发展。

国家支持地方发挥资源优势,发展具有区域特色、民族特色的体育产业。

第七十四条　国家鼓励社会资本投入体育产业,建设体育设施,开发体育产品,提供体育服务。

第七十五条　国家鼓励有条件的高等学校设置体育产业相关专业,开展校企合作,加强职业教育和培训,培养体育产业专业人才,形成有效支撑体育产业发展的人才队伍。

第七十六条　国家完善体育产业统计体系,开展体育产业统计监测,定期发布体育产业数据。

第八章　保障条件

第七十七条　县级以上人民政府应当将体育事业经费列入本级预算,建立与国民经济和社会发展相适应的投入机制。

第七十八条　国家鼓励社会力量发展体育事业,鼓励对体育事业的捐赠和赞助,保障参与主体的合法权益。

通过捐赠财产等方式支持体育事业发展的,依法享受税收优惠等政策。

第七十九条　国家有关部门应当加强对体育资金的管理,任何单位和个人不得侵占、挪用、截留、克扣、私分体育资金。

第八十条　国家支持通过政府购买服务的方式提供公共体育服务,提高公共体育服务水平。

第八十一条　县级以上地方人民政府应当按照国家有关规定,根据本行政区域经济社会发展水平、人口结构、环境条件以及体育事业发展需要,统筹兼顾,优化配置各级各类体育场地设施,优先保障全民健身体育场地设施的建设和配置。

第八十二条　县级以上地方人民政府应当将本行政区域内公共体育场地设施的建设纳入国民经济和社会发展规划、国土空间规划,未经法定程序不得变更。

公共体育场地设施的规划设计和竣工验收,应当征求本级人民政府体育行政部门意见。

公共体育场地设施的设计和建设,应当符合国家无障碍环境建设要求,有效满足老年人、残疾人等特定群体的无障碍需求。

第八十三条　新建、改建、扩建居住社区,应当按照国家有关规定,同步规划、设计、建设用于居民日常健身的配套体育场地设施。

第八十四条　公共体育场地设施管理单位应当公开向社会开放的办法,并对未成年人、老年人、残疾人等实行优惠。

免费和低收费开放的体育场地设施,按照有关规定享受补助。

第八十五条　国家推进体育公园建设,鼓励地方因地制宜发展特色体育公园,推动体育公园免费开放,满足公民体育健身需求。

第八十六条　国家鼓励充分、合理利用旧厂房、仓库、老旧商业设施等闲置资源建设用于公民日常健身的体育场地设施,鼓励和支持机关、学校、企业事业单位的体育场地设施向公众开放。

第八十七条　任何单位和个人不得侵占公共体育场地设施及其建设用地,不得擅自拆除公共体育场地设施,不得擅自改变公共体育场地设施的功能、用途或者妨碍其正常使用。

因特殊需要临时占用公共体育场地设施超过十日的,应当经本级人民政府体育行政部门同意;超过三个月的,应当报上一级人民政府体育行政部门批准。

经批准拆除公共体育场地设施或者改变其功能、用途的,应当依照国家有关法律、行政法规的规定先行择地重建。

第八十八条　县级以上地方人民政府应当建立全民健身公共场地设施的维护管理机制,明确管理和维护责任。

第八十九条　国家发展体育专业教育,鼓励有条件的高等学校培养教练员、裁判员、体育教师等各类体育专业人才,鼓励社会力量依法开展体育专业教育。

第九十条　国家鼓励建立健全运动员伤残保险、体育意外伤害保险和场所责任保险制度。

大型体育赛事活动组织者应当和参与者协商投保体育意外伤害保险。

高危险性体育赛事活动组织者应当投保体育意外伤害保险。

高危险性体育项目经营者应当投保体育意外伤害保险和场所责任保险。

第九章　体　育　仲　裁

第九十一条　国家建立体育仲裁制度,及时、公正解决体育纠纷,保护当事人的合法权益。

体育仲裁依法独立进行,不受行政机关、社会组织和个人的干涉。

第九十二条　当事人可以根据仲裁协议、体育组织章程、体育赛事规则等,对下列纠纷申请体育仲裁:

(一)对体育社会组织、运动员管理单位、体育赛事活动组织者按照兴奋剂管理或者其他管理规定作出的取消参赛资格、取消比赛成绩、禁赛等处理决定不服发生的纠纷;

(二)因运动员注册、交流发生的纠纷;

(三)在竞技体育活动中发生的其他纠纷。

《中华人民共和国仲裁法》规定的可仲裁纠纷和《中华人民共和国劳动争议调解仲裁法》

规定的劳动争议,不属于体育仲裁范围。

第九十三条　国务院体育行政部门依照本法组织设立体育仲裁委员会,制定体育仲裁规则。

体育仲裁委员会由体育行政部门代表、体育社会组织代表、运动员代表、教练员代表、裁判员代表以及体育、法律专家组成,其组成人数应当是单数。

体育仲裁委员会应当设仲裁员名册。仲裁员具体条件由体育仲裁规则规定。

第九十四条　体育仲裁委员会裁决体育纠纷实行仲裁庭制。仲裁庭组成人数应当是单数,具体组成办法由体育仲裁规则规定。

第九十五条　鼓励体育组织建立内部纠纷解决机制,公平、公正、高效地解决纠纷。

体育组织没有内部纠纷解决机制或者内部纠纷解决机制未及时处理纠纷的,当事人可以申请体育仲裁。

第九十六条　对体育社会组织、运动员管理单位、体育赛事活动组织者的处理决定或者内部纠纷解决机制处理结果不服的,当事人自收到处理决定或者纠纷处理结果之日起二十一日内申请体育仲裁。

第九十七条　体育仲裁裁决书自作出之日起发生法律效力。

裁决作出后,当事人就同一纠纷再申请体育仲裁或者向人民法院起诉的,体育仲裁委员会或者人民法院不予受理。

第九十八条　有下列情形之一的,当事人可以自收到仲裁裁决书之日起三十日内向体育仲裁委员会所在地的中级人民法院申请撤销裁决:

(一)适用法律、法规确有错误的;

(二)裁决的事项不属于体育仲裁受理范围的;

(三)仲裁庭的组成或者仲裁的程序违反有关规定,足以影响公正裁决的;

(四)裁决所根据的证据是伪造的;

(五)对方当事人隐瞒了足以影响公正裁决的证据的;

(六)仲裁员在仲裁该案时有索贿受贿、徇私舞弊、枉法裁决行为的。

人民法院经组成合议庭审查核实裁决有前款规定情形之一的,或者认定裁决违背社会公共利益的,应当裁定撤销。

人民法院受理撤销裁决的申请后,认为可以由仲裁庭重新仲裁的,通知仲裁庭在一定期限内重新仲裁,并裁定中止撤销程序。仲裁庭拒绝重新仲裁的,人民法院应当裁定恢复撤销程序。

第九十九条　当事人应当履行体育仲裁裁决。一方当事人不履行的,另一方当事人可以依照《中华人民共和国民事诉讼法》的有关规定向人民法院申请执行。

第一百条　需要即时处理的体育赛事活动纠纷,适用体育仲裁特别程序。

特别程序由体育仲裁规则规定。

第十章　监督管理

第一百零一条　县级以上人民政府体育行政部门和有关部门应当积极履行监督检查职

责,发现违反本法规定行为的,应当及时做出处理。对不属于本部门主管事项的,应当及时书面通知并移交相关部门查处。

第一百零二条　县级以上人民政府体育行政部门对体育赛事活动依法进行监管,对赛事活动场地实施现场检查,查阅、复制有关合同、票据、账簿,检查赛事活动组织方案、安全应急预案等材料。

县级以上人民政府公安、市场监管、应急管理等部门按照各自职责对体育赛事活动进行监督管理。

体育赛事活动组织者应当履行安全保障义务,提供符合要求的安全条件,制定风险防范及应急处置预案等保障措施,维护体育赛事活动的安全。

体育赛事活动因发生极端天气、自然灾害、公共卫生事件等突发事件,不具备办赛条件的,体育赛事活动组织者应当及时予以中止;未中止的,县级以上人民政府应当责令其中止。

第一百零三条　县级以上人民政府市场监管、体育行政等部门按照各自职责对体育市场进行监督管理。

第一百零四条　国家建立体育项目管理制度,新设体育项目由国务院体育行政部门认定。

体育项目目录每四年公布一次。

第一百零五条　经营高危险性体育项目,应当符合下列条件,并向县级以上地方人民政府体育行政部门提出申请:

(一)相关体育设施符合国家标准;

(二)具有达到规定数量的取得相应国家职业资格证书或者职业技能等级证书的社会体育指导人员和救助人员;

(三)具有相应的安全保障、应急救援制度和措施。

县级以上地方人民政府体育行政部门应当自收到申请之日起三十日内进行实地核查,并作出批准或者不予批准的决定。予以批准的,应当发给许可证;不予批准的,应当书面通知申请人并说明理由。

国务院体育行政部门会同有关部门制定、调整高危险性体育项目目录并予以公布。

第一百零六条　举办高危险性体育赛事活动,应当符合下列条件,并向县级以上地方人民政府体育行政部门提出申请:

(一)配备具有相应资格或者资质的专业技术人员;

(二)配置符合相关标准和要求的场地、器材和设施;

(三)制定通信、安全、交通、卫生健康、食品、应急救援等相关保障措施。

县级以上地方人民政府体育行政部门应当自收到申请之日起三十日内进行实地核查,并作出批准或者不予批准的决定。

国务院体育行政部门会同有关部门制定、调整高危险性体育赛事活动目录并予以公布。

第一百零七条　县级以上地方人民政府应当建立体育执法机制,为体育执法提供必要保障。体育执法情况应当向社会公布,接受社会监督。

第一百零八条　县级以上地方人民政府每届任期内至少向本级人民代表大会或者其常务委员会报告一次全民健身、青少年和学校体育工作。

第十一章　法　律　责　任

第一百零九条　国家机关及其工作人员违反本法规定，有下列行为之一的，由其所在单位、主管部门或者上级机关责令改正；对负有责任的领导人员和直接责任人员依法给予处分：

（一）对违法行为不依法查处的；

（二）侵占、挪用、截留、克扣、私分体育资金的；

（三）在组织体育赛事活动时，有违反体育道德和体育赛事规则，弄虚作假、营私舞弊等行为的；

（四）其他不依法履行职责的行为。

第一百一十条　体育组织违反本法规定的，由相关部门责令改正，给予警告，对负有责任的领导人员和直接责任人员依法给予处分；可以限期停止活动，并可责令撤换直接负责的主管人员；情节严重的，予以撤销登记。

第一百一十一条　学校违反本法有关规定的，由有关主管部门责令改正；对负有责任的领导人员和直接责任人员依法给予处分。

第一百一十二条　运动员、教练员、裁判员违反本法规定，有违反体育道德和体育赛事规则，弄虚作假、营私舞弊等行为的，由体育组织按照有关规定给予处理；情节严重、社会影响恶劣的，由县级以上人民政府体育行政部门纳入限制、禁止参加竞技体育活动名单；有违法所得的，没收违法所得，并处一万元以上十万元以下的罚款。

利用体育赛事从事赌博活动的，由公安机关依法查处。

第一百一十三条　体育赛事活动组织者有下列行为之一的，由县级以上地方人民政府体育行政部门责令改正，处五万元以上五十万元以下的罚款；有违法所得的，没收违法所得；情节严重的，给予一年以上三年以下禁止组织体育赛事活动的处罚：

（一）未经许可举办高危险性体育赛事活动的；

（二）体育赛事活动因突发事件不具备办赛条件时，未及时中止的；

（三）安全条件不符合要求的；

（四）有违反体育道德和体育赛事规则，弄虚作假、营私舞弊等行为的；

（五）未按要求采取风险防范及应急处置预案等保障措施的。

第一百一十四条　违反本法规定，侵占、破坏公共体育场地设施的，由县级以上地方人民政府体育行政部门会同有关部门予以制止，责令改正，并可处实际损失五倍以下的罚款。

第一百一十五条　违反本法规定，未经批准临时占用公共体育场地设施的，由县级以上地方人民政府体育行政部门会同有关部门责令限期改正；逾期未改正的，对公共体育场地设施管理单位处十万元以上五十万元以下的罚款；有违法所得的，没收违法所得。

第一百一十六条　未经许可经营高危险性体育项目的，由县级以上地方人民政府体育行政部门会同有关部门责令限期关闭；逾期未关闭的，处十万元以上五十万元以下的罚款；有违法所得的，没收违法所得。

违法经营高危险性体育项目的，由县级以上地方人民政府体育行政部门责令改正；逾期未改正的，处五万元以上五十万元以下的罚款；有违法所得的，没收违法所得；造成严重后果的,由主管部门责令关闭,吊销许可证照,五年内不得再从事该项目经营活动。

第一百一十七条　运动员违规使用兴奋剂的,由有关体育社会组织、运动员管理单位、体育赛事活动组织者作出取消参赛资格、取消比赛成绩或者禁赛等处理。

第一百一十八条　组织、强迫、欺骗、教唆、引诱运动员在体育运动中使用兴奋剂的,由国务院体育行政部门或者省、自治区、直辖市人民政府体育行政部门没收非法持有的兴奋剂;直接负责的主管人员和其他直接责任人员四年内不得从事体育管理工作和运动员辅助工作;情节严重的,终身不得从事体育管理工作和运动员辅助工作。

向运动员提供或者变相提供兴奋剂的,由国务院体育行政部门或者省、自治区、直辖市人民政府体育行政部门没收非法持有的兴奋剂,并处五万元以上五十万元以下的罚款;有违法所得的,没收违法所得;并给予禁止一定年限直至终身从事体育管理工作和运动员辅助工作的处罚。

第一百一十九条　违反本法规定,造成财产损失或者其他损害的,依法承担民事责任;构成违反治安管理行为的,由公安机关依法给予治安管理处罚;构成犯罪的,依法追究刑事责任。

第十二章　附　　则

第一百二十条　任何国家、地区或者组织在国际体育运动中损害中华人民共和国主权、安全、发展利益和尊严的,中华人民共和国可以根据实际情况采取相应措施。

第一百二十一条　中国人民解放军和中国人民武装警察部队开展体育活动的具体办法,由中央军事委员会依照本法制定。

第一百二十二条　本法自 2023 年 1 月 1 日起施行。

附录 2 "健康中国 2030"规划纲要^①

2016 年 10 月 25 日中共中央　国务院印发

目　录

---

① 中国政府网.中共中央　国务院印发《"健康中国 2030"规划纲要》[EB/OL].(2016 - 10 - 25)[2023 - 10 - 25]. https://www.gov.cn/zhengce/2016 - 10/25/content - 5124174.htm.

序　言

健康是促进人的全面发展的必然要求，是经济社会发展的基础条件。实现国民健康长寿，是国家富强、民族振兴的重要标志，也是全国各族人民的共同愿望。

党和国家历来高度重视人民健康。新中国成立以来特别是改革开放以来，我国健康领域改革发展取得显著成就，城乡环境面貌明显改善，全民健身运动蓬勃发展，医疗卫生服务体系日益健全，人民健康水平和身体素质持续提高。2015年我国人均预期寿命已达76.34岁，婴儿死亡率、5岁以下儿童死亡率、孕产妇死亡率分别下降到8.1‰、10.7‰和20.1/10万，总体上优于中高收入国家平均水平，为全面建成小康社会奠定了重要基础。同时，工业化、城镇化、人口老龄化、疾病谱变化、生态环境及生活方式变化等，也给维护和促进健康带来一系列新的挑战，健康服务供给总体不足与需求不断增长之间的矛盾依然突出，健康领域发展与经济社会发展的协调性有待增强，需要从国家战略层面统筹解决关系健康的重大和长远问题。

推进健康中国建设，是全面建成小康社会、基本实现社会主义现代化的重要基础，是全面提升中华民族健康素质、实现人民健康与经济社会协调发展的国家战略，是积极参与全球健康治理、履行2030年可持续发展议程国际承诺的重大举措。未来15年，是推进健康中国建设的重要战略机遇期。经济保持中高速增长将为维护人民健康奠定坚实基础，消费结构升级将为发展健康服务创造广阔空间，科技创新将为提高健康水平提供有力支撑，各方面制度更加成熟更加定型将为健康领域可持续发展构建强大保障。

为推进健康中国建设，提高人民健康水平，根据党的十八届五中全会战略部署，制定本规划纲要。本规划纲要是推进健康中国建设的宏伟蓝图和行动纲领。全社会要增强责任感、使命感，全力推进健康中国建设，为实现中华民族伟大复兴和推动人类文明进步作出更大贡献。

第一篇　总体战略

第一章　指 导 思 想

推进健康中国建设,必须高举中国特色社会主义伟大旗帜,全面贯彻党的十八大和十八届三中、四中、五中全会精神,以马克思列宁主义、毛泽东思想、邓小平理论、"三个代表"重要思想、科学发展观为指导,深入学习贯彻习近平总书记系列重要讲话精神,紧紧围绕统筹推进"五位一体"总体布局和协调推进"四个全面"战略布局,认真落实党中央、国务院决策部署,坚持以人民为中心的发展思想,牢固树立和贯彻落实新发展理念,坚持正确的卫生与健康工作方针,以提高人民健康水平为核心,以体制机制改革创新为动力,以普及健康生活、优化健康服务、完善健康保障、建设健康环境、发展健康产业为重点,把健康融入所有政策,加快转变健康领域发展方式,全方位、全周期维护和保障人民健康,大幅提高健康水平,显著改善健康公平,为实现"两个一百年"奋斗目标和中华民族伟大复兴的中国梦提供坚实健康基础。

主要遵循以下原则:

——健康优先。把健康摆在优先发展的战略地位,立足国情,将促进健康的理念融入公共政策制定实施的全过程,加快形成有利于健康的生活方式、生态环境和经济社会发展模式,实现健康与经济社会良性协调发展。

——改革创新。坚持政府主导,发挥市场机制作用,加快关键环节改革步伐,冲破思想观念束缚,破除利益固化藩篱,清除体制机制障碍,发挥科技创新和信息化的引领支撑作用,形成具有中国特色、促进全民健康的制度体系。

——科学发展。把握健康领域发展规律,坚持预防为主、防治结合、中西医并重,转变服务模式,构建整合型医疗卫生服务体系,推动健康服务从规模扩张的粗放型发展转变到质量效益提升的绿色集约式发展,推动中医药和西医药相互补充、协调发展,提升健康服务水平。

——公平公正。以农村和基层为重点,推动健康领域基本公共服务均等化,维护基本医疗卫生服务的公益性,逐步缩小城乡、地区、人群间基本健康服务和健康水平的差异,实现全民健康覆盖,促进社会公平。

第二章　战 略 主 题

"共建共享、全民健康",是建设健康中国的战略主题。核心是以人民健康为中心,坚持以基层为重点,以改革创新为动力,预防为主,中西医并重,把健康融入所有政策,人民共建共享的卫生与健康工作方针,针对生活行为方式、生产生活环境以及医疗卫生服务等健康影响因素,坚持政府主导与调动社会、个人的积极性相结合,推动人人参与、人人尽力、人人享有,落实预防为主,推行健康生活方式,减少疾病发生,强化早诊断、早治疗、早康复,实现全民健康。

共建共享是建设健康中国的基本路径。从供给侧和需求侧两端发力,统筹社会、行业和个人三个层面,形成维护和促进健康的强大合力。要促进全社会广泛参与,强化跨部门协作,深化军民融合发展,调动社会力量的积极性和创造性,加强环境治理,保障食品药品安全,预防和减少伤害,有效控制影响健康的生态和社会环境危险因素,形成多层次、多元化的社会共治格局。要推动健康服务供给侧结构性改革,卫生计生、体育等行业要主动适应人民健康需求,深化体制机制改革,优化要素配置和服务供给,补齐发展短板,推动健康产业转型升级,满足人民群众不断增长的健康需求。要强化个人健康责任,提高全民健康素养,引导形成自主自律、符合自身特点的健康生活方式,有效控制影响健康的生活行为因素,形成热爱健康、追求健康、促进健康的社会氛围。

全民健康是建设健康中国的根本目的。立足全人群和全生命周期两个着力点,提供公平可及、系统连续的健康服务,实现更高水平的全民健康。要惠及全人群,不断完善制度、扩展服务、提高质量,使全体人民享有所需要的、有质量的、可负担的预防、治疗、康复、健康促进等健康服务,突出解决好妇女儿童、老年人、残疾人、低收入人群等重点人群的健康问题。要覆盖全生命周期,针对生命不同阶段的主要健康问题及主要影响因素,确定若干优先领域,强化干预,实现从胎儿到生命终点的全程健康服务和健康保障,全面维护人民健康。

第三章 战 略 目 标

到 2020 年,建立覆盖城乡居民的中国特色基本医疗卫生制度,健康素养水平持续提高,健康服务体系完善高效,人人享有基本医疗卫生服务和基本体育健身服务,基本形成内涵丰富、结构合理的健康产业体系,主要健康指标居于中高收入国家前列。

到 2030 年,促进全民健康的制度体系更加完善,健康领域发展更加协调,健康生活方式得到普及,健康服务质量和健康保障水平不断提高,健康产业繁荣发展,基本实现健康公平,主要健康指标进入高收入国家行列。到 2050 年,建成与社会主义现代化国家相适应的健康国家。

到 2030 年具体实现以下目标:

——人民健康水平持续提升。人民身体素质明显增强,2030 年人均预期寿命达到 79.0 岁,人均健康预期寿命显著提高。

——主要健康危险因素得到有效控制。全民健康素养大幅提高,健康生活方式得到全面普及,有利于健康的生产生活环境基本形成,食品药品安全得到有效保障,消除一批重大疾病危害。

——健康服务能力大幅提升。优质高效的整合型医疗卫生服务体系和完善的全民健身公共服务体系全面建立,健康保障体系进一步完善,健康科技创新整体实力位居世界前列,健康服务质量和水平明显提高。

——健康产业规模显著扩大。建立起体系完整、结构优化的健康产业体系,形成一批具有较强创新能力和国际竞争力的大型企业,成为国民经济支柱性产业。

——促进健康的制度体系更加完善。有利于健康的政策法律法规体系进一步健全,健康领域治理体系和治理能力基本实现现代化。

健康中国建设主要指标

领域:健康水平　指标:人均预期寿命(岁)　2015 年:76.34　2020 年:77.3　2030 年:79.0

领域:健康水平　指标:婴儿死亡率(‰)　2015 年:8.1　2020 年:7.5　2030 年:5.0

领域:健康水平　指标:5 岁以下儿童死亡率(‰)　2015 年:10.7　2020 年:9.5　2030 年:6.0

领域:健康水平　指标:孕产妇死亡率(1/10 万)　2015 年:20.1　2020 年:18.0　2030 年:12.0

领域:健康水平　指标:城乡居民达到《国民体质测定标准》合格以上的人数比例(%)　2015 年:89.6(2014 年)　2020 年:90.6　2030 年:92.2

领域:健康生活　指标:居民健康素养水平(%)　2015 年:10　2020 年:20　2030 年:30

领域:健康生活　指标:经常参加体育锻炼人数(亿人)　2015 年:3.6(2014 年)　2020 年:4.35　2030 年:5.3

领域:健康服务与保障　指标:重大慢性病过早死亡率(%)　2015 年:19.1(2013 年)　2020 年:比 2015 年降低 10%　2030 年:比 2015 年降低 30%

领域:健康服务与保障　指标:每千常住人口执业(助理)医师数(人)　2015 年:2.2　2020 年:2.5　2030 年:3.0

领域:健康服务与保障　指标:个人卫生支出占卫生总费用的比重(%)　2015 年:29.3　2020 年:28 左右　2030 年:25 左右

领域:健康环境　指标:地级及以上城市空气质量优良天数比率(%)　2015 年:76.7　2020 年:>80　2030 年:持续改善

领域:健康环境　指标:地表水质量达到或好于 Ⅲ 类水体比例(%)　2015 年:66　2020 年:>70　2030 年:持续改善

领域:健康产业　指标:健康服务业总规模(万亿元)　2015 年:—　2020 年:>8　2030 年:16

第二篇　普及健康生活

第四章　加强健康教育

第一节　提高全民健康素养

推进全民健康生活方式行动,强化家庭和高危个体健康生活方式指导及干预,开展健康体重、健康口腔、健康骨骼等专项行动,到 2030 年基本实现以县(市、区)为单位全覆盖。开发推广促进健康生活的适宜技术和用品。建立健康知识和技能核心信息发布制度,健全覆盖全国的健康素养和生活方式监测体系。建立健全健康促进与教育体系,提高健康教育服务能力,从小抓起,普及健康科学知识。加强精神文明建设,发展健康文化,移风易俗,培育良好的生活习惯。各级各类媒体加大健康科学知识宣传力度,积极建设和规范各类广播电视等健康栏目,利用新媒体拓展健康教育。

第二节　加大学校健康教育力度

将健康教育纳入国民教育体系,把健康教育作为所有教育阶段素质教育的重要内容。以中小学为重点,建立学校健康教育推进机制。构建相关学科教学与教育活动相结合、课堂教育与课外实践相结合、经常性宣传教育与集中式宣传教育相结合的健康教育模式。培养健康教育师资,将健康教育纳入体育教师职前教育和职后培训内容。

第五章　塑造自主自律的健康行为

第一节　引导合理膳食

制定实施国民营养计划,深入开展食物(农产品、食品)营养功能评价研究,全面普及膳食营养知识,发布适合不同人群特点的膳食指南,引导居民形成科学的膳食习惯,推进健康饮食文化建设。建立健全居民营养监测制度,对重点区域、重点人群实施营养干预,重点解决微量营养素缺乏、部分人群油脂等高热能食物摄入过多等问题,逐步解决居民营养不足与过剩并存问题。实施临床营养干预。加强对学校、幼儿园、养老机构等营养健康工作的指导。开展示范健康食堂和健康餐厅建设。到 2030 年,居民营养知识素养明显提高,营养缺乏疾病发生率显著下降,全国人均每日食盐摄入量降低 20%,超重、肥胖人口增长速度明显放缓。

第二节　开展控烟限酒

全面推进控烟履约,加大控烟力度,运用价格、税收、法律等手段提高控烟成效。深入开展控烟宣传教育。积极推进无烟环境建设,强化公共场所控烟监督执法。推进公共场所禁烟工作,逐步实现室内公共场所全面禁烟。领导干部要带头在公共场所禁烟,把党政机关建成无烟机关。强化戒烟服务。到 2030 年,15 岁以上人群吸烟率降低到 20%。加强限酒健康教育,控制酒精过度使用,减少酗酒。加强有害使用酒精监测。

第三节　促进心理健康

加强心理健康服务体系建设和规范化管理。加大全民心理健康科普宣传力度,提升心理健康素养。加强对抑郁症、焦虑症等常见精神障碍和心理行为问题的干预,加大对重点人群心理问题早期发现和及时干预力度。加强严重精神障碍患者报告登记和救治救助管理。全面推进精神障碍社区康复服务。提高突发事件心理危机的干预能力和水平。到 2030 年,常见精神障碍防治和心理行为问题识别干预水平显著提高。

第四节　减少不安全性行为和毒品危害

强化社会综合治理,以青少年、育龄妇女及流动人群为重点,开展性道德、性健康和性安全宣传教育和干预,加强对性传播高危行为人群的综合干预,减少意外妊娠和性相关疾病传播。大力普及有关毒品危害、应对措施和治疗途径等知识。加强全国戒毒医疗服务体系建设，早发现、早治疗成瘾者。加强戒毒药物维持治疗与社区戒毒、强制隔离戒毒和社区康复的衔接。建立集生理脱毒、心理康复、就业扶持、回归社会于一体的戒毒康复模式，最大限度减少毒品社会危害。

第六章　提高全民身体素质

第一节　完善全民健身公共服务体系

统筹建设全民健身公共设施，加强健身步道、骑行道、全民健身中心、体育公园、社区多功能运动场等场地设施建设。到 2030 年，基本建成县乡村三级公共体育设施网络，人均体育场地面积不低于 2.3 平方米，在城镇社区实现 15 分钟健身圈全覆盖。推行公共体育设施免费或低收费开放，确保公共体育场地设施和符合开放条件的企事业单位体育场地设施全部向社会开放。加强全民健身组织网络建设，扶持和引导基层体育社会组织发展。

第二节　广泛开展全民健身运动

继续制定实施全民健身计划，普及科学健身知识和健身方法，推动全民健身生活化。组织社会体育指导员广泛开展全民健身指导服务。实施国家体育锻炼标准，发展群众健身休闲活动，丰富和完善全民健身体系。大力发展群众喜闻乐见的运动项目，鼓励开发适合不同人群、不同地域特点的特色运动项目，扶持推广太极拳、健身气功等民族民俗民间传统运动项目。

第三节　加强体医融合和非医疗健康干预

发布体育健身活动指南，建立完善针对不同人群、不同环境、不同身体状况的运动处方库，推动形成体医结合的疾病管理与健康服务模式，发挥全民科学健身在健康促进、慢性病预防和康复等方面的积极作用。加强全民健身科技创新平台和科学健身指导服务站点建设。开展国民体质测试，完善体质健康监测体系，开发应用国民体质健康监测大数据，开展运动风险评估。

第四节　促进重点人群体育活动

制定实施青少年、妇女、老年人、职业群体及残疾人等特殊群体的体质健康干预计划。实施青少年体育活动促进计划，培育青少年体育爱好，基本实现青少年熟练掌握 1 项以上体育运动技能，确保学生校内每天体育活动时间不少于 1 小时。到 2030 年，学校体育场地设施与器材配置达标率达到 100％，青少年学生每周参与体育活动达到中等强度 3 次以上，国家学生体质健康标准达标优秀率 25％以上。加强科学指导，促进妇女、老年人和职业群体积极参与全民健身。实行工间健身制度，鼓励和支持新建工作场所建设适当的健身活动场地。推动残疾人康复体育和健身体育广泛开展。

第三篇　优化健康服务

第七章　强化覆盖全民的公共卫生服务

第一节　防治重大疾病

实施慢性病综合防控战略，加强国家慢性病综合防控示范区建设。强化慢性病筛查和早期发现，针对高发地区重点癌症开展早诊早治工作，推动癌症、脑卒中、冠心病等慢性病的机会性筛查。基本实现高血压、糖尿病患者管理干预全覆盖，逐步将符合条件的癌症、脑卒中等重大慢性病早诊早治适宜技术纳入诊疗常规。加强学生近视、肥胖等常见病防治。到2030年，实现全人群、全生命周期的慢性病健康管理，总体癌症5年生存率提高15％。加强口腔卫生，12岁儿童患龋率控制在25％以内。

加强重大传染病防控。完善传染病监测预警机制。继续实施扩大国家免疫规划，适龄儿童国家免疫规划疫苗接种率维持在较高水平，建立预防接种异常反应补偿保险机制。加强艾滋病检测、抗病毒治疗和随访管理，全面落实临床用血核酸检测和预防艾滋病母婴传播，疫情保持在低流行水平。建立结核病防治综合服务模式，加强耐多药肺结核筛查和监测，规范肺结核诊疗管理，全国肺结核疫情持续下降。有效应对流感、手足口病、登革热、麻疹等重点传染病疫情。继续坚持以传染源控制为主的血吸虫病综合防治策略，全国所有流行县达到消除血吸虫病标准。继续巩固全国消除疟疾成果。全国所有流行县基本控制包虫病等重点寄生虫病流行。保持控制和消除重点地方病，地方病不再成为危害人民健康的重点问题。加强突发急性传染病防治，积极防范输入性突发急性传染病，加强鼠疫等传统烈性传染病防控。强化重大动物源性传染病的源头治理。

第二节　完善计划生育服务管理

健全人口与发展的综合决策体制机制，完善有利于人口均衡发展的政策体系。改革计划生育服务管理方式，更加注重服务家庭，构建以生育支持、幼儿养育、青少年发展、老人赡养、病残照料为主题的家庭发展政策框架，引导群众负责任、有计划地生育。完善国家计划生育技术服务政策，加大再生育计划生育技术服务保障力度。全面推行知情选择，普及避孕节育和生殖健康知识。完善计划生育家庭奖励扶助制度和特别扶助制度，实行奖励扶助金标准动态调整。坚持和完善计划生育目标管理责任制，完善宣传倡导、依法管理、优质服务、政策推动、综合治理的计划生育长效工作机制。建立健全出生人口监测工作机制。继续开展出生人口性别比治理。到2030年，全国出生人口性别比实现自然平衡。

第三节　推进基本公共卫生服务均等化

继续实施完善国家基本公共卫生服务项目和重大公共卫生服务项目，加强疾病经济负担研究，适时调整项目经费标准，不断丰富和拓展服务内容，提高服务质量，使城乡居民享有均等化的基本公共卫生服务,做好流动人口基本公共卫生计生服务均等化工作。

第八章　提供优质高效的医疗服务

第一节　完善医疗卫生服务体系

全面建成体系完整、分工明确、功能互补、密切协作、运行高效的整合型医疗卫生服务体系。县和市域内基本医疗卫生资源按常住人口和服务半径合理布局,实现人人享有均等化的基本医疗卫生服务;省级及以上分区域统筹配置,整合推进区域医疗资源共享,基本实现优质医疗卫生资源配置均衡化,省域内人人享有均质化的危急重症、疑难病症诊疗和专科医疗服务;依托现有机构,建设一批引领国内、具有全球影响力的国家级医学中心,建设一批区域医学中心和国家临床重点专科群,推进京津冀、长江经济带等区域医疗卫生协同发展,带动医疗服务区域发展和整体水平提升。加强康复、老年病、长期护理、慢性病管理、安宁疗护等接续性医疗机构建设。实施健康扶贫工程,加大对中西部贫困地区医疗卫生机构建设支持力度,提升服务能力,保障贫困人口健康。到2030年,15分钟基本医疗卫生服务圈基本形成,每千常住人口注册护士数达到4.7人。

第二节　创新医疗卫生服务供给模式

建立专业公共卫生机构、综合和专科医院、基层医疗卫生机构"三位一体"的重大疾病防控机制,建立信息共享、互联互通机制,推进慢性病防、治、管整体融合发展,实现医防结合。建立不同层级、不同类别、不同举办主体医疗卫生机构间目标明确、权责清晰的分工协作机制,不断完善服务网络、运行机制和激励机制,基层普遍具备居民健康守门人的能力。完善家庭医生签约服务,全面建立成熟完善的分级诊疗制度,形成基层首诊、双向转诊、上下联动、急慢分治的合理就医秩序,健全治疗-康复-长期护理服务链。引导三级公立医院逐步减少普通门诊,重点发展危急重症、疑难病症诊疗。完善医疗联合体、医院集团等多种分工协作模式,提高服务体系整体绩效。加快医疗卫生领域军民融合,积极发挥军队医疗卫生机构作用,更好为人民服务。

第三节　提升医疗服务水平和质量

建立与国际接轨、体现中国特色的医疗质量管理与控制体系,基本健全覆盖主要专业的国家、省、市三级医疗质量控制组织,推出一批国际化标准规范。建设医疗质量管理与控制信息化平台,实现全行业全方位精准、实时管理与控制,持续改进医疗质量和医疗安全,提升医疗服务同质化程度,再住院率、抗菌药物使用率等主要医疗服务质量指标达到或接近世界先进水平。全面实施临床路径管理,规范诊疗行为,优化诊疗流程,增强患者就医获得感。推进合理用药,保障临床用血安全,基本实现医疗机构检查、检验结果互认。加强医疗服务人文关怀,构建和谐医患关系。依法严厉打击涉医违法犯罪行为特别是伤害医务人员的暴力犯罪行为,保护医务人员安全。

第九章　充分发挥中医药独特优势

第一节　提高中医药服务能力

实施中医临床优势培育工程,强化中医药防治优势病种研究,加强中西医结合,提高重大疑难病、危急重症临床疗效。大力发展中医非药物疗法,使其在常见病、多发病和慢性病防治中发挥独特作用。发展中医特色康复服务。健全覆盖城乡的中医医疗保健服务体系。在乡镇卫生院和社区卫生服务中心建立中医馆、国医堂等中医综合服务区,推广适宜技术,所有基层医疗卫生机构都能够提供中医药服务。促进民族医药发展。到 2030 年,中医药在治未病中的主导作用、在重大疾病治疗中的协同作用、在疾病康复中的核心作用得到充分发挥。

第二节　发展中医养生保健治未病服务

实施中医治未病健康工程,将中医药优势与健康管理结合,探索融健康文化、健康管理、健康保险为一体的中医健康保障模式。鼓励社会力量举办规范的中医养生保健机构,加快养生保健服务发展。拓展中医医院服务领域,为群众提供中医健康咨询评估、干预调理、随访管理等治未病服务。鼓励中医医疗机构、中医医师为中医养生保健机构提供保健咨询和调理等技术支持。开展中医中药中国行活动,大力传播中医药知识和易于掌握的养生保健技术方法,加强中医药非物质文化遗产的保护和传承运用,实现中医药健康养生文化创造性转化、创新性发展。

第三节　推进中医药继承创新

实施中医药传承创新工程,重视中医药经典医籍研读及挖掘,全面系统继承历代各家学术理论、流派及学说,不断弘扬当代名老中医药专家学术思想和临床诊疗经验,挖掘民间诊疗技术和方药,推进中医药文化传承与发展。建立中医药传统知识保护制度,制定传统知识保护名录。融合现代科技成果,挖掘中药方剂,加强重大疑难疾病、慢性病等中医药防治技术和新药研发,不断推动中医药理论与实践发展。发展中医药健康服务,加快打造全产业链服务的跨国公司和国际知名的中国品牌,推动中医药走向世界。保护重要中药资源和生物多样性,开展中药资源普查及动态监测。建立大宗、道地和濒危药材种苗繁育基地,提供中药材市场动态监测信息,促进中药材种植业绿色发展。

第十章　加强重点人群健康服务

第一节　提高妇幼健康水平

实施母婴安全计划,倡导优生优育,继续实施住院分娩补助制度,向孕产妇免费提供生育全过程的基本医疗保健服务。加强出生缺陷综合防治,构建覆盖城乡居民,涵盖孕前、孕期、新生儿各阶段的出生缺陷防治体系。实施健康儿童计划,加强儿童早期发展,加强儿科建设,加大儿童重点疾病防治力度,扩大新生儿疾病筛查,继续开展重点地区儿童营养改善等项目。提高妇女常见病筛查率和早诊早治率。实施妇幼健康和计划生育服务保障工程,提升孕产妇和新生儿危急重症救治能力。

第二节　促进健康老龄化

推进老年医疗卫生服务体系建设,推动医疗卫生服务延伸至社区、家庭。健全医疗卫生机构与养老机构合作机制,支持养老机构开展医疗服务。推进中医药与养老融合发展,推动医养结合,为老年人提供治疗期住院、康复期护理、稳定期生活照料、安宁疗护一体化的健康和养老服务,促进慢性病全程防治管理服务同居家、社区、机构养老紧密结合。鼓励社会力量兴办医养结合机构。加强老年常见病、慢性病的健康指导和综合干预,强化老年人健康管理。推动开展老年心理健康与关怀服务,加强老年痴呆症等的有效干预。推动居家老人长期照护服务发展,全面建立经济困难的高龄、失能老人补贴制度,建立多层次长期护理保障制度。进一步完善政策,使老年人更便捷获得基本药物。

第三节　维护残疾人健康

制定实施残疾预防和残疾人康复条例。加大符合条件的低收入残疾人医疗救助力度,将符合条件的残疾人医疗康复项目按规定纳入基本医疗保险支付范围。建立残疾儿童康复救助制度,有条件的地方对残疾人基本型辅助器具给予补贴。将残疾人康复纳入基本公共服务,实施精准康复,为城乡贫困残疾人、重度残疾人提供基本康复服务。完善医疗机构无障碍设施,改善残疾人医疗服务。进一步完善康复服务体系,加强残疾人康复和托养设施建设,建立医疗机构与残疾人专业康复机构双向转诊机制,推动基层医疗卫生机构优先为残疾人提供基本医疗、公共卫生和健康管理等签约服务。制定实施国家残疾预防行动计划,增强全社会残疾预防意识,开展全人群、全生命周期残疾预防,有效控制残疾的发生和发展。加强对致残疾病及其他致残因素的防控。推动国家残疾预防综合试验区试点工作。继续开展防盲治盲和防聋治聋工作。

第四篇　完善健康保障

第十一章　健全医疗保障体系

第一节　完善全民医保体系

健全以基本医疗保障为主体、其他多种形式补充保险和商业健康保险为补充的多层次医疗保障体系。整合城乡居民基本医保制度和经办管理。健全基本医疗保险稳定可持续筹资和待遇水平调整机制,实现基金中长期精算平衡。完善医保缴费参保政策,均衡单位和个人缴费负担,合理确定政府与个人分担比例。改进职工医保个人账户,开展门诊统筹。进一步健全重特大疾病医疗保障机制,加强基本医保、城乡居民大病保险、商业健康保险与医疗救助等的有效衔接。到 2030 年,全民医保体系成熟定型。

第二节　健全医保管理服务体系

严格落实医疗保险基金预算管理。全面推进医保支付方式改革,积极推进按病种付费、按人头付费,积极探索按疾病诊断相关分组付费(DRGs)、按服务绩效付费,形成总额预算管理下的复合式付费方式,健全医保经办机构与医疗机构的谈判协商与风险分担机制。加快推进基本医保异地就医结算,实现跨省异地安置退休人员住院医疗费用直接结算和符合转诊规定的异地就医住院费用直接结算。全面实现医保智能监控,将医保对医疗机构的监管延伸到医务人员。逐步引入社会力量参与医保经办。加强医疗保险基础标准建设和应用。到 2030 年,全民医保管理服务体系完善高效。

第三节　积极发展商业健康保险

落实税收等优惠政策,鼓励企业、个人参加商业健康保险及多种形式的补充保险。丰富健康保险产品,鼓励开发与健康管理服务相关的健康保险产品。促进商业保险公司与医疗、体检、护理等机构合作,发展健康管理组织等新型组织形式。到 2030 年,现代商业健康保险服务业进一步发展,商业健康保险赔付支出占卫生总费用比重显著提高。

第十二章　完善药品供应保障体系

第一节　深化药品、医疗器械流通体制改革

推进药品、医疗器械流通企业向供应链上下游延伸开展服务,形成现代流通新体系。规范医药电子商务,丰富药品流通渠道和发展模式。推广应用现代物流管理与技术,健全中药材现代流通网络与追溯体系。落实医疗机构药品、耗材采购主体地位,鼓励联合采购。完善国家药品价格谈判机制。建立药品出厂价格信息可追溯机制。强化短缺药品供应保障和预警,完善药品储备制度和应急供应机制。建设遍及城乡的现代医药流通网络,提高基层和边远地区药品供应保障能力。

第二节　完善国家药物政策

巩固完善国家基本药物制度,推进特殊人群基本药物保障。完善现有免费治疗药品政策,增加艾滋病防治等特殊药物免费供给。保障儿童用药。完善罕见病用药保障政策。建立以基本药物为重点的临床综合评价体系。按照政府调控和市场调节相结合的原则,完善药品价格形成机制。强化价格、医保、采购等政策的衔接,坚持分类管理,加强对市场竞争不充分药品和高值医用耗材的价格监管,建立药品价格信息监测和信息公开制度,制定完善医保药品支付标准政策。

第五篇　建设健康环境

第十三章　深入开展爱国卫生运动

第一节　加强城乡环境卫生综合整治

持续推进城乡环境卫生整洁行动，完善城乡环境卫生基础设施和长效机制，统筹治理城乡环境卫生问题。加大农村人居环境治理力度，全面加强农村垃圾治理，实施农村生活污水治理工程，大力推广清洁能源。到 2030 年，努力把我国农村建设成为人居环境干净整洁、适合居民生活养老的美丽家园，实现人与自然和谐发展。实施农村饮水安全巩固提升工程，推动城镇供水设施向农村延伸，进一步提高农村集中供水率、自来水普及率、水质达标率和供水保证率，全面建立从源头到龙头的农村饮水安全保障体系。加快无害化卫生厕所建设，力争到 2030 年，全国农村居民基本都能用上无害化卫生厕所。实施以环境治理为主的病媒生物综合预防控制策略。深入推进国家卫生城镇创建，力争到2030 年，国家卫生城市数量提高到全国城市总数的 50%，有条件的省（自治区、直辖市）实现全覆盖。

第二节　建设健康城市和健康村镇

把健康城市和健康村镇建设作为推进健康中国建设的重要抓手，保障与健康相关的公共设施用地需求，完善相关公共设施体系、布局和标准，把健康融入城乡规划、建设、治理的全过程，促进城市与人民健康协调发展。针对当地居民主要健康问题，编制实施健康城市、健康村镇发展规划。广泛开展健康社区、健康村镇、健康单位、健康家庭等建设，提高社会参与度。重点加强健康学校建设，加强学生健康危害因素监测与评价，完善学校食品安全管理、传染病防控等相关政策。加强健康城市、健康村镇建设监测与评价。到 2030 年，建成一批健康城市、健康村镇建设的示范市和示范村镇。

第十四章　加强影响健康的环境问题治理

第一节　深入开展大气、水、土壤等污染防治

以提高环境质量为核心，推进联防联控和流域共治，实行环境质量目标考核，实施最严格的环境保护制度，切实解决影响广大人民群众健康的突出环境问题。深入推进产业园区、新城、新区等开发建设规划环评，严格建设项目环评审批，强化源头预防。深化区域大气污染联防联控，建立常态化区域协作机制。完善重度及以上污染天气的区域联合预警机制。全面实施城市空气质量达标管理，促进全国城市环境空气质量明显改善。推进饮用水水源地安全达标建设。强化地下水管理和保护，推进地下水超采区治理与污染综合防治。开展国家土壤环境质量监测网络建设，建立建设用地土壤环境质量调查评估制度，开展土壤污染

治理与修复。以耕地为重点,实施农用地分类管理。全面加强农业面源污染防治,有效保护生态系统和遗传多样性。加强噪声污染防控。

第二节 实施工业污染源全面达标排放计划

全面实施工业污染源排污许可管理,推动企业开展自行监测和信息公开,建立排污台账,实现持证按证排污。加快淘汰高污染、高环境风险的工艺、设备与产品。开展工业集聚区污染专项治理。以钢铁、水泥、石化等行业为重点,推进行业达标排放改造。

第三节 建立健全环境与健康监测、调查和风险评估制度

逐步建立健全环境与健康管理制度。开展重点区域、流域、行业环境与健康调查,建立覆盖污染源监测、环境质量监测、人群暴露监测和健康效应监测的环境与健康综合监测网络及风险评估体系。实施环境与健康风险管理。划定环境健康高风险区域,开展环境污染对人群健康影响的评价,探索建立高风险区域重点项目健康风险评估制度。建立环境健康风险沟通机制。建立统一的环境信息公开平台,全面推进环境信息公开。推进县级及以上城市空气质量监测和信息发布。

第十五章 保障食品药品安全

第一节 加强食品安全监管

完善食品安全标准体系,实现食品安全标准与国际标准基本接轨。加强食品安全风险监测评估,到2030年,食品安全风险监测与食源性疾病报告网络实现全覆盖。全面推行标准化、清洁化农业生产,深入开展农产品质量安全风险评估,推进农兽药残留、重金属污染综合治理,实施兽药抗菌药治理行动。加强对食品原产地指导监管,完善农产品市场准入制度。建立食用农产品全程追溯协作机制,完善统一权威的食品安全监管体制,建立职业化检查员队伍,加强检验检测能力建设,强化日常监督检查,扩大产品抽检覆盖面。加强互联网食品经营治理。加强进口食品准入管理,加大对境外源头食品安全体系检查力度,有序开展进口食品指定口岸建设。推动地方政府建设出口食品农产品质量安全示范区。推进食品安全信用体系建设,完善食品安全信息公开制度。健全从源头到消费全过程的监管格局,严守从农田到餐桌的每一道防线,让人民群众吃得安全、吃得放心。

第二节 强化药品安全监管

深化药品(医疗器械)审评审批制度改革,研究建立以临床疗效为导向的审批制度,提高药品(医疗器械)审批标准。加快创新药(医疗器械)和临床急需新药(医疗器械)的审评审批,推进仿制药质量和疗效一致性评价。完善国家药品标准体系,实施医疗器械标准提高计划,积极推进中药(材)标准国际化进程。全面加强药品监管,形成全品种、全过程的监管链条。加强医疗器械和化妆品监管。

第十六章　完善公共安全体系

第一节　强化安全生产和职业健康

加强安全生产,加快构建风险等级管控、隐患排查治理两条防线,切实降低重特大事故发生频次和危害后果。强化行业自律和监督管理职责,推动企业落实主体责任,推进职业病危害源头治理,强化矿山、危险化学品等重点行业领域安全生产监管。开展职业病危害基本情况普查,健全有针对性的健康干预措施。进一步完善职业安全卫生标准体系,建立完善重点职业病监测与职业病危害因素监测、报告和管理网络,遏制尘肺病和职业中毒高发势头。建立分级分类监管机制,对职业病危害高风险企业实施重点监管。开展重点行业领域职业病危害专项治理。强化职业病报告制度,开展用人单位职业健康促进工作,预防和控制工伤事故及职业病发生。加强全国个人辐射剂量管理和放射诊疗辐射防护。

第二节　促进道路交通安全

加强道路交通安全设施设计、规划和建设,组织实施公路安全生命防护工程,治理公路安全隐患。严格道路运输安全管理,提升企业安全自律意识,落实运输企业安全生产主体责任。强化安全运行监管能力和安全生产基础支撑。进一步加强道路交通安全治理,提高车辆安全技术标准,提高机动车驾驶人和交通参与者综合素质。到2030年,力争实现道路交通万车死亡率下降30%。

第三节　预防和减少伤害

建立伤害综合监测体系,开发重点伤害干预技术指南和标准。加强儿童和老年人伤害预防和干预,减少儿童交通伤害、溺水和老年人意外跌落,提高儿童玩具和用品安全标准。预防和减少自杀、意外中毒。建立消费品质量安全事故强制报告制度,建立产品伤害监测体系,强化重点领域质量安全监管,减少消费品安全伤害。

第四节　提高突发事件应急能力

加强全民安全意识教育。建立健全城乡公共消防设施建设和维护管理责任机制,到2030年,城乡公共消防设施基本实现全覆盖。提高防灾减灾和应急能力。完善突发事件卫生应急体系,提高早期预防、及时发现、快速反应和有效处置能力。建立包括军队医疗卫生机构在内的海陆空立体化的紧急医学救援体系,提升突发事件紧急医学救援能力。到2030年,建立起覆盖全国、较为完善的紧急医学救援网络,突发事件卫生应急处置能力和紧急医学救援能力达到发达国家水平。进一步健全医疗急救体系,提高救治效率。到2030年,力争将道路交通事故死伤比基本降低到中等发达国家水平。

第五节　健全口岸公共卫生体系

建立全球传染病疫情信息智能监测预警、口岸精准检疫的口岸传染病预防控制体系和种类齐全的现代口岸核生化有害因子防控体系,建立基于源头防控、境内外联防联控的口岸突发公共卫生事件应对机制,健全口岸病媒生物及各类重大传染病监测控制机制,主动预防、控制和应对境外突发公共卫生事件。持续巩固和提升口岸核心能力,创建国际卫生机场(港口)。完善国际旅行与健康信息网络,提供及时有效的国际旅行健康指导,建成国际一流的国际旅行健康服务体系,保障出入境人员健康安全。

提高动植物疫情疫病防控能力,加强进境动植物检疫风险评估准入管理,强化外来动植物疫情疫病和有害生物查验截获、检测鉴定、除害处理、监测防控规范化建设,健全对购买和携带人员、单位的问责追究体系,防控国际动植物疫情疫病及有害生物跨境传播。健全国门生物安全查验机制,有效防范物种资源丧失和外来物种入侵。

第六篇　发展健康产业

第十七章　优化多元办医格局

进一步优化政策环境,优先支持社会力量举办非营利性医疗机构,推进和实现非营利性民营医院与公立医院同等待遇。鼓励医师利用业余时间、退休医师到基层医疗卫生机构执业或开设工作室。个体诊所设置不受规划布局限制。破除社会力量进入医疗领域的不合理限制和隐性壁垒。逐步扩大外资兴办医疗机构的范围。加大政府购买服务的力度,支持保险业投资、设立医疗机构,推动非公立医疗机构向高水平、规模化方向发展,鼓励发展专业性医院管理集团。加强政府监管、行业自律与社会监督,促进非公立医疗机构规范发展。

第十八章　发展健康服务新业态

积极促进健康与养老、旅游、互联网、健身休闲、食品融合,催生健康新产业、新业态、新模式。发展基于互联网的健康服务,鼓励发展健康体检、咨询等健康服务,促进个性化健康管理服务发展,培育一批有特色的健康管理服务产业,探索推进可穿戴设备、智能健康电子产品和健康医疗移动应用服务等发展。规范发展母婴照料服务。培育健康文化产业和体育医疗康复产业。制定健康医疗旅游行业标准、规范,打造具有国际竞争力的健康医疗旅游目的地。大力发展中医药健康旅游。打造一批知名品牌和良性循环的健康服务产业集群,扶持一大批中小微企业配套发展。

引导发展专业的医学检验中心、医疗影像中心、病理诊断中心和血液透析中心等。支持发展第三方医疗服务评价、健康管理服务评价,以及健康市场调查和咨询服务。鼓励社会力量提供食品药品检测服务。完善科技中介体系,大力发展专业化、市场化医药科技成果转化服务。

第十九章　积极发展健身休闲运动产业

进一步优化市场环境,培育多元主体,引导社会力量参与健身休闲设施建设运营。推动体育项目协会改革和体育场馆资源所有权、经营权分离改革,加快开放体育资源,创新健身休闲运动项目推广普及方式,进一步健全政府购买体育公共服务的体制机制,打造健身休闲综合服务体。鼓励发展多种形式的体育健身俱乐部,丰富业余体育赛事,积极培育冰雪、山地、水上、汽摩、航空、极限、马术等具有消费引领特征的时尚休闲运动项目,打造具有区域特色的健身休闲示范区、健身休闲产业带。

第二十章　促进医药产业发展

第一节　加强医药技术创新

完善政产学研用协同创新体系,推动医药创新和转型升级。加强专利药、中药新药、新型制剂、高端医疗器械等创新能力建设,推动治疗重大疾病的专利到期药物实现仿制上市。大力发展生物药、化学药新品种、优质中药、高性能医疗器械、新型辅料包材和制药设备,推动重大药物产业化,加快医疗器械转型升级,提高具有自主知识产权的医学诊疗设备、医用材料的国际竞争力。加快发展康复辅助器具产业,增强自主创新能力。健全质量标准体系,提升质量控制技术,实施绿色和智能改造升级,到2030年,药品、医疗器械质量标准全面与国际接轨。

第二节　提升产业发展水平

发展专业医药园区,支持组建产业联盟或联合体,构建创新驱动、绿色低碳、智能高效的先进制造体系,提高产业集中度,增强中高端产品供给能力。大力发展医疗健康服务贸易,推动医药企业走出去和国际产业合作,提高国际竞争力。到2030年,具有自主知识产权新药和诊疗装备国际市场份额大幅提高,高端医疗设备市场国产化率大幅提高,实现医药工业中高速发展和向中高端迈进,跨入世界制药强国行列。推进医药流通行业转型升级,减少流通环节,提高流通市场集中度,形成一批跨国大型药品流通企业。

第七篇　健全支撑与保障

第二十一章　深化体制机制改革

第一节　把健康融入所有政策

加强各部门各行业的沟通协作,形成促进健康的合力。全面建立健康影响评价评估制度,系统评估各项经济社会发展规划和政策、重大工程项目对健康的影响,健全监督机制。畅通公众参与渠道,加强社会监督。

第二节　全面深化医药卫生体制改革

加快建立更加成熟定型的基本医疗卫生制度,维护公共医疗卫生的公益性,有效控制医药费用不合理增长,不断解决群众看病就医问题。推进政事分开、管办分开,理顺公立医疗卫生机构与政府的关系,建立现代公立医院管理制度。清晰划分中央和地方以及地方各级政府医药卫生管理事权,实施属地化和全行业管理。推进军队医院参加城市公立医院改革、纳入国家分级诊疗体系工作。健全卫生计生全行业综合监管体系。

第三节　完善健康筹资机制

健全政府健康领域相关投入机制,调整优化财政支出结构,加大健康领域投入力度,科学合理界定中央政府和地方政府支出责任,履行政府保障基本健康服务需求的责任。中央财政在安排相关转移支付时对经济欠发达地区予以倾斜,提高资金使用效益。建立结果导向的健康投入机制,开展健康投入绩效监测和评价。充分调动社会组织、企业等的积极性,形成多元筹资格局。鼓励金融等机构创新产品和服务,完善扶持措施。大力发展慈善事业,鼓励社会和个人捐赠与互助。

第四节　加快转变政府职能

进一步推进健康相关领域简政放权、放管结合、优化服务。继续深化药品、医疗机构等审批改革,规范医疗机构设置审批行为。推进健康相关部门依法行政,推进政务公开和信息公开。加强卫生计生、体育、食品药品等健康领域监管创新,加快构建事中和事后监管体系,全面推开"双随机、一公开"机制建设。推进综合监管,加强行业自律和诚信建设,鼓励行业协会商会发展,充分发挥社会力量在监管中的作用,促进公平竞争,推动健康相关行业科学发展,简化健康领域公共服务流程,优化政府服务,提高服务效率。

第二十二章　加强健康人力资源建设

第一节　加强健康人才培养培训

加强医教协同,建立完善医学人才培养供需平衡机制。改革医学教育制度,加快建成适应行业特点的院校教育、毕业后教育、继续教育三阶段有机衔接的医学人才培养培训体系。完善医学教育质量保障机制,建立与国际医学教育实质等效的医学专业认证制度。以全科医生为重点,加强基层人才队伍建设。完善住院医师与专科医师培养培训制度,建立公共卫生与临床医学复合型高层次人才培养机制。强化面向全员的继续医学教育制度。加大基层和偏远地区扶持力度。加强全科、儿科、产科、精神科、病理、护理、助产、康复、心理健康等急需紧缺专业人才培养培训。加强药师和中医药健康服务、卫生应急、卫生信息化复合人才队伍建设。加强高层次人才队伍建设,引进和培养一批具有国际领先水平的学科带头人。推进卫生管理人员专业化、职业化。调整优化适应健康服务产业发展的医学教育专业结构,加大养老护理员、康复治疗师、心理咨询师等健康人才培养培训力度。支持建立以国家健康医疗开放大学为基础、中国健康医疗教育慕课联盟为支撑的健康教育培训云平台,便捷医务人员终身教育。加强社会体育指导员队伍建设,到2030年,实现每千人拥有社会体育指导员2.3名。

第二节　创新人才使用评价激励机制

落实医疗卫生机构用人自主权,全面推行聘用制,形成能进能出的灵活用人机制。落实基层医务人员工资政策。创新医务人员使用、流动与服务提供模式,积极探索医师自由执业、医师个体与医疗机构签约服务或组建医生集团。建立符合医疗卫生行业特点的人事薪酬制度。对接国际通行模式,进一步优化和完善护理、助产、医疗辅助服务、医疗卫生技术等方面人员评价标准。创新人才评价机制,不将论文、外语、科研等作为基层卫生人才职称评审的硬性要求,健全符合全科医生岗位特点的人才评价机制。

第二十三章 推动健康科技创新

第一节 构建国家医学科技创新体系

大力加强国家临床医学研究中心和协同创新网络建设,进一步强化实验室、工程中心等科研基地能力建设,依托现有机构推进中医药临床研究基地和科研机构能力建设,完善医学研究科研基地布局。加强资源整合和数据交汇,统筹布局国家生物医学大数据、生物样本资源、实验动物资源等资源平台,建设心脑血管、肿瘤、老年病等临床医学数据示范中心。实施中国医学科学院医学与健康科技创新工程。加快生物医药和大健康产业基地建设,培育健康产业高新技术企业,打造一批医学研究和健康产业创新中心,促进医研企结合,推进医疗机构、科研院所、高等学校和企业等创新主体高效协同。加强医药成果转化推广平台建设,促进医学成果转化推广。建立更好的医学创新激励机制和以应用为导向的成果评价机制,进一步健全科研基地、生物安全、技术评估、医学研究标准与规范、医学伦理与科研诚信、知识产权等保障机制,加强科卫协同、军民融合、省部合作,有效提升基础前沿、关键共性、社会公益和战略高科技的研究水平。

第二节 推进医学科技进步

启动实施脑科学与类脑研究、健康保障等重大科技项目和重大工程,推进国家科技重大专项、国家重点研发计划重点专项等科技计划。发展组学技术、干细胞与再生医学、新型疫苗、生物治疗等医学前沿技术,加强慢病防控、精准医学、智慧医疗等关键技术突破,重点部署创新药物开发、医疗器械国产化、中医药现代化等任务,显著增强重大疾病防治和健康产业发展的科技支撑能力。力争到 2030 年,科技论文影响力和三方专利总量进入国际前列,进一步提高科技创新对医药工业增长贡献率和成果转化率。

第二十四章 建设健康信息化服务体系

第一节 完善人口健康信息服务体系建设

全面建成统一权威、互联互通的人口健康信息平台,规范和推动"互联网＋健康医疗"服务,创新互联网健康医疗服务模式,持续推进覆盖全生命周期的预防、治疗、康复和自主健康管理一体化的国民健康信息服务。实施健康中国云服务计划,全面建立远程医疗应用体系,发展智慧健康医疗便民惠民服务。建立人口健康信息化标准体系和安全保护机制。做好公民入伍前与退伍后个人电子健康档案军地之间接续共享。到 2030 年,实现国家省市县四级人口健康信息平台互通共享、规范应用,人人拥有规范化的电子健康档案和功能完备的健康卡,远程医疗覆盖省市县乡四级医疗卫生机构,全面实现人口健康信息规范管理和使用,满足个性化服务和精准化医疗的需求。

第二节　推进健康医疗大数据应用

加强健康医疗大数据应用体系建设,推进基于区域人口健康信息平台的医疗健康大数据开放共享、深度挖掘和广泛应用。消除数据壁垒,建立跨部门跨领域密切配合、统一归口的健康医疗数据共享机制,实现公共卫生、计划生育、医疗服务、医疗保障、药品供应、综合管理等应用信息系统数据采集、集成共享和业务协同。建立和完善全国健康医疗数据资源目录体系,全面深化健康医疗大数据在行业治理、临床和科研、公共卫生、教育培训等领域的应用,培育健康医疗大数据应用新业态。加强健康医疗大数据相关法规和标准体系建设,强化国家、区域人口健康信息工程技术能力,制定分级分类分域的数据应用政策规范,推进网络可信体系建设,注重内容安全、数据安全和技术安全,加强健康医疗数据安全保障和患者隐私保护。加强互联网健康服务监管。

第二十五章　加强健康法治建设

推动颁布并实施基本医疗卫生法、中医药法,修订实施药品管理法,加强重点领域法律法规的立法和修订工作,完善部门规章和地方政府规章,健全健康领域标准规范和指南体系。强化政府在医疗卫生、食品、药品、环境、体育等健康领域的监管职责,建立政府监管、行业自律和社会监督相结合的监督管理体制。加强健康领域监督执法体系和能力建设。

第二十六章　加强国际交流合作

实施中国全球卫生战略,全方位积极推进人口健康领域的国际合作。以双边合作机制为基础,创新合作模式,加强人文交流,促进我国和"一带一路"沿线国家卫生合作。加强南南合作,落实中非公共卫生合作计划,继续向发展中国家派遣医疗队员,重点加强包括妇幼保健在内的医疗援助,重点支持疾病预防控制体系建设。加强中医药国际交流与合作。充分利用国家高层战略对话机制,将卫生纳入大国外交议程。积极参与全球卫生治理,在相关国际标准、规范、指南等的研究、谈判与制定中发挥影响,提升健康领域国际影响力和制度性话语权。

第八篇　强化组织实施

第二十七章　加强组织领导

完善健康中国建设推进协调机制,统筹协调推进健康中国建设全局性工作,审议重大项目、重大政策、重大工程、重大问题和重要工作安排,加强战略谋划,指导部门、地方开展工作。

各地区各部门要将健康中国建设纳入重要议事日程,健全领导体制和工作机制,将健康中国建设列入经济社会发展规划,将主要健康指标纳入各级党委和政府考核指标,完善考核机制和问责制度,做好相关任务的实施落实工作。注重发挥工会、共青团、妇联、残联等群团组织以及其他社会组织的作用,充分发挥民主党派、工商联和无党派人士作用,最大限度凝聚全社会共识和力量。

第二十八章　营造良好社会氛围

大力宣传党和国家关于维护促进人民健康的重大战略思想和方针政策,宣传推进健康中国建设的重大意义、总体战略、目标任务和重大举措。加强正面宣传、舆论监督、科学引导和典型报道,增强社会对健康中国建设的普遍认知,形成全社会关心支持健康中国建设的良好社会氛围。

第二十九章　做好实施监测

制定实施五年规划等政策文件,对本规划纲要各项政策和措施进行细化完善,明确各个阶段所要实施的重大工程、重大项目和重大政策。建立常态化、经常化的督查考核机制,强化激励和问责。建立健全监测评价机制,制定规划纲要任务部门分工方案和监测评估方案,并对实施进度和效果进行年度监测和评估,适时对目标任务进行必要调整。充分尊重人民群众的首创精神,对各地在实施规划纲要中好的做法和有效经验,要及时总结,积极推广。

附录3 体 育 颂[①]

顾拜旦

啊,体育,天神的欢娱,生命的动力! 你猝然降临在灰蒙蒙的林间空地,受难者激动不已,你像是容光焕发的使者,向暮年人微笑致意。你像高山之巅出现的晨曦,照亮了昏暗的大地。

啊,体育,你就是美丽! 你塑造的人体变得高尚还是卑鄙,要看它是被可耻的欲望引向堕落;还是由健康的力量悉心培育。没有匀称协调,便谈不上什么美丽。你的作用无与伦比,可使二者和谐统一;可使人体运动富有节律;使动作变得优美,柔中含有刚毅。

啊,体育,你就是正义! 你体现了社会生活中追求不到的公平合理。任何人不可超过速度一分一秒,逾越高度一分一厘,取得成功的关键,只能是体力与精神融为一体。

啊,体育,你就是勇气! 肌肉用力的全部含义是勇于搏击。若不为此,敏捷、强健有何用? 肌肉发达有何益? 我们所说的勇气,不是冒险家押上全部赌注似的蛮干,而是经过慎重的深思熟虑。

啊,体育,你就是荣誉! 荣誉的赢得要公正无私,反之便毫无意义。有人要弄见不得人的诡计,以此达到欺骗同伴的目的。但他内心深处受着耻辱的绞缢。有朝一日被人识破,就会落得名声扫地。

啊,体育,你就是乐趣! 想起你,内心充满欢喜,血液循环加剧,思路更加开阔,条理更加清晰。你可使忧伤的人散心解闷,你可使快乐的人生活更加甜蜜。

啊,体育,你就是培育人类的沃地! 你通过最直接的途径,增强民族体质,矫正畸形躯体,防病患于未然,使运动员得到启迪;让后代长得苗壮有力,继往开来,夺取桂冠的荣誉。

啊,体育,你就是进步! 为了人类的日新月异,身体和精神的改变要同时抓起,你规定良好的生活习惯,要求人们对过度行为引起警惕。你告诉人们遵守规则,发挥人类最大的能力而又无损健康的肌体。

啊,体育,你就是和平! 你在各民族间建立愉快的联系。你在有节制、有组织、有技艺的体力较量中产生,使全世界的青年学会相互尊重和学习,使不同民族特质成为高尚而公平竞赛的动力!

(詹汝琮 译)

作者简介:皮埃尔·德·顾拜旦(1863—1937 年),现代奥林匹克运动会创始人。顾拜旦自幼爱好体育,经常参加拳击、赛艇、击剑和骑马等体育活动,并喜欢画画,会弹钢琴。顾拜旦 1896—1925 年任国际奥林匹克委员会主席,是奥林匹克会徽、奥林匹克会旗设计者。他终生倡导奥林匹克精神,被誉为"现代奥林匹克之父"。

---

① 体育颂[EB/OL].(2006-11-06)[2023-06-27].https://baike.baidu.com/item/%E4%BD%93%E8%82%B2%E9%A2%82.